展開する立憲主義

憲法理論研究会編

敬文堂

〈目次〉

第一部　緊急事態と立憲主義

第二部　国際化の中の立憲主義

第三部　立憲主義の理論的展開

第四部　司法審査制と民主主義論の現在

第五部　立憲主義の現代的課題

書評

第一部　緊急事態と立憲主義

緊急事態序説

長谷部　恭　男
（早稲田大学）

はじめに

緊急事態について論ずる際、カール・シュミットを手掛かりとすることに、とくに説明は要しないかも知れない。シュミットほど緊急事態のもたらす挑戦に関心を集中させた論者は稀である。シュミットは、九・一一事件以降、アメリカのみならず、ヨーロッパ各国で発生したテロ事件に対応する法的・政治的論議において、広く参照規準とされている（Scheuerman, 547; 高田 8–12）。本報告では、ワイマール憲法下でのシュミットの議論を概観した（一・二）後、彼が素材とした概念および枠組みを歴史を遡って検討し（三）、最後に、現代における彼の緊急事態論のインパクトについて述べる（四）。

一　委任独裁か主権独裁か

シュミットは、一九二一年に刊行された『独裁』において、委任独裁と主権独裁とを区別する（Schmitt 2006, XIX）。「独裁 Diktatur」という概念は、当時のドイツで緊急事態に対処するために、ワイマール憲法四八条に基づき、大統領に権限を集中する状況を指す用語として使われていた(Preuß, 474)。既存の政治体制を擁護するため、非常時に際して特定の機関に権限を集中するものであり、シュミットの用語で言えば、委任独裁にあたる。

他方、主権独裁にとって、守るべき既存の体制はない。主権独裁は守るべきもの、守るに値するものを自ら創造する。つまり、何ものにも制約されることのない(*legibus solutus*)憲法制定権力が活動している状態である。シュミットによれば、フランス革命時の国民公会(convention)、ワイマール憲法制定会議、そしてプロレタリアート独裁は、主権独裁の典型である(Schmitt 2006, XIII; Schmitt 1970, 58–59)。

問題は、ワイマール憲法四八条の定める緊急事態権限が、委任独裁、主権独裁のいずれに相当するかである(1)。常識的に考えれば、憲法典の条文自体が主権独裁の出現について規定するとは考えがたい。憲法改正権でさえ、現体制の基本的な枠組み、つまり根本規範の枠内での委任された権限にすぎないはずである。委任独裁に対応していると考えるのが通常の思考の筋道であろう。

しかし、一九二四年イェナで開催されたドイツ国法学者大会で行った報告で、シュミットは、四八条五項の予定する、ライヒ法律による緊急事態権限の詳細な規律がまだ置かれていないことを指摘し、四八条の下での大統領権限が制約なき絶対権限であると主張した(Schmitt 2006, 256–57; See also Schmitt 2004, 18)。権限の内容を詳細に規律する条項が置かれていないという前提から、直ちに当該権限が無制約な絶対権限であるという結論が導かれるという主張は、一見したところ理解が困難である。この主張の背後には、輻輳し絡み合ういくつかの論理の筋道が控えている。

第一に、四八条を含めて憲法典を制定したワイマール憲法制定会議は、さきに見たように、憲法制定権力を行使する主権独裁者であった。憲法制定事業が完結すれば、制定権力の任務は終了して憲法典の背後に姿を隠し、凍結されるはずである。ところがシュミットは、一般論として憲法制定権力の凍結を否定する。憲法制定権力は、「授権され、譲渡され、吸収され、消尽することはあり得ない。憲法制定権力は、潜在的にはつねに現存し続ける」（Schmitt 1970, 91）。憲法制定権力の同一性が保たれる限り、革命やクーデター、憲法典の破毀が生じても、憲法の最小限の核心は維持される（92）。ビルマルク帝国の崩壊とワイマール共和国の成立にもかかわらず、ドイツ人民の国民的統一体は維持されており、連続性は存在する（97）。

第二に、ワイマール共和国が置かれた特殊な状況がある。敗戦後の政治・社会の混乱状況の中で、主権的独裁者として全統治権力を無制限に行使し得たワイマール憲法制定会議は、憲法典を制定することによって確固たる統治体制を構築しようとした。そして、この体制が危機に直面したとき、臨時に権限を集中してこれに対処するための制度として、四八条の緊急事態制度をも憲法典に盛り込んだ。

しかし、治安の面でも経済状況の点でも、実存的危機はその後もドイツを、つまりドイツ人民を襲い続けており、体制は未だに安定しない。つまり、シュミットの診断では、憲法典の背後に潜在する無制約な憲法制定権力は、なおその使命を終えていない。それは、四八条の制度の破れ目、つまり大統領権限を詳細に規律する法律の不在を通じて、いつでも姿を現し得るし、いったん姿を現せば、その活動は既存の体制の回復にとどまることはない。守るべき既存の体制がなお未完成である一方、大統領権限を規律する法律が存在しない以上、「公共の安全および秩序にとっての著しい障害」が何か、障害を克服するために「必要な措置」が何かは、大統領自身が（副署する閣僚とともに）判断するしかない。「緊急事態に関して決定する者が主権者である」という『政治神学』冒頭の断言は、こうした文脈で理解する必要がある（Schmitt 2004, 13）。

ドイツ人民の実存的利益のために、危機に際して政治的決断を下す主権者は、何ものにも拘束されることはない。こうした主権行使の権威あるテクスト外の現れ（eine Methode apokrypher Souveränitätsakte）が四八条の緊急事態権限である（Schmitt 1970, 107–08; cf. Preuß, 477）。憲法制定権力の常駐とは、こうした状況にあたる。立ち現れるのが、あらゆる憲法典による制約をも破壊し得る憲法制定権力である以上、その行動を法の規定や裁判所のコントロールによって抑制しようとする立憲主義的企図が通用するはずはない。

個人の生来の自由を保障し、権力を分立させることで権力を抑制しようとする市民的法治国の理念は（Schmitt 1970, 126）、憲法制定権力の前では、なすすべがない。フランス人権宣言一六条が、「権利が保障されず、権力が分立されない社会は、憲法を持つものではない」とするように、憲法制定権力が出現した究極の緊急状態では、権利は保障されず、権力は分立されないからである(2)。

二　市民的（ブルジョワ）法治国か民主制の貫徹か

さらなる問題は、なぜ無制約な憲法制定権力が大統領の権限として立ち現れることができるかである。人民の憲法制定権力が民選の大統領を通じて行使される必然性はない。たとえば、同じく民選のライヒ議会を通じて行使されることもあり得るはずである。ここでは、シュミットの議会制と民主制の対比が起動し始める（長谷部 2016, 167–68）。

周知の通り、シュミットにとって、ワイマール憲法の定める議会制民主主義のうち、議会制は、賞味期限をすぎた過去の遺物である。議会制は、教養と財産を備えたブルジョワ層の世論を反映しつつ、自由委任に基づく議会での公開された審議を通じて真の公益に到達し、それを一般的・抽象的法律へと定式化しようとする。しかし、現代では教養も財産もないプロレタリアート、つまり大衆が政治に参加した結果、議会は一般的公益の実現によって国民の統合をはかるすべを失っている。分裂した社会内部の多様な利害を反映する組織政党を通じてしか政治家になることのできない議員が、所属する党派による党議拘束の下で審議のパロディーを演じて意味のないお喋りに明け暮れ、実際には密室での妥協と談合を通じて政策決定が行われる現代では、議会もはや、人民の統合という役割を果たすことができない(Schmitt 1961, 28–29, 43–46)。

議会制と民主制という調和させることの不可能な二つの要素のうち、議会制は捨て去り、治者と被治者の同一性・一体性を実現する民主制を通じて、統治の正当性を一貫させるべきである。治者と被治者の同一性を実現するには、ここでもまず被治者、つまり人民の多元性を解消し、異物を排除してその均質性・統一性を実現する必要がある。人民を純化し、敵と味方を決然と区別する必要がある。そうしてこそ、憲法制定権者たるドイツ人民の純粋な同一性を実現し維持していくことが可能である(22–23)。

国家に体現される政治的実在であるためには統一されざるを得ない人民、その同質性を反映するのは、組織政党ごとに分断されて反映される多様な私的利害の妥協の場である議会ではあり得ない。議会選挙は、秘密投票の統計的計数装置にすぎない(22)。人民の真の声を現在化する喝采(*acclamatio*)を受けて、緊急事態に際し、危機に瀕した人民の実存にかかわる政治決断を下すことのできるのは、大統領以外にはない。シュミットが、裁判所ではなく大統領こそが「憲法の保護者 Hüter der Verfassung」であると主張するときも、大統領の核心的任務は、社会的・経済的多元主義から人民の同一性・一体性を保障することであった(Schmitt 1931, 159)。ときには、武力を行使してでも憲法の基本原理を守るべきだとするジャン・ジャック・ルソーやマキアヴェッリとは（長谷部 2017, 204–06）、守るべき対象が全く異なる。

シュミットの議論は、その理論内部では筋が通っている。当時のドイツが未曾有の政治的・経済的危機にあり、議会の左右両極には強力な反体制政党が盤踞し、街頭では各党派の暴力組織が闘争を繰り広げて、日常的な市民生活の安全さえ十分に確保し得ない事実上の内戦状況にあったことも確かであろう。

しかし彼の議論は、我々こそが真のアメリカ人（あるいはフランス人）を現前すると主張し、他の政治家が代表するものの正当性をすべて否定しようとする現代のポピュリズム、自分たちを批判する勢力はすべて非国民（un-American あるいは反日）であり、国益を損なうリベラルでグローバルなエリート集団であって、「真の国民」ではないと攻撃するポピュリズムと奇妙に共鳴している。そこにあるのは、異物を排除した後の純化された実体としての人民がそこにあるというナイーヴな想定である（cf. Müller, 19–25, 51–52）。実体として存在するからこそ、制約なき憲法制定権力を行使することも可能となる。もっとも、実体であるとはいえ、自ら発言し指令し得るように組織化されてはいないが（Schmitt 2006, 140–43）。

社会内部の価値観の多元性、社会的・経済的利害の多様性が受け入れざるを得ない現実であること、あらゆる政党は常に party つまり部分であり、社会の一部の見解を代表するに過ぎないこと、「真の国民の声」「国民の実存」が目に見える形でどこかに転がっている（out there）わけではなく、中長期的な社会の利益は、その時々の選挙結果を反映しつつ、トライアル・アンド・エラーを通じて一歩一歩実現していくしかないことが、忘却されているかのようである。実際には、ありもしない「真の国民」の名において権力を集中し、個人の諸権利を否定する行政権が何ものにも制約されることなく行動するとき、国民の声はすべてかき消されてしまうことにシュミットが気付いていないはずはないのだが(Preuß, 484)。

人民は目に見える実体ではない。制度的に表現されない「真の国民」とその同一性・持続性は、幻想の中にしかない。実在しない主体を根拠に、何ものにも制約されない権力の集中と行使を正当化するのが、シュミットの緊急事態論であり、主権独裁論である。

三　フランス一八一四年憲章——君主制原理の淵源

人民をそれ自体で権力を行使し得る実体として捉えることは、ワイマール憲法四八条の規定を主権独裁の現れとして解釈する上で、必要な想定であった。『政治神学』第一章で、シュミットは、ワイマール憲法四八条が制約なき絶対権限を大統領に与えており、同条五項の予定する規律がない以上は、フランスの一八一四年シャルト一四条の定める緊急事態権限が国王を主権者としたように、[3]主権が付与されていることになると述べる(Schmitt 2004, 18)。実際には、一八一四年シャルト一四条が制約なき主権行使の現れであるという見解は、王政復古下で一般に支持されてはいなかった(Saint-Bonnet, 321–24)。シュミットはここで、シャルトを支えていた君主制原理(monarchisches Prinzip)を召喚する(Schmitt 2006, 190–91)。

君主制原理は一八一四年シャルトの前文で言明され、その後、南ドイツ諸邦の憲法で定式化されて、一八八九年の大日本帝国憲法第四条へと受け継がれた。同条は「天皇ハ国ノ元首ニシテ統治権ヲ総攬シ此ノ憲法ノ条規ニ依リ之ヲ行フ」とする。つまり、全統治権は本来、君主が掌握しているが、統治権の実際の行使に際しては、君主自身が欽定した憲法の条項に従って行使するというものである(長谷部

2017, 第一四章)。

何ものにも制約されない主権は、憲法制定権力を含めて本来的には君主に帰属する。したがって、たとえ実定憲法典たるシャルトが緊急事態に対処する権限を君主に与えていないとしても、体制を揺るがしかねない緊急事態が発生すれば、それに対処する権限は本来の君主の主権から導き出すことができる。シュミットの言う主権独裁が、つねに憲法典の背後に潜在している(cf. Saint-Bonnet, 324)(4)。

ワイマール憲法の下でも、憲法制定権力がつねに憲法典の背後に常駐しており、それが四八条の規定の破れ目を通じて、いつでも姿を現し得るというシュミットの主張の背景には、君主に代わる憲法制定権者としての人民が、実体として実在するという想定がある。もっとも実際には、人民自身は喝采すること以外の形で行動することはできない。実際に行動するのは帝王的独裁者(caesarean dictator)たる大統領である。

こうした人民の実体化は、シュミット自身、思想的近親関係があることを認めるモーリス・オーリウにも垣間見ることができる。オーリウによれば、国家は「諸制度の制度」、つまり先行して存在する諸制度を内包し、それらを支える制度である(Hauriou 1910, 125–26)。そして制度は一般的に、一定の形態を保ちつつも変容し続ける組織体になぞらえて説明することができる(Hauriou 1929, 71ff.)。オーリウは表向き、法人を有機体としてとらえるギールケ流の議論を退けるが、その一方で国家を生命体として想定しているかのような口ぶりをしばしば示す。緊急事態に際しては、国家は法を遵守して規則正しく生きることよりも、まずは生きのびることが必要だとする、エイリエス判決に関する彼の評釈は、その典型的なあらわれである(長谷部 2017, 155)。

四　シュミットの現代的受容

冒頭でも述べた通り、シュミットの緊急事態論は、九・一一後のアメリカの言論状況に大きなインパクトを与えている。ここではその一例として、エリック・ポズナーとエイドリアン・ヴァミュールの議論を取り上げよう（Posner & Vermeule 2010 and 2016）。シュミットの緊急事態論がアメリカの現状を描く上で有効であるとする彼らの議論は、ある側面ではきわめて悲観的であり、別の点ではきわめて楽観的である。

最初に留意しなければならないのは、アメリカ合衆国憲法が、権力を分立させ個人の権利を保障する、シュミットの言う市民的法治国の典型であること、そして、緊急事態に対処するための制度をほとんど言っていいほど、備えていないことである。(5) それにもかかわらず、九・一一以降のアメリカは、テロの脅威の下で実存的危機に対処してきたのではないだろうか。

ポズナーとヴァミュールは、恒常的な危機に直面したアメリカ合衆国において、彼らの言うリベラル・リーガリズム、つまりシュミット流に言うところの市民的法治国の意義は、大幅に縮減されていると指摘する。危機に対処する大統領には広大な権限が集中し、しかも大統領の権限行使は、権力相互の抑制・均衡と法の支配による憲法機構によって、実効的に抑制されてはいない。大統領を統制しようとする立法府は、将来を確実に予測し得ないために、事前にきめ細かく統制する準則（rule）ではなく、内容が事後的にのみ定まる不明瞭な原則（standard）に頼ろうとする。立法府は、予算を否決することで行政権の活動を止めることができるが、緊急事態に際してそうした措置をとることは稀である。他方、「既成事実」化した行政権の措置に対して事後的統制を行うべき裁判所も、判断の規準が不明確な原則であるため積極的な審査をためらいがちであり、自己の判断を情報と経験で優位にある行政権の判断に置き換えようとはしない（Posner & Vermeule 2010, 50–61; Posner & Vermeule 2016, 621–22）。

言い換えれば、シュミット流の大統領に集中された緊急事態権限は、現在のアメリカ合衆国において、すでに実現されている。しかし、ポズナーとヴァミュールはここからシュミットと袂を分かつ。法の支配と立憲主義というリベラルな仕掛けが効果的に統制することのできない緊急事態における行政権を、合衆国の政治は実際上、抑制しており「専制 tyranny」には立ち至っていない。強大な権力を行使する大統領も選挙には直面する。将来にわたる評価をも気にかける。代理人（agent）である大統領は、独立した機関に権限を委譲することで自己の権限を自ら制限する等、さまざまな方策を通じて、本人（principal）である有権者に自身の政策が有権者の利益に適うことを示し、政治勢力や諸機関の支持を広く得ようとする。マスメディアから情報を提供され、十分なレベルの富と教育水準を備えた有権者団は、民主的政治制度そのものを攻撃しようとする大統領を効果的に抑止していると、ポズナーとヴァミュールは主張する（Posner & Vermeule 2010, 137–53 & 189–92; Posner & Vermeule 2016, 622）。

ドナルド・トランプ氏が大統領に就任し、大統領報道官がメディアに対抗して「代替的事実 alternative facts」を告げるポスト真理状況が到来した現在も、二人がアメリカの民主主義について、ここまで楽観的な見解を維持しているか否かは明らかでない。そもそも、大量破壊兵器をサダム・フセインが隠し持っているという口実で行われたイラク戦争に見られるように、偽情報に基づく世論の誘導や政策決定は、これまでも稀ではなかった。

他方で、選挙を含めた民主政のプロセスが大統領を効果的に抑制し得るとすれば、それは選挙権の平等や表現の自由の確保などのリベラルな憲法的抑止と法の支配によって民主政のプロセスが支えられている限りにおいてであろう（Scheuerman, 564–65）。二つの要素を簡単に切り離すことはできないはずである。

そして、少なくともトランプ大統領の就任から一〇〇日間の政権運営を見る限り、中東・アフリカ諸国からの移民・難民の入国規制は司法によって差し止められ、オバマケアの根本的な修正案は議会への提案もなし得ず、メキシコ国境の壁建設は、議会による予算計上の承認が得られないために未着工の状況である。法の支配と立憲主義による行政権の抑制機能は、失われてはいないと言うべきではなかろうか。

（1）ワイマール憲法四八条は以下のように定める。

第一項　ラントがライヒの憲法又は法律によって課せられた義務を履行しないとき、大統領は、武装兵力を用いて義務を履行させることができる。

第二項　ドイツ国内において、公共の安全及び秩序に著しい障害が生じ、またはそのおそれがあるときは、大統領は、公共の安全及び秩序を回復させるために必要な措置をとることができ、必要な場合は、武装兵力を用いて介入することができる。この目的のために、大統領は、一時的に一一四条（人身の自由）、一一五条（住居の不可侵）、一一七条（通信の秘密）、一一八条（意見表明の自由）、一二三条（集会の自由）、一二四条（結社の自由）および一五三条（所有権の保障）に定められた基本権の全部又は一部を停止することができる。

第三項　大統領は、本条第一項又は第二項に基づいてとられた措置につき、遅滞なくライヒ議会に報告しなければならない。これらの措置は、ライヒ議会の要求があれば廃止されねばならない。

第五項　詳細はライヒ法律でこれを定める。

（2）シュミットによるシィエスの憲法制定権力論の歪曲については、Kelly 2016, 226 参照。

（3）一八一四年シャルト一四条は次のように規定する。「国王は国の至高の長であり、陸海軍を統率し、戦争を宣言し、和平・同盟・通商の条約を締結し、すべての公務員を任命し、法律の執行および国の安寧のために必要な規則と王令を制定する。」

（4）一八六〇年代のプロイセン憲法争議におけるビスマルクの論理は、議会が予算を承認しないという事態は憲法典の予想しない緊急事態であり、その解決は、憲法以前の統治権の保有者である国王に委ねられているというものである（Hummel 2002, 251）。

（5）「人身保護令状の権利は、反乱または侵略に際し公共の安全上必要とされる場合でなければ停止されてはならない」とする第一篇第九節第二項と、「大統領は、非常の場合には、両院またはいずれかの一院を招集することができる」とする第二編第三節がある。

【参照文献】

高田篤　二〇一七「非常事態とは何か——憲法学による捉え方」論究ジュリスト二一号（有斐閣）

長谷部恭男　二〇一六『憲法の理性』増補新装版（東京大学出版会）

長谷部恭男　二〇一七『憲法の論理』（有斐閣）

Hauriou, Maurice 2010: *Principes de droit public*（Sirey）

Hauriou, Maurice 1929: *Précis de droit constitutionnel*, 2nd ed.（Sirey）

Hummel, Jacky 2002: *Le constitutionnalisme allemand*（1815-1918),（PUF）

Kelly, Duncan 2016, 'Carl Schmitt's Political Theory of Dictatorship', in *OHCS*

Meierhenrich, Jens & Simons, Oliver eds. 2016: *The Oxford Handbook of Carl Schmitt*（cited as *OHCS*)（Oxford University Press）

Müller, Jan-Werner 2016: *What is Populism*（University of Pennsylvania Press）

Posner, Eric & Vermeule, Adrian 2010: *The Executive Unbound: After the Madisonian Republic*（Oxford University Press）

Posner, Eric & Vermeule, Adrian 2016: 'Demystifying Schmitt', in *OHCS*
Preuß, Ulrich 2016: 'Carl Schmitt and the Weimar Constitution', in *OHCS*
Saint-Bonnet, François 2001: *L'état d'exception*（PUF）
Scheuerman, William 2016: 'States of Emergency', in *OHCS*
Schmitt, Carl 1931: *Der Hüter der Verfassung*（Mohr）
Schmitt, Carl 1961（1926）: *Die geistesgeschichtliche Lage des heutigen Parlamentarismus*（Duncker & Humblot）
Schmitt, Carl 1970（1928）: *Verfassungslehre*（Duncker & Humblot）
Schmitt, Carl 2004（1922）: *Politische Theologie*, 8th ed.（Duncker & Humblot）
Schmitt, Carl 2006（1921）: *Die Diktatur*, 7th ed.（Duncker & Humblot）

B・アッカマンの emergency constitution 論・再考

木下智史
（関西大学）

はじめに

ブルース・アッカマンの emergency constitution 論については、すでに適確な紹介と批評があるうえ、[1] その意義について深刻な疑問も呈されている。[2] 本報告は、こうした限界も見据えつつ、ブルース・アッカマンというアメリカの憲法研究者が、ポスト九・一一という状況下において、なぜ emergency constitution という議論を提示したのか、その背景と動機を読み解く作業を試みる。

一　アメリカ合衆国における緊急事態法制

合衆国憲法は、二条三節において「大統領は、非常の場合には、両院またはいずれかの議院を召集することができる。」と定め、「非常事態」が存在することは想定しているが、その具体的内容は明らかでない。ただし、コモンロー上の martial law に基づいて、戦争遂行のため、大統領が包括的権限を行使し、令状によらない逮捕・拘禁、軍事法廷による一般市民の裁判を行うことは想定されており、一条九節二項の「(合衆国議会は）反乱または侵略に際して公共の安全のために必要な場合を除き、人身保護令状を求める特権を停止してはならない」という規定は、この想定を裏付ける。ここから、合衆国憲法がもともと想定していた「非常事態」は、主に、戦時であり、憲法上の権利の停止を必要とするような緊急事態措置を執るにあたっては、連邦議会の関与が必要と考えていたということができる。

しかし、二〇世紀以降、大統領は執行権、軍の最高司令官としての権限を梃子に緊急事態に際しての強大な権限を保持するにいたり(3)、ニューディール期以降、国家緊急事態宣言は、経済的危機に際しても発動されるようになった。

緊急事態における措置に関して、大統領の権限行使と法律による授権との関係が争われたのが、*Youngstown Sheet & Tube Co. v. Sawyer*, 343 U.S. 579 (1952) 判決である。同判決におけるジャクソン裁判官の補足意見は、緊急事態の権限行使に関する大統領と連邦議会との関係を整理したものとして、その後も、大きな影響力をもっている。

ジャクソン裁判官は、大統領が緊急事態のための措置を行う場合について、①大統領が連邦議会の明示的・黙示的授権を受けている場合、②大統領が連邦議会による授権も授権の拒否もされていない場合、③大統領が連邦議会の明示的・黙示的意思に反している場合に分類し、①の場合の大統領権限が最強であり、③の場合が最弱であるとした。そこには、大統領による緊急事態対処のイニシアチブを肯定しつつ、連邦議会の同意の有無によって大統領の権限行使の正当性の線引きを行うという、議会による緊急事態権限の統制モデルが示されている(4)。

一九七〇年代において、ベトナム戦争、ウォーターゲート事件を通じて、大統領権限の濫用に厳しい目が向けられるようになると、大統領による宣戦布告や緊急事態宣言に対する議会の統制を強化しようとする動きが強まった。一九七六年の国家緊急事態法は、その表れである。同法は、①既に宣言されている国家緊急事態を精査したうえで、その終了を命じ（当時、一九三三年以来発せられた四七〇の緊急事態宣言が効力を有していた）、②国家緊急事態宣言が法律に基づき発せられ、宣言後、議会に送付され、連邦官報に公示されるとの手続を定め、③緊急事態宣言後、毎六ヶ月以内に連邦議会が同意決議を審議し、各周年日の九〇日以内に大統領が有効である旨を宣言しなければ宣言の効力は終了すると定めた。もっとも、連邦議会が同法で定められた権限を行使したのは一回にとどまり、イラン＝コントラ事件など、大統領の緊急事態権限の濫用が疑われる事態も繰り返されている。

二〇〇一年九月一一日に発生した同時多発テロにより、アメリカは一気に緊急事態モードに覆われた。ジョージ・W・ブッシュ大統領は、九月一四日に「テロ攻撃を理由とする国家緊急事態の宣言」を行い、アフガニスタンをはじめとする「テロとの戦争」に突入した。国内的には、PATRIOT ACT of 2001が制定され、通信傍受・盗聴の拡大強化など、テロ対策を口実とした市民監視が強化された。(5)

法学界においても、「テロとの戦争」における大統領の広範な権限行使を正当化する議論が公然となされるようになった。ジョン・ユー（当時、カリフォルニア大学）は、大統領の広範な戦争遂行権限を認め、連邦議会は予算審議権と弾劾手続を通じてのみ大統領を統制しうるとの議論を展開し、(6)その後、G・W・ブッシュ政権の法律顧問として、敵性戦闘員の収容、拷問など「テロとの戦争」遂行のための様々な措置の先導者となった。「法と経済学」で知られるリチャード・ポズナー（第七巡回区連邦控訴裁判事）も、市民的自由の制約を緊急事態における公共の安全と「衡量」すべきとの論理で、拷問を含むあらゆる対テロ施策を正当化する。(7)さらに、リベラル派として知られるアラン・ダーショウィッツも、核爆弾の爆発を防止するといった極限状況においては、裁判官の令状のもとで「拷問」も許容されると

の主張を行った。(8)

二　アッカマンのemergency constitution論

(一) 診断:「戦争」でも「犯罪」でもない「緊急事態(emergency)」

アッカマンの「診断」=現状認識の出発点は、テロは「戦争」ではないというものである。(9)「戦争」とは、特定の主権国家との国家としての生存を賭けた闘いであり、国家は自らの生存のため、どんなことでもなしうる。しかし、テロは、特定の国家によってなされるものではないし、国家の占領・支配を目的としてなされるものでもない。したがって、テロ対策にあたって、憲法の全面的停止などの超憲法的措置を執る必要性は乏しい。他方で、アッカマンは、テロは通常の「犯罪」とも異なると主張する。アッカマンによれば、テロの脅威とは、大規模な破壊行為がなされることにより国家の実効的統治(effective sovereignty)に対する疑念が国民に生じることであり、テロ対策は、実効的統治が確保された上でなされる「犯罪」の処罰とは異なる。(10)

ここから、アッカマンの考えるテロ対策は、テロの後、国民の間に生じた実効的統治への不安に対して「安心」を提供することを目的とすることとなる。具体的には、第二のテロ攻撃が起こって、国民がさらに不安な状態におかれパニックに陥るのを防ぐことにその中心的目的が置かれる。(11)

テロ対策に関するアッカマンの現状認識の第二点は、司法による緊急事態対処(judicial management)には限界があるということである。(12) アッカマンは、第二次世界大戦時の日系人強制収容に関する *Korematsu v. U.S.*, 323 U.S. 214 (1944) 判決、対テロ戦争における敵性戦闘員の拘束、軍事委員会による審判の合憲性が問題となった諸判決をとりあげ、大統領による緊急事態措置に関して司法が十分な歯止めとならないと主張する。

(二)　処方：緊急事態宣言と容疑者の予防拘禁

アッカマンの緊急事態措置の中心は、テロ攻撃後、大統領により発令される緊急事態宣言を受けてなされる容疑者の予防拘禁である。[13]この予防拘禁にあたっては、通常の犯罪容疑者の身柄拘束において要求される「相当な理由（probable cause)」は要求されず、「合理的な疑い」で足りるという。予防拘禁された容疑者は、起訴に至るまで最長四五日間拘禁される。

アッカマンによれば、このような緊急事態措置を講じる必要は、第二のテロを防止しようと政府が活発に活動することにより、政府が実際に機能していることを国民に伝え、実効的統治への国民の不安を解消し、国民に安心感を与えることにあるという。[14]テロ攻撃の未然防止でなく、最初のテロ攻撃が発生した後に緊急事態宣言が発令されるのは、その目的が実効的統治に対する国民の不安に応えるためであることに加え、テロ攻撃の危険性に基づく緊急事態宣言の発令を認めると、その要件をいくら厳格に限定しても濫用のおそれがぬぐいきれないからである。

(三)　緊急事態体制に対する歯止め

アッカマンが緊急事態の憲法を考案するにあたってもっとも意を払ったのは、緊急事態の恒常化を避けるための緊急事態の終結手続である。

ア　特別多数による承認要件の加重（supermajoritarian escalator)

アッカマンによれば、大統領は、緊急事態宣言を発した後、一〜二週間以内に連邦議会の過半数の支持による承認決議を求めなければならない。そして、緊急事態宣言から二〜三ヶ月後には、連邦議会の六〇％以上の賛成により緊急事態措置が承認されなければならず、さらに二〜三ヶ月後には八〇％以上の賛成により承認されなければならないというように、時間の経過とともに承認決議の要件が加重されていく。[15] これによって、連邦議会が緊急事態措置の終結についての最終的判断権を行使しうるようにするところにアッカマンの emergency constitution 論の核心がある。

イ　政治的自由の保障による批判

連邦議会による承認手続という緊急事態措置に対する歯止めを有効に機能させるためには、大統領と議員の行動を批判的に監視しうるよう市民に政治的表現の自由が保障されていることが不可欠である。緊急事態措置を肯定する論者には、表現の自由の制約さえ許されると主張する者もあるが、アッカマンは政治的自由の制限は禁止されると主張する。[16]

ウ　野党会派中心の監視委員会による情報収集

連邦議会が緊急事態措置の継続を承認するかしないかを適確に判断するには、緊急事態措置を要請するテロ攻撃の危険がどの程度のものなのかに関する情報収集が決定的な意味をもつ。緊急事態措置の執行に責任を有する大統領は連邦議会に十分な情報提供をすることが求められるが、大統領と政治的に対立する党派に対しては率直な情報交換がなされないおそれもある。ここからアッカマンは、連邦議会内に緊急事態措置に関する監視委員会を設置し、その構成も野党会派を中心としたものとするよう提案する。[17]

エ　損失補償

アッカマンが緊急事態措置の中心と位置付ける予防拘禁により拘束された者の中には、審理の結果、テロとの関係が証明されない者が相当程度存在するはずである。アッカマンは、理由なく拘禁されたと判明した者に対する補償として一日あたり五〇〇ドルが支払われるべきとする。[18] こうした損失補償は、理由なく拘禁された者に対する償いとしての意義のほか、政府に財政負担を負わせることにより根拠のない拘禁をできるだけ避けようとする誘因ともなると考えられる。

オ　裁判所の役割

「診断」のところで紹介したように、アッカマンは、社会的な圧力を前にした裁判官が少数者の権利擁護の役割を果たすことには期待できないとの認識に立ち、緊急事態措置に対する監視機関としての裁判所にそれほど信頼を置いていない。

しかし、アッカマンは、判断の幅の狭い、ルール的な判断については、裁判所も一定のチェック機能を果たしうると考える[19]。その一つは、「マクロ・マネージメント」と名付けられるものであり、大統領が一定の期間ごとに連邦議会において加重された特別多数の賛成による緊急事態措置の承認を得るよう担保するものである。裁判所による緊急事態措置のもう一つの抑制は、「ミクロ・マネージメント」と呼ばれるものであり、アッカマンが絶対的に禁止する拷問の禁止などの原則を遵守するよう求めるものである。

（四）憲法修正でなく枠組み法（framework statute）による緊急事態法制

アッカマンの提唱する emergency constitution は、合衆国憲法の修正手続を経て憲法典のなかに組み込まれるものではなく、連邦議会が制定する「枠組み法」として制定される[20]。「枠組み法」とは、形式的には通常の連邦法ではあるが、アッカマンが行政手続法（ＡＰＡ）、国家緊急事態法などをその例として挙げているように、政府の決定過程の法的枠組みを定める基本法となるものである。

三 emergency constitution 論の評価

しかし、アッカマンの提案は総じて厳しい批判に晒されている。

(一) テロ対策としての実効性への疑問

アッカマンの提案については、まずテロ対策としての実効性が疑問視されている。アッカマンの提唱する容疑者の予防拘禁が第二のテロ攻撃の抑止策として有効かどうかという疑問に加え、アッカマンがテロ対策の対象を二度目のテロ攻撃を防ぐことにおくことについても、一度目の攻撃で多くの人命が失われても仕方がないとするのでは、そもそもテロ対策の機能を果たしていないのではないかと批判される。[21]

(二) 「緊急事態」の位置付けへの疑問

また、アッカマンの想定する「緊急事態」の対象が曖昧であり、九・一一テロ以外のどのような事態がそこに入るのかは明らかでない。アッカマンは、「緊急事態」について、「国家としての存立」ではなく実効的統治が問われる事態とするが、実効的統治が行われているとの安心(reassurance)という保護法益が大量のテロ容疑者の予防拘禁を正当化するだけの重要性をもつかも疑問である。[22]

(三) 歯止めの有効性への疑問

アッカマンがもっとも意を用いたと思われる緊急事態措置の歯止めの有効性についても疑問が投げかけられている。第一に、連邦議会における特別多数による承認という手続が歯止めとして機能するかどうかが問題となる。そもそも法の支配の例外状態である緊急事態において、アッカマンが論ずるような法的制約の仕組みが機能すると期待することは難しい。[23] また、連邦議会による承認手続が歯止めとして機能するためには、各議員が独立して緊急事態措置の必要性について判断することが前提となるが、はたして議員たちにそのような判断を現実に期待することができるかを疑問視する声も強い[24]。議会が緊急事態措置継続の可否を判断するための情報を収集する監視委員会についても、過去の実例を踏まえれば、政権が自らに不利な情報を率先して議会に提出することは期待できず、有効な情報収集をなしうるかどうか疑問とされる[25]。さらに、テロ攻撃によってパニックに陥った議会は、大統領の緊急事態措置に歯止めをかけるどころか、逆に、emergency constitution の枠組み自体を変えてしまうおそれもある[26]。

結局のところ、アッカマンは、緊急事態権限の濫用、緊急事態の常態化を避けるため、emergency constitution の制度化を厳密にしようとすればするほど、テロ対策としての実効性が失われてしまうというジレンマに陥っている。他方で、緊急事態法制の常態化を避けるという課題に応えようとして、制度をどこまで精密に構築したとしても、結局は歯止めの機能についての疑念を解消できないという難題にも直面している[27]。

四　ポピュリスト的憲法観と emergency constitution 論

それでは、なぜアッカマンは容易にその欠陥を指摘しうる emergency constitution の提案をしたのだろうか。

まず、九・一一以降、無制約のテロ対策を正当化する言説が横行する言論状況において、リベラルな信条をもつアッカマンが、「テロとの戦争」の名のもとで進行する国家権力の野放図な拡大に対して歯止めをかけるため、なんらかの発言をしなければならないという衝迫にとらわれたことはまちがいない。ただし、その際に、アッカマンは、いわゆる「市民的自由論者」のように、もっぱら市民的自由の擁護を訴える主張をすることはできなかった。市民的自由の保障を主張することは、テロ対策を求める多数の国民の声に反してでも少数者の権利の保護を求めることであり、結局は裁判所を名宛て人とする法律論（legal-talk）を展開することとなる。アッカマンは、もっぱら法律専門家に訴えるエリート主義的対応では、彼自身のポピュリスト的憲法観にも反し、九・一一後の一般の国民の共感を得られないと考えたのであろう。

アッカマンらポピュリスト憲法観に立つ論者にとって、憲法を支え憲法の意味を最終的に決定するのは人民の意思である。憲法体制自体が危機にさらされる緊急事態において、その立憲的対応あるいは立憲体制への復帰を可能とするのも人民の意思によることになる。ポピュリスト的憲法観に立ちながら緊急事態への立憲的対応を実現するとすれば、人民に直接働きかけて人民の共感を得る形で緊急事態への立憲的対応を実現する提案をなすほかはない。だからこそ、アッカマンは、「テロとの戦争」というレトリックを排しながら、通常の「犯罪」ではないと民意に譲歩し、「人々の安心」を醸成するための予防拘禁を認めながら、緊急事態措置に対する連邦議会による歯止めの可能性に賭けるというきわどい提案を打ち出したのであろう。憲法の行く末について、あくまでも人民の動向に賭けたという点で、emergency constitution の主張もアッカマンのポピュリズム憲法観のあらわれと評価することができる。

以上は、アッカマンの主観的意図についての報告者の推測に過ぎない。しかし、傍証として二点指摘することができる。

第一に、仮にアッカマンの提案がきっかけとなってテロ対策に関する立憲的な対応をめぐる公論が活性化し、アメリカ人民の立憲主義への意識が向上したとすると、大統領による緊急事態措置に対する有権者の監視が強化される。こうした状況が実現されれば、有権者の意思を反映した連邦議会議員の多数による大統領の緊急事態措置の承認という emergency constitution の歯止めが確かにうまく機能するであろう。

第二に、アッカマンは、emergency constitution について論ずるとき、一種の切迫感をもって、We という一人称複数で語っている。[28] We the People がアメリカ憲法政治の原動力となってきたことを歴史家として語ってきたアッカマンは、ここでは We the People of the United States の一員として語ったのだと思われる。

（1）大河内美紀「Emergency constitution 論の検討」森英樹編『現代憲法における安全　比較憲法学的研究をふまえて』（日本評論社、二〇〇九年）一六五頁以下参照。

（2）愛敬浩二「国家緊急権論と立憲主義」奥平康弘・樋口陽一編『危機の憲法学』（弘文堂、二〇一三年）一七五頁以下、一九七頁。

（3）合衆国における緊急事態法制の流れについては、右崎正博「アメリカにおける緊急事態法制の展開」前掲注（1）書三〇六頁以下参照。*See also* Joles Lobel, *Emergency Power and the Decline of Liberalism*, 98 YALE L. J. 1385, 1400 (1989).

（4）駒村圭吾「危機・憲法・政治の "Zone of Twilight"」前掲・注（2）書一四三頁以下、一五一頁。

（5）岡本篤尚『《九・一一》の衝撃（インパクト）とアメリカの「対テロ戦争」法制—予防と監視』（法律文化社、二〇〇九年）一〇七頁以下参照。

（6）John C. Yoo, *The Continuation of Politics by Other Means: The Original Understanding of War Powers*, 84 CALIF. L. REV. 167 (1996).

（7）Richard A. Posner, Not a Suicide Pact: The Constitution in a Time of National Emergency 85-86 (2006). *See also* Eric A. Posner & Adrian Vermeule, Terror in the Balance: Security, Liberty, and the Courts 275, 207-15 (2007).

（8）Alan Dershowitz, Why Terrorism Works: Understanding the Threat, Responding to the Challenge 142-63 (2002).

（9）Bruce Ackerman, Before the Next Attack: Preserving Civil Liberties in an Age of Terrorism 13 (2006).

（10）*Id.* at 39. アッカマンによれば、脅威の型は、脅威の場所と脅威の質によって、以下のように分類される。まず、対外的脅威のうち、国家の存立に関する脅威に対する対処が「戦争」であり、「実効的統治」に対する脅威に関わるものが「警備活動（police action）」、対内的脅威について、国家の存立に対する脅威に関わるものが「内戦」、国内で生じた「実効的統治」に対する脅威に関わるものが「緊急事態」とされている（*Id.* at 171.）。

（11）*Id.* at 44-45.

（12）*Id.* at 61. 合衆国最高裁は、「対テロ戦争」における「敵性戦闘員」をめぐる裁判を通じて、「テロとの戦争」に対して一定の歯止めをかけたといえるが、愛国者法その他の国家緊急事態上の措置に対する本質的な制約を課したとはいえない。塚田哲之は、合衆国最高裁の判断について、「大統領と連邦議会との協働を促し、〈戦争〉遂行システムの整序と強化の契機となった」との理解を示す（塚田「『対テロ戦争』を戦う合衆国最高裁」前掲注（1）書三二八頁以下、三五三頁）。

（13）*Id.* at 46. その他に、外出禁止、立ち退き、治療の強制、監視、資産凍結、出入国管理なども言及されている（*Id.* at 96.）。なお、アッカマンは、ワシントン・DCが壊滅的な被害を受けた場合に問題となる、大統領代行者の就任順位や連邦議会議員の選任方法等、連邦政府の機能を維持するための措置についても論じている（*Id.* at 142-68.）。

（14）*Id.* at 45.

（15）*Id.* at 80-81.
（16）*Id.* at 94-95.
（17）*Id.* at 85.
（18）*Id.* at 54.
（19）*Id.* at 101-114.
（20）*Id.* at 123.
（21）Adrian Vermeule, *Self-defeating Proposals: Ackerman on Emergency Powers*, 75 FORDHAM L. REV. 631, 642-43（2006）.
（22）David Cole, *The Priority of Morality: The Emergency Constitution's Blind Spot*, 113 YALE L. J. 1753, 1796（2004）.
（23）DAVID DYZENHAUS, THE CONSTITUTION OF LAW: LEGALITY IN A TIME OF EMERGENCY 41（2006）.
（24）*See* Laurence H. Tribe& Patrick O. Gudridge, *The Anti-Emergency Constitution*, 113 YALE L.J.1801, 1817（2004）（議会の承認を繰り返し求めることがかえって議会内の分極化を強める危険がある点も指摘）。
（25）Martha Minow, *The Constitution as Black Box During National Emergencies: Comment on Bruce Ackerman's Before the Next Attack: Preserving Civil Liberties in an Age of Terrorism*, 75 FORDHAM L. REV. 593, 598（2006）.
（26）Vermeule, *supra* note 21 at 643.
（27）Minow, *supra* note 25 at 597.
（28）「我々は、これまでの危機の時代にあっても我々の自由をなんとか守ってきたし、制度に関する想像力を少し働かせるならば、我々はもう一度なし遂げることができる。」（ACKERMAN, *supra* note 9 at 9）、「ひとつだけ明らかなことがある。我々は真剣な議論を始めないかぎりどこにもいけないということである。」（Bruce Ackerman, *Terrorism and the Constitutional Order*, 75 FORDHAM L. REV. 475, 487（2006））。

フランスにおける緊急状態をめぐる憲法ヴォードヴィル
——エキストラとしての法原理部門——

村田尚紀
（関西大学）

はじめに

二〇一五年一一月一三日のパリ・サンドニ同時多発テロ事件発生直後、オランド大統領は、事態をテロとの戦争状態と捉え、緊急状態を宣言した。

本報告は、一一月一四日以来フランスが置かれている緊急状態の憲法上の問題を若干の点に絞って剔抉・分析する。

一　フランスの例外事態（国家緊急権）制度概観

フランスの例外事態制度と呼ぶべき現行制度には四種類ある。ここでは全体として極めて網羅的でシームレスな例外事態制度を発動要件に着目して分類・瞥見し、緊急状態制度を位置づける。

（一）合囲状態制度

合囲状態制度は、第五共和制憲法（以下、一九五八年憲法）第三六条に根拠をもち、防衛法典第二部

第一編第二章以下に関連条文が整備されている。L2121-1条によると、合囲状態とは、戦争状態または内乱状態を意味する。

第五共和制下で、これが宣言されたことはない。

（二）大統領非常権限制度

大統領の非常権限は一九五八年憲法第一六条に定められている。これは、共和国の制度等が重大かつ直接の脅威に曝されていること、および憲法上の公権力の正常な機能が中断されていることを要件として、大統領が行使することができる「状況が必要とする措置を執る」権限で、後述の例外状態理論にインスパイアされたものである。

大統領非常権限は、一九六一年、アルジェリアでの将軍反乱の際に発動されたが、数々の問題を残した。

（三）緊急状態制度

緊急状態制度は、憲法上明文の根拠がない。法的根拠は、第四共和制期に制定された一九五五年四月三日法である。現在、正式には「緊急状態に関する一九五五年四月三日法律五五－三八五号」という名称だが、もとは、「緊急状態を制度化しアルジェリアにおけるその適用を宣言する一九五五年四月三日法律五五－三八五号」が正式名称であった（以下、冒頭から既に使用している緊急状態法という呼称を用いる）。元の正式名称が示すように、これはアルジェリア紛争特措法というべき法律で、発動が終わった時点で失効したと考えられるはずだった。また一九五八年憲法が関連条文をもたない以上、憲法上の根拠がないと考えることができるはずだったところ、一九六〇年四月一五日オルドナンスが同法を改正したことによって、第五共和制下に生き残ったのである。

ここにいう緊急状態とは、公序に対する重大な侵害から生じる差し迫った危機、性質および重大性のゆえに公的災害の性格を有する事件の二つの場合を意味する（第一条）。憲法第一六条・第三六条が予定する例外事態と競合する一面をもちつつそれらによって残された例外事態をカヴァーするのが緊急状態制度である。これは、最も使い勝手がよい国家緊急権制度として「重宝」されてきた。

（四）例外状態

例外状態は、第一次世界大戦中にコンセイユ＝デタ（以下、CE）によって生み出された概念で、法令上明確な根拠を全くもたない。エイリエス事件一九一八年六月二八日CE判決[1]は、一定の状況が通常の適法性の原則を適用不能にすることがあると認めた。これがその後の先例となる。以来蓄積されている判例の例外状態理論によれば、戦争やゼネスト、大規模自然災害のような「異常事態」で行政が通常の適法性を尊重することができない場合、ケースバイケースの対応をすることが許され、平時なら違法となる措置を執ることも許される。

行政裁判所は、例外状態の存否の判断と処分の比例審査を行うが、実際にはこれは追認的に機能するだけである。「裁判官は、憲法の頭越しに、まさにフランス人の集合意識から直接に自らの授権権限を引き出している[2]」という批判が注目される。

二　緊急状態法の発動例

緊急状態法は、フランスの例外事態法制をシームレス化する要の位置にあり、重宝されてきた。それは、これまでに八回発動されている。即ち、一九五五年四月三日〜一二月一日（アルジェリア戦争）、一九五八年五月一七日〜六月一日（アルジェリア現地軍・コロン反乱）、一九六一年四月二三日〜一九六二年一〇月二五日（アルジェリア将軍反乱）、一九八五年一月一二日〜六月三〇日（ニューカレドニア暴動）、一九八六年一〇月二九日（ウォリス＝フツナ紛争）、一九八七年一〇月二四日〜一一月五日（フランス領ポリネシア＝ウインワード諸島紛争）、二〇〇五年一一月九日〜二〇〇六年一月四日（二〇〇五年秋の郊外暴動）、二〇一五年一一月一四日〜である。

大規模自然災害時に緊急状態法が発動された例はない。発動例はどれも社会的矛盾が暴力行使の形態をとって発現した事件である。この場合、勿論暴力行使を犯罪として取り締まらなければならないが、それだけでは不充分である。暴力的形態によって見失われがちな政治的問題や根底にある社会的・経済的な問題にメスを入れなければならない。これらは治安対策や刑事司法によって解決できない。社会的矛盾は、政治的な方法で粘り強く解決・解消を模索していくしかない。

フランスで緊急状態が宣言された八件は、現在継続中の事態も含めて、大なり小なり過去の植民地支配とかかわる。近年の二件は植民地支配とかかわる所謂移民問題・人種差別、さらにそれを暴発させる契機となった一九七〇年代以来の構造的な経済・失業問題が絡み合った事件である。それらの問題が実質的に放置されたままでの緊急状態法の発動は、暴力行使とは無関係だった人々までを憎悪の連鎖に巻き込む悪循環を拡大再生産してきたということができる。

三　緊急状態法の構造

緊急状態法は、もともと緊急状態制度に関する権限や手続を定めた第一編とそれをアルジェリアに適用するための第二編からなるハイブリットな構造をもっていた。現在、かつてのアルジェリア関連条項はない。頻繁に改正されており、二〇一五年一一月一四日の緊急状態宣言の後も延長の際に大小の改正が行われている。条文の数はさほど多くないが、それぞれが長く、多様な内容となっている。紙幅の都合上、ここでは主に現在の緊急状態下に行われた居所指定を検討する。

（一）憲法上の根拠

緊急状態法には憲法上明文の根拠がないのは、ド＝ゴールの思惑による。憲法第三六条の合囲状態の宣言は閣議を経たデクレによるが、宣戦布告の権限は国会に帰属している（憲法第三五条）。このような国会の介入を嫌ったド＝ゴールは、意図して憲法に緊急状態条項を入れなかったのである(3)。

この点に関して、憲法院（以下、ＣＣ）は、一九八五年一月二五日判決で、「一九五八年一〇月四日憲法は、（……）緊急状態に関する一九五五年四月三日法を廃止する効果をもたない」と判断し、明文の欠如を「許容」と解して、問題を糊塗した。

（二）緊急状態

緊急状態としては二つの場合が法律上想定されているが、大災害の場合の発動例はなく、判例の例外状態理論に加えて一九八七年(4)、一九九六年(5)に災害対策関連法が整備されたことによって、今後も災害時に緊急状態法が発動されることはないであろう。従って、緊急状態とは事実上もっぱら公序の重大な侵害を意味する。問題は、ここでいう公序の意味、その重大な侵害の意味である。いずれも過度の広範性が疑われる。この点につき、夙にＣＥは、「戦時においては、国防上の利益が公序の原則を拡大し、公共の安全のためにより厳格な措置を要求するのである(6)」と述べ、例外状態において公序の原則が拡大する道を開いているのが注目されよう。

（三）緊急常態下の居所指定

居所指定は、緊急状態法第六条（二〇一五年一一月二〇日法により改正）に基づいて行われる。指定場所に関して、旧法は「定められた地域」としていたが、新法では内相が定める場所とされている。特定のアドレスにいることが義務づけられるのである。指定場所は、例外的に住居でないこともあり、必要なら住居から離れた場所にすることもある。この場合、内相は、警察または憲兵隊によって対象者を指定場所に連行することもできる（第六条一項）。この処分は、一七八九年人権宣言（以下、人権宣言）第二条および第九条に反する可能性がある。この処分は、必要な厳格性の原則に従わなければならず、移動の遂行に厳密に必要な時間に限られると解さなければならないはずである。しかし、CCは、例えば二〇一二年六月八日QPC判決において、公序の保護を目的とする短時間の強制処分に関する法律の規定は、人権宣言第二条等に反するものではなく、また司法権の介入を伴う必要がないので憲法第六六条に違反しないということをすでに認めている(7)。

新設の第六条六項は、居所指定された者が警察または憲兵隊に出頭することを要求する権限を内相に与えている。同じく新設の第六条七項は、居所指定された者の「危険人物」との接触の自由を制限する権限を内相に与える。また新設第六条八項によれば、内相は、居所指定された者で禁錮一〇年に処せられたテロ犯罪者で刑期を終えて八年以上経っていない者をモバイル電子監視の下に置くことができる。

以上のような居所指定は、往来の自由やプライバシー権を著しく制限することになるにもかかわらず、その要件は極めて緩やかである。旧規定では「活動」の明らかな危険性が居所指定の要件だったが、現行規定上は、「振る舞い」が公共の安全や公序に対する脅威となることが要件となっている。司法手続でないため、これには十分な証拠収集が要求されない。国会審議において、「活動」文言の復活の提案は斥けられた。懸念に対しては、危険があると考える重大な理由が必要となっているので（第六条一項）、理由の存否が裁判の対象となり、それが行動の自由をより大きく保障するといわれた。しかし、公序や公共の安全と国民の自由との衡量は、緊急状態時には自ずと前者に比重がかかるため、行政裁判所の審査は緩やかなものとなり、重大な理由は容易に認定されることになった。

緊急状態下の居所指定は、多くの問題を引き起こす。そもそも、極めて広範な文言からなる発動の要件の帰結として、テロと関係のない極めて多くの人が処分の対象になりかねない。CEは、法案の事前審査において、二〇一五年一一月二〇日法による改正は、「憲法上保障された自由や権利をよりよく保障するための」補完を行うもので、行政警察権の行使を枠づけるに「充分な保障」を与えていると判断していた。居所指定に関しても、「その振る舞いが公序に対する脅威になると考える重大な理由がある者」に限る処分であり、滞在時間や警察への出頭回数の制限などの「保障」によって「緩和されている」と、処分の危険性に無頓着ともいえる評価を行っている(8)。

二〇一五年一一月三〇日〜一二月一二日パリ近郊でCOP21が開かれた際に、テロと無関係のエコロジストの活動家に対して居所指定処分が行われた。この処分が争われた急速審理における緊急状態法第六条違憲の抗弁を受けて、CC二〇一五年一二月二二日QPC判決(9)は、同条の新しい項に関する合憲の判断を行った。同判決は、「目的と範囲においてこれらの条項は憲法第六六条にいう個人的自由を剝奪するものではない」として、従来からのCC判例を踏襲し、憲法第六六条を専ら司法手続に関するものと限定解釈して、行政処分である居所指定がこれに反することはないとする。その上で、居所指定処分の適法性判断枠組について「居所指定処分もその期間、適用要件、併合できる補足義務も緊急状態の宣言に導いた特別な状況において正当化されなければならず、かつ処分を根拠づける理由と均衡がとれていなければならない」と述べている。

第六条には、二〇一六年一二月一九日緊急状態延長法によって一一項ないし一四項が追加された。一一項は、緊急状態の延長後に居所指定の効果を維持するためには、居所指定決定を更新しなければならないとし、一二項は、緊急状態の宣言からその全期間中、同一人に一二ヵ月を超えて居所指定を行うことはできないとし、一二ヵ月を超える場合について、一三項が、内相がCE急速審理裁判官の許可を得て、三ヵ月を限度として延長できる旨定めていた。CC二〇一七年三月一六日QPC判決[10]は、一三項について、CE急速審理裁判官の許可を居所指定処分延長の要件としている点が公平原則と裁判を受ける権利を侵害する（人権宣言第一六条違反）と判断し、その他を留保付きで合憲と判断した。CEに処分の許可を行わせる一三項違憲の判断はあまりにも当然というべきで、特にこれをもってCCが積極的に機能したとみるのは過大評価になろう。

四　二〇一五年一一月一四日以降の緊急状態の pratique

二〇一五年一一月一四日以来、緊急状態法は、六回延長されて現在に至っている。第五共和制史上最長となった緊急状態の恒常化は矛盾といわざるをえない。二〇一六年二月一九日延長法が政府によって準備された際、CEが、緊急状態の要件がなお満たされているとする政府の判断を肯定しつつも、二〇〇五年秋の郊外暴動の際の急速審理決定と二〇一六年一月二七日の急速審理決定を引いて「例外的権限の体制は、法治国家において、性質上、その効果が時間と空間において制限される」と述べ、「緊急状態は一時的でなければならない」と明言している[11]のは当然のことであった。問題なのは、テロの脅威の強度に関して、CEは、政府の情報に基づいて判断するにとどまるので、その掲げる法治国家的要請を自ら撤回しているに等しいことである[12]。

緊急状態下における処分の実態は、内務省の資料からは充分明らかにならないが、様々な機関や国民による検証によって明らかになっている。

居所指定に関してみよう。警察または憲兵隊への出頭義務は、一日三回までとされているにもかかわらず（緊急状態法第六条六項）、警察への四回の出頭が義務づけられた例がある。このように明確に法の文言に違反する権限濫用の事例がある一方で、居所指定の制度必然的に生じる多くの問題がある。頻繁な出頭義務のために職業活動に支障をきたす、人と会う約束ができない、集会に行けない、勉学が継続できない、法外な移転費用を負担しなければならない等々の問題が生じている。居所指定を受けた結果の失業も多い。(13)

緊急状態下の多くの処分は、対テロ効果が乏しい反面、裁判的救済が受けられない直接・間接の被害を多数もたらしている。その失敗の多くがテロ対策と無関係に行われた処分であることは、緊急状態法からの逸脱というよりは、むしろその法構造の必然的結果であるといえる。法構造の問題の一端は既に指摘したが、ここで、緊急状態法上の公序概念の問題点をさらに挙げておく。同法には、第一条のほか四カ条に公序概念があらわれている。第一条の緊急状態の宣言の要件に関わる公序の意味とその他の条文に現れる公序の意味とは異なるとされている。(14) COP21の際にエコロジスト活動家に対する居所指定の停止が争われた急速審理の際、CE二〇一五年一二月一一日決定は、緊急状態宣言を導く「差し迫った危険または公的災害の性質」と「居所指定処分を正当化しうる公的安全および公序に対する脅威の性質」とは文言上関係がないとした上で、「第六条の規定は、緊急状態下のゾーンに住む全ての人の居所指定を、緊急状態の続く限り、越権訴訟による統制の下、内務大臣が決定することを妨げないように解釈しなければならない」と説示する。(15) CEは、第六条公序に対する脅威を第一条にいう差し迫った危機と同一のものと解してはならないというのである。六条の要件の存否は内相のきわめて広い裁量的判断に委ねられているので、二〇一五年一一月一四日以降の緊急状態下での居所指定処分は、宣言の根拠となったイスラム過激派によるテロの虞れと直接関係なくとも、多くが適法になりうるのである。

二〇一五年一一月一四日以降の一年の検証から明らかになることは、少なくとも一定の場合に、「テロの脅威と直接闘うよりはむしろ公序の維持という一般的目的を達成するための措置を執ることが緊急状態によって許されてきた(16)」ということである。

五　緊急状態の非政治部門による統制

フランスの緊急状態の非政治部門による統制には様々な形態がある。国際機関、国内の政治機関、独立国家機関である権利擁護官、国家人権諮問委員会による諸統制は、強制力がないという限界はあるにしても、その世論喚起効果は注目されよう。弁護士やジャーナリスト、市民による監視活動にも注目すべきものがある。

対照的に、法原理部門は、これまでの検討から既に明らかなように、行政に広範なマヌーバーの余地を認める一方で、人権保障は極めて控えめにしか行っていない。

その点は、CCの緊急状態下における公序と人権との利益較量の判断基準からも確認される。緊急状態法第八条は、緊急状態下の地域において集会施設等の一時閉鎖や混乱を招く虞れのある集会を禁止する権限を内相に与えるものである。第八条の合憲性が争点となった事件で、CC二〇一六年二月一九日QPC（2016-535）判決(17)は、同条の規定が「思想や意見の集団的表現の権利と公序の保護という憲法的価値を有する目的との明白に均衡を欠いてはいない調整」を行っており、これは人権宣言第一一条に違反しないと判断した。公序保護を目的とする集会の自由の規制の比例性審査を明白な不均衡の存否という甚だ緩やかな基準によって判断しているのである。

緊急状態の法原理部門による統制の不足は、国民の行政裁判に対する不信に現れている。二〇一七年三月末時点で使える数値によれば、緊急状態宣言以来の行政家宅捜索件数は約五〇〇〇、このうちテロの企みとかかわるとして刑事捜査の開始に繋がったのは二〇件である。つまり、結果的な成功率は〇・四%である。しかも、この捜査の結果、有罪判決に至った事例についての情報はない。それにもかかわらず家宅捜索の対象者が行政裁判所に訴えた事例は全体の二%足らずの一〇〇件に満たないのである。(18)

おわりに

二〇一六年六月上旬現在、継続中の緊急状態は、終了の見通しがない。緊急状態は、平時の立憲的秩序の回復を目的とする一時的なものでなければならないとすると、将軍反乱時を超える最長期間を記録することになった今回は最悪の発動例になったといえる。そもそも今回の緊急状態法発動の目的とされたテロ対策は、軍事力や警察力の行使で安易に終わらせることなどできない。テロと呼ばれる暴力・破壊活動を平時の刑法・刑事訴訟法に基づいて取り締まる一方で、テロを生み出す社会的・経済的・政治的原因の解消に相当の時間をかけて取り組む必要がある。かような課題を放置して緊急状態法を発動しても、事態は泥沼化し、短期間で終了すべき緊急状態が長期化どころか常態化する矛盾に国家が陥るのは必然的な結果であったといえる。

二〇〇一年以降のイデオロギー的なグローバルテロは、民主主義諸国を自己否定に追い込むことをミッションとしている。例外事態の宣言とりわけその延長は、テロとの戦いの挫折を意味することになりかねない。(19)フランスにおける緊急状態の常態化は、立憲主義・法治主義の空洞化を意味し、西欧立憲主義を虚妄として描き出そうとするイスラム過激派にとってテロの勝利を意味する。テロの成果が上がれば、それが次なるテロを動機づける。それゆえ、テロ対策としての緊急状態法の発動とその常態化は、対テロ抑止効果がないどころか、テロを助長しかねないのである。

効果がないままの緊急状態の常態化そのこと自体とそこにおいて必然的に生じている数々の人権侵害とは、悪い冗談ないし悪夢といってよいであろう。二〇一五年一一月一四日以来の憲法ヴォードヴィルのなかで冷静な脇役となるべきであった人権の番人が脇役ではなくエキストラとなりさらには舞台の書割に溶け込んでしまいそうになっている。

緊急状態法が立憲主義・法治主義を変質させつつあるとき、緊急状態法をめぐる争いは、憲法をめぐる争いとなっている。従来、大統領非常権限と合囲状態にしか関心を払ってこなかったフランスの憲法学[20]が緊急状態法に鋭い批判の目を向けている。憲法を政治支配の道具にするのかそれとも人権の要塞とするのか？ 別言すれば、raison d'Etat（国家理性）かEtat de droit（法治国家）か？ 今これが問われている。フランスが戦争状態にあるというならば、それはフランス自身との、あるいはフランスのなかでのヘゲモニー闘争である。

（1）CE, 28 juin 1918, n°63412.

（2）Gilles Lebreton, *Droit administratif général*, 8e éd., Dalloz, 2015, p. 85.

（3）Cf. Anne-marie Le Pourhiet, État d'urgence: une révision constitutionnelle parfaitement inutile, *Marianne. fr*, févr. 2016.

（4）Loi du 22 juillet 1987 relative à l'organisation de la securité civile, à la protection de la forêt contre l'incendie et à la prévention des risques majeurs.

(5) Loi du 3 mai 1996 relative aux services d'incendie et de secours.

(6) CE, 28 fevr. 1919, n°61593.

(7) Cf. Décision n°2012-253 QPC du 8 juin 2012.

(8) Cf. Conseil d'Etat, Avis sur un projet de loi prorogeant l'application 17 novembre 2015.

(9) Cf. Décision n°2015-527 QPC du 22 déc. 2015.

(10) Cf. Décision n°2017-624 QPC du 16 mars 2017.

(11) Cf. CE, Assemblée générale, séance du 2 février 2016, Avis sur un projet de loi prorogeant l'application de la loi n°55-385 du 3 avril 1955 relative à l'état d'urgence, p. 2.

(12) Cf. CE, Assemblée générale, séance du 8 décembre 2016, Avis sur un projet de loi prorogeant l'application de la loi n°55-385 du 3 avril 1955 relative à l'état d'urgence et modifiant son article 6, p. 1.

(13) Cf. CNCDH, Avis sur le suivi de l'état d'urgence du18 février 2016, p. 4.

(14) Cf. CNCDH, Avis sur le suivi de l'état d'urgence et les mesures anti-terroristes de la loi du 21 juillet 2016, le 26 janvier 2017, p. 19.

(15) Cf. CE, 11 décembre 2015, n°395009.

(16) Rapport d'information sur le contrôle parlementaire de l'état d'urgence de Raimbourg et Poisson, n°4281 enregistré à la Présidence de l'Assemblée nationale le 6 decembre, p. 126.

(17) Cf. Décision n°2016-535 QPC du 19 février 2016.

(18) Cf. Paul Cassia, L'indemnisation des perquisitions administratives de l'état d'urgence, 25 mars 2017, https://blogs.mediapart.fr/paul-cassia/blog/

(19) Cf. Karine Roudier, Albane Geslin et David-André Camous, *L'état d'urgence*, Dalloz, 2016, pp. 231-232.

(20) Cf. Olivier Beaud et Cécile Guérin-Baagues, *L'état d'urgence Etude constitutionnelle, historique et*

critique, L.G.D.J., 2016, pp. 11–12.

〔付記〕紙幅の制約上、注は最小限にとどめていることをお断りしておく。

緊急事態に対する「行政による統制」？

高橋雅人
（拓殖大学）

はじめに

ドイツでは一九六八年の基本法改正によって、緊急事態条項が憲法に導入された。当時の議論はよく知られているため、ここでは、その後のドイツの緊急事態条項をめぐる議論を中心に展開する。

さて、いわゆる論壇では、近年、「例外状態」論が盛んに議論されている。二〇一五年のシャルリ・エブド事件以降、ハノーファー、ミュンヘンでのテロ警告、二〇一六年にはイスタンブールでのドイツ人旅行者殺害事件、航空機爆破予告、ヴュルツブルク近郊の列車内襲撃事件、ミュンヘンでの乱射事件、アンスバッハのフェス会場付近の爆発事件、ベルリンでのクリスマス市車両突入事件が立て続けに起き、緊張した状況にあることはたしかである。

国内の安全強化のイニシアティブとして、事実の積み重ねが繰り返し強調されると、公共空間の安全のために、監視などの技術革新が必要とされる。そこで「法治国家における例外状態」や「難民は例外状態に関する決定」と言われるのだ(1)。

しかし、これに法律家が簡単に便乗するわけにもいくまい。むしろ、例外状態という問題圏が何かを冷静に見分ける必要があるし、むしろ、緊張した状況から正当化される国家権力の強化について、その統制を考えねばなるまい。

一　ドイツにおける緊急事態法制

まず、ドイツにおける緊急事態法制を概観する。現行のドイツ基本法では、各種「緊急事態」が規定されている。まず、「対外的緊急事態」として、基本法八〇a条一項の緊迫事態、同一一五a－l条以下の防衛事態、同八〇a条三項の同盟事態が規定され、「対内的緊急事態」として[2]、同三五条二項二文、三項の災害緊急事態、同八一条の立法緊急状態（連邦宰相の信任投票が得られなかったあとの立法手続）、同九一条の古典的な対内的緊急事態（連邦の存立又は自由な民主的基本秩序に対する危険）が規定される。そして同九一条二項は八七a条四項と結びついて、民間の物件を保護し、組織された軍事的な武装した暴動に対処するための連邦軍の出動も可能とする。

本稿の議論は、紙幅の制約上、対内的緊急事態と軍隊の国内出動に限定する。

二　対内的緊急事態

（一）対内的緊急事態の段階図式

まず、ラントは、基本法三五条二項一文に基づき、「特別の意義を有する」「公共の安寧秩序」の維持回復のため、連邦国境警備隊を要請できる。さらに、危険の種類に応じた手段を用いる。自然災害や重大な災厄については、同三五条二項二文と同三五条三項で挙げられた手段が用いられ、それ以外の緊急事態の場合、同九一条を適用することになる。同九一条は同三五条二項一文と比べると、増大した危険状態と結びつくことで、対内的緊急事態の核心に関わっていく。それでも、同九一条は、基本権制約の権限を与えたのではなく、行為能力を根拠づけただけで、連邦とラントの権限を規律しただけと考えられている。

以上で対応できない事態が生じるときは、同八七a条四項が適用される。最終手段としては、軍の出動が許容される。その要件は、（a）同九一条一項、（b）同九一条二項の要件を満たし、（c）危険防御のために設置された警察力が不十分な場合に限定される。この要件が充足された場合でも、さらに限定がかけられる。たとえば「警察と連邦国境警備隊の支援のため」のみ出動が許されることや、連邦政府の指揮下におかれつつも、軍事的な命令ヒエラルヒーが存続する（もっともこの点は、あまり限定にはならない）。これには二つのシナリオが考えられ、一つは、軍事武装した暴動であり、他方は、政府に対する反乱である。これは「合議体としての連邦政府」のみが決定でき、中止要請があれば遅滞なく従わねばならない。

以上が、基本法の想定だが、より大きな整理では、「闘う民主政」もこの構想に含まれる場合がある。これは、事後対応だけでなく、ありうる緊急事態を先取りして防ぐ「憲法保護や国家保護」を企図したものである。

以上の段階図式を見ると、まるで、緊急事態が発展していき、それに従って警察又は軍隊が対応するかのように見えるが、実務では、むしろ、この図式を逆行するかたちで、「事前の配慮」・「予防」が考えられていく。ここが、本稿の趣旨となる。対内的緊急事態は、事実上、極限状態であって、実際には「ますます考えられないもの(3)」とされるのだ。

（二）憲法外の対内的緊急事態

基本法では、国家機能が停止されるような、伝統的意味での真正な緊急事態（＝例外状態）について規律していない。(4) 例外状態の課題は、できる限り早い通常状態の回復である。これを憲法で規律可能か、どこまで規律するのか、ということは、ヴァイマル憲法四八条の苦い経験ゆえ、戦後のドイツ国法学者にとっては喫緊の重大な宿題だったのである。(5) 予見できない例外状態を最終的に克服するには、ドイツ刑法三四条の超法規的緊急避難の原則を適用し、内容的に開かれた構成要件によって、広範で一般条項的な介入の授権を行うことなのか、又はそのような思考方法が、法治国家を解体するとして、憲法が例外状態を排除したと見るのか。(6) 例外状態を想定すれば、かえって、憲法上の例外を憲法が支配できなくなり、例外が原則を消費し尽くしてしまう。

基本法の構想は、例外状態理論を作って、トップダウンで対応する統治ではない。むしろ、ラント間・ラントと連邦間との共働によって、憲法秩序に対する危機を克服しようとするボトムアップ型の対応をはかる。これによって、弾力的で柔軟な対応を構想しているのである。(7)

三　テロ対処

では、対内的緊急事態は、実際にどのように考えられているのだろうか。

（一）ドイツの秋

緊急事態憲法にとって、まず、一九六〇・七〇年代にＲＡＦが起こした一連の事件が重い意味をもつ。(8) 七七年のいわゆる「ドイツの秋」と言われるシュライアー氏の誘拐事件とハイジャック事件に関連して、シュタムハイム刑務所で連続的に自殺事件が発生した。連邦政府は危機対策本部を設置し、立法と執行の責任を統合し、基本法一〇二条の一時停止を発案した。

また、七五―七七年にかけて、基本法一三条一項に反して、原発批判者の住居の盗聴、シュタムハイム刑務所における被告人と弁護人の会話の盗聴、訴追されたテロリストに対する包括的接見禁止措置が行われた。[9] 同時代、ベッケンフェルデは、例外状態の権限・手続を民主的憲法構造のなかでとることができるとしたのだった。[10]

（二）航空安全法違憲判決

航行中の航空機がハイジャックにより、武器として転用される状況になると、軍隊を出動させ、乗員・乗客ともども撃墜する措置が、二〇〇三年に成立した航空安全法で認められた。この法律規定について、連邦憲法裁判所が二〇〇六年、基本法八七a条二項、同三五条二項、同三項、人間の尊厳と結びついた生命権（二条二項一文）に適合せず無効と判決した。[11]

ここでの主旨は、①連邦は、自然大災害及び特に重大な災厄に対処する際の軍隊出動及び関係諸ラントとの共働を決定する規律についての立法権を直接有する、②三五条二項二文及び三項一文は、大災害及び特に重大な災厄の対処の際、軍隊が軍特有の武器をもって出動することは連邦に許容しない、③航空安全法一四条三項に従って、航空機を撃墜する軍隊への授権は、航空機に搭乗する、この行為と無関係な人間がいる限り、基本法一条一項の人間の尊厳と結びついた基本法二条二項一文の生命権に適合しない。

この判決に対する批判や対応は、烈しくなされた。政治的には、この後、二〇〇六年八月の連邦制改革の一環の基本法（五二次）改正で、七三条一項に九a号が付加され「ラントの境界を越える危険があるときは、ラント警察の管轄が認められない場合、又はラントの最上級庁が要請した場合に、連邦刑事局による国際テロリズムの危険の予防」を連邦の専属的立法権とした。

学説の批判としては、例えば、保守派のイーゼンゼーが、国家は、本来、航空機を撃墜して乗客を犠牲にするか、撃墜せずに地上の人間を犠牲にするかの究極の選択を決定する裁量と義務があり、葛藤の結末を、テロリストや偶然にゆだねてはならない、と述べたものがある(12)。さらに、彼は、近年、危険が増長する一方で、オンライン基本権のような不文の新しい基本権を裁判官法で認め、国家の行為権限を裁判所が狭めていると危惧する。国家権力を法的に解放し、例外状態の権限を、執行権のものとしなければならない、という。

(三) 航空安全法判決の変更

この判決については、その後、変更されているが、日本ではあまり知られていない。

二〇〇六年の第一法廷判決と異なる法理解を、第二法廷が考えたことで、二〇一二年七月三日に合同部(Plenum)決定が行われた(13)。ここでは、先の三つの主旨のうち前二者について、異なる法理解が呈示されている。

①航空安全法一三―一五条の規律の連邦の立法権限は、基本法三五条二項と三文からではなく、連邦に、航空交通に関する専属的立法権限を与えた七三条から生ずる。②三五条二項二文と三項は、軍隊の出動の際、軍特有の武器使用を原則的に排除していない。つまり、①連邦の立法権、②武器使用の限定的要件の下での許容、について法理解を変更したのだ(14)。

この決定には、ガイアー判事による反対意見が付されている。合同部は、制定史を考慮できておらず、憲法の統一的解釈ができないばかりに、結局、合同部決定が、憲法改正の効果をもってしまった、という。たしかに国内での軍隊の出動は不可能ではないが、それは厳格な要件下でのみ可能である。しかし、国内の安全の維持は、もっぱら警察の任務であるはずだ。この区別を混同するには憲法改正が必要で、それは憲法裁判所の任務ではない、と。

四　軍隊の国内出動

では、軍隊の国内出動は、憲法でいかに規律されているのだろうか。

（一）憲法上の根拠

国内での連邦軍の使用は、実は多岐にわたっている。顕著な例としては、「職務共助（Amtshilfe）」（三五条一項）と警察の「支援（Unterstützung）」（三五条二項・三項）である。サッカーの二〇〇六年ワールドカップ大会で二千人の兵士を技術共助として、五千人が警戒態勢として入ったこと、二〇一二年のミュンヘンのチャンピオンリーグ決勝戦、二〇一一年のドイツへの法王の訪問、放射性物質容器の輸送、ミュンヘンのオクトーバーフェスト、二〇一二年の森林火災、バルト海での弾薬不法投棄の除去など職務共助が実践されている。

基本法は、八七a条が軍隊の出動の憲法上の根拠を呈示する。同二項で、防衛目的以外でも出動できる。「厳格なテクスト忠誠の要請」(15)によって、憲法解釈を厳格にしなければならない（はずである）。

二〇〇七年のハイリゲンダムで行われたG8サミットでは、ラントが危険防御のために過剰負担に陥っているとして、他のラントに「支援」を要請した。千百人の兵士が派遣され、またトルネード機が偵察飛行を行い、五百フィートを下回ってはならないところ、デモキャンプの上空百十九フィートの高さで一分二二秒間飛行し、撮影を行った(16)。

連邦憲法裁判所は、連邦情報局（BND）での兵士の使用が偵察任務にあたり、兵士は軍隊の命令構造から解放されるため、八七a条二項の「出動」ではないという連邦行政裁判所の判例を引用している。

八七a条二項の軍隊の「出動」は、「執行権の手段としての使用」という。[17] それによって、三五条一項の「職務共助」の措置が許容されるとする。

トルネード機の使用は「職務共助」と「出動」の境界線上にある。行政法上は、「出動」は「執行権」としての連邦軍の使用を含み、それは個人の権利を侵害し、又は侵害しうる。軍隊の使用が、基本権侵害に当たる場合について、連邦憲法裁判所は、「強制力をもった具体的な措置によって初めて生じるのではなく、すでに、軍隊の人的ないし事項的手段が脅威や萎縮の可能性があるなかで利用される時点」と確認している。[18]

連邦憲法裁判所は、軍隊出動に連邦議会の議会留保を認めないという点で、偵察機の出動を憲法違反としなかったが、この論理からすると、トルネード機の「脅威」や「萎縮効果」を強調すれば、警察の「職務共助」や「支援」以上のものが見出されることになり、「出動」とみなされ、違法となるのではなかろうか。[19]

（二）テロと国内出動の要件

対内緊急事態での軍隊の国内出動は、ラントと連邦の警察の支援であり、その目的は、物件保護と暴動の鎮圧である。その場合の要件は、①連邦又はラントの存立及び自由な民主的基本秩序に対する脅威となる危険、②危険防御のためにラントの準備や能力が不十分であること、③危険対処のために諸ラントと連邦警察の警察力に過剰負担があることである。

この要件を充足しないため、テロ攻撃の防御は、行えないと考えられている。そこで、考えられるのが、基本法三五条三項二文と三項一文の大災害救助である。

局地的大災害についてはラントが要請し、広域的大災害については連邦政府が決定することとなっているが、テロ出動については、その要件について争いがある。「特に重大な災厄」（三五条二項二文、三項一文）に該当する場合、故意にもたらされた災厄も含むとされ、テロ攻撃も該当すると考えられる[20]。しかし、それは「災厄」の現象の発生後か、発生前かについて争いがある。先の二〇〇六年の航空安全法違憲判決では、警察法上の「現在の危険」に該当すれば「災厄」としていたが、二〇一二年の合同部決定は、「災厄」は「すでに存在する」状態でなければならないが、「災厄の経過がすでに始まっていて、大災害の被害が差し迫っている」場合に限らず、必ずしも「予期される被害がまだ生じていない」場合も含むとしている[21]。

五　予防国家の諸措置―情報管理

ここで、先の、例外状態は「ますます考えられない」という指摘を思い返してもらいたい。ドイツの国法学では、通常状態のなかで、法治国家的に、例外状態に至る前の段階の「危険」を議論しなければならないという問題意識が一定程度共有されている。

（一）例外状態論から通常状態論へ

例外状態を法的に制度化することは、六〇年代末、七〇年代に烈しく議論されており、ベッケンフェルデは、一貫して法秩序の限界を克服する法治国家的試みに取組んでいた。しかし、それはフォルクマンによれば、「もはや役に立たない[22]」。危機や不確実性の経験に取組む新たな戦略は、具体的危険ではなく、リスク低減や制御の意味での事前配慮（Vorsorge）に移行している。政策としては、情報・インテリジェンスの領域に入っていく。例外状態の高次のエスカレーション段階への移行は、いよいよ考えられなくなり、せいぜい、国内での軍隊出動の問題を考えるくらいとなる。「例外状態なんて古いぜ！」というわけだ。[23]

極度の事態に対処するために、例外状態を法化して、およそ全ての規律を創出し、権限を準備する道もありうるが、これでは、極度の脅威を考えることで、思考が、「敵」や「犠牲」というカテゴリーのなかで、増殖していかざるをえない。法の思考から考えられないことは、法を超えて世界を救済する英雄の事項となる。

(二) インテリジェンス

すると、この予防国家で求められるのは、まず情報収集ということになる。

この点、ドイツでは、反テロデータファイル法、オンライン捜査、通信履歴保存義務などの措置が、テロリズムの危険の予防として活用されている。

近年、アメリカの情報局が、連邦情報局とともに、ドイツ市民と高権担当者を監視していたことが、暴露された。これを機に連邦議会に設置された議会調査委員会が、検索語のリストの引渡しを連邦政府に求めたところ、アメリカの了解がないことを理由として連邦政府が拒否した、という事件が発生した。これにつき、連邦憲法裁判所は、連邦政府の趣旨に沿う形で決定を行っている。[24]

この決定に対して、権力分立に関する根本的な問題が提起された。つまり、この決定によって、議会の質問権の輪郭がぼやけた上に、議会は基本権の関わる政治領域全体から退場させられた、と評価されている。[25]

もとより、議会調査委員会の質問権は、①権力分立、②国家利益（Staatswohl）、③基本権からそれぞれ限定されていた。しかし、本件決定は、基本権の意味を無視し、「国家利益」を、執行権固有の核心領域として保障することで、「調査委員会の調査権は、機能適性・機関適性の任務遂行の連邦政府利益と対立する。この任務には、実効的な国家保護及び憲法保護のための、情報機関との協働も含まれる」とする。

議会調査委員会の照会要請に対して連邦政府が拒否できる論拠とは、権力分立原則だという。[26] それは「機能適性・機関適性の任務遂行の保障」であり、外交権に由来するモデルである。アメリカの了解なしに提出すれば、外交と安全保障に関わるため、政府の「機能適性・機関適性」の任務遂行の利益に対立する（Tz. 一二一‐一二二）。

これまで、この論拠として考えられたのは、「核心領域」論だった。「議会と国民に対して政府がもつ責任は必然的に、執行権の固有の責任の核心領域を前提」としている（Tz. 一一九）。そこには、政府の意思形成が含まれ、すなわち、閣議での討論や閣議決定の準備、そして所管内部の決定過程も含まれる。したがって、議会の統制権限は、原則的に既決の事象に限られる。

本件決定は、この「核心領域論」を変更した可能性がある。「議会と国民に対する政府の責任は、（中略）機能適正と機関適正の任務遂行保障を前提とする」（Tz. 一二二）。この中身について、「連邦及び州の憲法適合的な秩序、存続そして安全、人の身体、生命及び自由が憲法上圧倒的に重要な保護法益」であり、その保護義務が国家にあるとした（Tz. 一二四）。テロリズムに対して以上の義務を国家が果たすために、有効な偵察・情報解明手段が行われねばならない、と（Tz. 一二五）。基本法は、内外の安全を維持するために、憲法擁護庁と情報局を許容している（GG四五d条、七三条一項一〇号）。情報局は、闘う民主政・法治国家の自己保存意思・安全保障の基本法の基本決定の表れであると。

この情報収集と利用は、外国の情報局と協働することが効果的で、政府の権限に服する外交政策と安全保障政策の一部となるが、基本法は、政府には外交政策の領域では、固有責任の任務遂行の広範な裁量を与えている。ゆえに機能適正を根拠として、この分野での議会の役割が限定される（Tz. 一三〇）。

しかし、これでは、メラースが批判するように、執行権が単独でいかなる遂行できるのかという問題と、この際、どのように議会によって統制されるべきなのかの問題がもはや区別できない。

もともと、執行権の固有責任の「核心領域」とは、連邦政府を他の機関と「共同統治（Mitregieren）」から保護するためにあったはずで[27]、既決の事象に議会の関与を限定することと、この理屈は異なるものだ。

連邦憲法裁判所は、少し前までは、基本権の保護範囲を拡大することで、安全が自由の領域を狭めないよう慎重になっていたはずだ。それ自体、基本権解釈としてよいのか、という問題はある。しかし、近年の連邦憲法裁判所の、執行権をめぐる権限の解釈は、国家の安全目的が前のめりになっていると危惧される。

おわりに

情報収集という点だけでも、連邦政府の独立した政治形成力がますます強調される一方で、議会統制の範囲は狭められる。この法実務を見るだけでも、いわんや、例外状態論をマジで議論しようとするのは、状況が状況だからこそ、はなはだ時代錯誤と言わざるをえないし、その「行政による統制」など、考えられないのではないだろうか。

（1）Peter Sloterdijk, Cicero 二／二〇一六、一六（二一）

（2）対内的緊急事態は、文言そのものは基本法に規定はないものの、分類として、各コンメンタールや学説の説明のなかで使われているもので、本稿もこれに倣う。この点につき、制定史の議論のなかで、ＳＰＤによる対内的緊急事態の導入の反対の意味に注意を喚起する水島朝穂「ドイツ基本法と『緊急事態憲法』」同編『世界の「有事法制」を診る』（法律文化社、二〇〇三年）八七頁以下を見よ。
（3）Uwe Volkmann, Der alltägliche Ausnahmezustand oder: Not kennt viele Genote, Merkur 六二（二〇〇八）S. 三七四
（4）ここでは、高田篤「非常事態とは何か」論ジュリ（二〇一七年）春号四頁以下が区別した緊急事態と非常事態（本稿では例外状態）の整理に従う。
（5）Vgl. Konrad Hesse, Ausnahmezustand und Grundgesetz, in DÖV（一九五五）S. 七四一ff.; ders., Grundfragen einer verfassungsmäßigen Normierung des Ausnahmezustandes, JZ（一九六九）S. 一〇五 ff.
（6）Ernst- Wolfgang Böckenförde, Der verdrängte Ausnahmezustand, NJW（一九七八）S. 一八八一 ff. この議論について、水島朝穂『現代軍事法制の研究』（日本評論社、一九九五年）二五三頁以下が詳しい。また、哲学的・理論的研究として、三宅雄彦「例外状態について（一）（二）（三）」早大法研論集七九（一九九六年）・八〇・八二号（一九九七年）、
（7）Jens Kersten, Ausnahmezustand, JuS（二〇一六）S. 二〇一
（8）BVerfGE 四六、一六〇。ここで連邦憲法裁判所は、「国家機関が生命の実効的な保護への義務付けをどのように履行するのかは、原則的にその固有の責任で決定されねばならない」とした。
（9）BVerfGE 四九、二四。このときの連邦憲法裁判所が、市民の生命保護義務によって、接見禁止措置を正当化した。
（10）前掲注（6）参照。
（11）BVerfGE 一一五、一一八。八人の裁判官全員一致。
（12）Josef Isensee, FAZ, 二一、一、二〇〇八、Nr. 一七、S. 一〇 ff.
（13）BVerfGE 一三二、一。
（14）この合同部決定を受けて、二〇一三年五月二〇日の第二法廷決定（BVerfGE 一三三、二四一）で、広域的な大災害緊急事態において連邦防衛大臣が軍隊出動を決定することに関する航空安全法一三条三項二文、三文について、合議機関としての連邦政府の決議に基づいてのみ許容されるとして、違憲無効とした。他方で、同法一四条に

おける軍特有の武器使用についての許容については、憲法適合的と解した。

(15) BVerfGE 九〇、二八六（三五七）

(16) BVerfGE 一二六、五五

(17) BVerfGE 一三二、一（Tz. 五〇）

(18) BVerfGE 一三二、一（Tz. 五〇）

(19) Friedrich Schoch, Verfassungsrechtliche Anforderungen an den Einsatz der Streitkräfte im Inland, JA（二〇一三）S. 二五五以下。

(20) BVerfGE 一一五、一一八（一四三 f.）

(21) 軍隊出動は、基本法で規定されていなくても体系的に認められ、「救助」や「支援」のために開かれており、八七a条によって軍事手段を使用でき、三五条三項一文が「効果的」な危険防御を求めることから、大災害事態に、軍特有の手段を断念できない（BVerfGE 一三二、一（Tz. 二九－三一））。

(22) Volkmann（Fn. 三）S. 三七三

(23) Volkmann（Fn. 三）S. 三七四

(24) BverfG, Beschluss v. 一三、一〇、二〇一六-二 BvE 二／一五。以下本文中のカギ括弧横の丸括弧の数字は決定文の欄外番号。

(25) Christoph Möllers, Von der Kernbereichsgarantie zur exekutiven Notstandsprärogative, JZ（二〇一七）S. 二七一 ff.

(26)「調査委員会に情報を伏せる根拠は、権力分立原則に由来する（BVerfGE 一二四、七八、一二九）」権力分立原則から導かれることとして「国家権力の枝は、相互に関係し、相互に交錯するが、それぞれの固有性やその特殊な任務・権限が奪われてはならない。これによって、権力分立原理は、政府に対する議会の情報請求権の根拠と限界がある。」（Tz. 一一七 f.）

(27) BVerfGE 一一〇、一九九（二一四）; 結果的には一二四、七八（一二〇 f.）

緊急権と「外見的立憲主義」
──ドイツと日本──

長　利　一
（元・東邦大学）

はじめに

本論は立憲主義一般でなく、歴史（近代史）上特定の国家（独日）の国家に成立した「外見的立憲主義」を略説したうえ、これもまた緊急権一般でなく「外見的立憲主義下での緊急権」の特徴を検討することで緊急権と「外見的立憲主義」の関係を探ろうとするものである（1）。

一　「歴史としての緊急権」（「実定法上の緊急権」）

ここで検討される緊急権は特定の国家毎に歴史とともに変容する「歴史としての緊急権」であるが、それはまた「実定法上の緊急権」として表わされる法現象でもある。一九Cドイツ古典的緊急権としての「合囲状態」（Belagerungszustnd─以下 Bz と略す）の例は緊急権が歴史的に形成されてきた実定法概念であることを示す。その歴史的起源が仏革命から一九C初めのフランスに由来する Bz は、一八五〇年のプロイセン憲法一一一条において明文化されている（三月革命後の緊急権の憲法への「登録」(Registerierung）を緊急権の「立憲主義化」といい、その法治国形式としての一八五一年のプロイセンBz法律)。明治憲法一四条の戒厳はこれと同種の規定である。緊急権と立憲主義の関係は、その歴史と法理論の両面から見る必要がある。例えば、西欧型近代立憲主義の準拠国とされるフランスの一八五〇年憲法下での戒厳（état de siège）規定と、同時代のドイツ・プロイセン憲法の戒厳規定（一一一条）とを比較した場合、その権限主体・手続・要件・効果においてどのような異同を生ずるか、規定の運用も含め具体的かつ詳細に調べてみなくてはならない。それはまた、独日の特殊歴史的な立憲主義と戒厳規定との関係についても同様な方法の試みが妥当しよう。

二 「外見的立憲主義」の歴史と法理論

（一）ボナパルティズム国家論と「外見的立憲制」（F・エンゲルス）

F・エンゲルスがその「ボナパルティズム国家論」で用いた「外見的立憲制」という用語（初出はF・ラッサールらしい）は、ドイツ国法学での使用例を確認しえていない。したがって、「外見的立憲主義」(Schein-Konstitutionalismus）のタームは、実際は当時のドイツ国法学による厳密な法学的概念ではないとみられ、そうして現在に至るまで管見の限りではドイツ国法学が、このエンゲルスの概念（ボナパルティズム国家論と結びついた「外見的立憲制」）を採用してプロイセン憲法や帝国憲法を説明している例を確認できていないとさしあたりはいいうる（尤も、類似の用語使用の例（「仮装的立憲主義」Pseudo-Konstitutionalismus）は見られる（E. R. Huber)。

エンゲルスの「外見的立憲制」とは、一九Cプロイセン国家及びドイツ帝国のその統治形態において特殊歴史的な君主制の憲法体制であって、K・マルクス（『フランスにおける内乱』）から発展的に継承された「ボナパルティズム国家論」のなかで展開される。エンゲルスによると、一九C中葉「君主制は…もはや、ひしひしと押し寄せてくるブルジョアジーから貴族を守ることではなくて、ひしひしと迫ってくる労働者階級から有産者階級全体を守ることが必要となったその瞬間から、わざわざこの目的のために作り出された国家形態であるボナパルティズム君主制」に移行する。このボナパルティズム国家では「現実の政治権力は将校と官吏の特殊なカーストの手に握られている」。プロイセンでも新帝国でもこうした発展の帰結としての国家形態である「外見的立憲制」は、「古い絶対君主制の、今日における解体形態であるとともに、ボナパルティズム君主制の存在形態である」という。尤も、エンゲルスのいう本来の近代的ボナパルティズム純粋型はブルジョアジーとプロレタリアートの対抗と均衡の上に成立する、その調停者として「ボナパルト」が選出される仏二月革命後のナポレオン三世の独裁的統治形態である。これを要するに、一九C中葉の仏独の市民革命後に成立した、君主・貴族／ブルジョアジー／労働者の、いわば「三竦み」の真空状態での人民大衆のプレビシット的な政治支配の独裁形式という。そうした特殊歴史的な国家形態の成立条件は社会経済的支配階級と政治的支配階級のズレ（労働者階級の社会的攻勢を防ぐためブルジョアジーが貴族・君主の政治権力に依存するという特殊な歴史条件）に基づくものであった。ボナパルティズム国家における「外見的立憲制」の半絶対主義的性格とその（階級的対抗と均衡に基づく）妥協的性格（君主の主権性が明確でなく主権所在決定の不存在）の矛盾はここに由来する（主権所在の不明確性は一八七一年ドイツ帝国憲法において一層甚だしい）。

（二）明治憲法体制と「外見的立憲主義」――「明治憲法型外見的立憲主義」

以上のような仏独の事情を踏まえて「外見的立憲主義」の再構成を試みる必要がある。さてエンゲルスが用いた「外見的立憲制」の、戦前講座派の服部之総による引用が日本での初めての用例で、これを鈴木安蔵が憲法概念として導入したものらしい。しかし、独自の法的構造・機能等の認識や厳密な憲法概念規定を欠いていたにもかかわらず、特殊歴史的範疇としての国家形態（「ボナパルティズム国家」）の統治形式としての「外見的立憲制」の概念枠組を無媒介に明治憲法体制に転用して、そこから憲法の性格を導出するがこと妥当であろうか。そこで、「外見的立憲制」を明治憲法体制に即した法概念として憲法理論的再構成を必要とする。国家主導の「上からの近代化」の必要性が喫緊の課題であるような、促成的近代国家・資本主義国家における憲法の欽定は、憲法制定の担い手としての市民社会・国民統合の未成熟、憲法原理にまで高められるべき国家理念が十分に育まれていない等々、要するにそこでは憲法は近代化の十分な内実を伴わない「外見的な」法形式になり易い。その短期間の促成性の故に「外見性」の内実において極めて複雑な構造をもつ。明治憲法体制の法的性格は、所謂明治憲法の「二つの魂」（鵜飼信成）といわれるような、一方で天皇大権を中核に据えた「国体」概念と、他方で議会の立法権や行政監督権を中心に構成された憲法の立憲主義的要素との対抗と均衡関係によって形づくられる。明治憲法は制定から一九四五年の敗戦まで、その二つの異なる性格の濃淡の複雑な、前者に濃く後者に淡い変遷を見た。何れが優位又は均衡するかは社会の歴史的発展や政治的現実に依存しつつ、なお憲法固有の論理構成をとるものと考えられる。アカデミズム憲法学の実定法解釈論としても、明治憲法における「国体」概念に依拠した解釈論を展開した穂積八束・上杉慎吉の憲法学に、立憲主義的立場に立って解釈論を展開した美濃部達吉・佐々木惣の憲法学が対抗した。しかしながら、明治憲法の「外見性」は、ドイツのように憲法上主権の所在決定を延期し不明確にするまでもなく、「神聖不可侵」の「万世一系ノ天皇」が「統治権ノ総攬者」であるとする主権規定において、その「質と程度」においてドイツとは異なるものがあったといえる。神権天皇制国家は、その単純な公式主義的アナロギーを拒む（一八五〇年プロイセン憲法四三条「国王ノ一身ハ不可侵」には「神聖」の文言がない)。そうした意味においてエンゲルスの「ボナパルト国家—外見的立憲制」公式をそのまま明治憲法・神権天皇制（憲法一条「大日本帝国ハ万世一系ノ天皇之ヲ統治ス」）に適用するには限界がある。本論ではひとまず理論仮説として明治憲法体制に固有の立憲主義を「明治憲法型外見的立憲主義」と規定しておく。

(三)「戦後憲法学」における法概念としての「外見的立憲主義」

以上の理由により「外見的立憲主義」概念は、日独両憲法体制を比較した場合歴史的・憲法学的論証の厳密性において十分でなく、日独共通に妥当可能な一般性をもつかどうか疑わしい。尤も、「戦後憲法学」において「外見的立憲主義」は、マルクス主義法学の立場に立つ長谷川正安に限らず、宮沢俊義ほかにおいても憲法学上の法概念として広く使用例が見られる。前者における同概念使用の特徴として、元老など憲法外の国家機関の存在についても示唆しつつ明治憲法の外見性が強められていたことが指摘される。一方後者の例では、エンゲルスの「ボナパルティズム国家論」というディスコースから切断され、社会科学概念というよりも法技術概念としてほぼ定着してきたといってよい。ただ、宮沢も「外見的立憲主義」は明確な法概念とはいえないと認めるように、例えば、樋口陽一『比較憲法』もドイツ・プロイセン憲法体制を「外見的立憲主義」と規定するが、厳密な法概念としての内容規定に乏しい。

三　「外見的立憲主義」下の緊急権——ドイツと日本

以上の点を留保して「外見的立憲主義」の歴史的現象形態にはドイツ型と明治憲法型の二タイプある。

(一)一九Cドイツ憲法における緊急権

(1)一八五〇年プロイセン憲法一一一条と一八五一年プロイセン戒厳法律（BzG）[2]

立憲君主制としてのプロイセン憲法の妥協的性格は、緊急権の権限主体を憲法上不明確にしつつ、その一方で法律（プロイセン BzG）上は君主ではなくプロイセン首相（戦争の場合は軍司令官）としたことに現れている。この点は、一八四九年仏憲法における議会の戒厳宣告権と、ドイツ BzG における戒厳宣告権の執行権帰属を比較すると、前者に緊急権の議会主義化を見ることができるが、後者の執行権中心の戒厳も他国にもみられる緊急権の一般的属性であって憲法の「外見性」を殊更いい募るほどではない。また同 Bz の法的効果（軍司令官への執行権移行や基本権停止）の点でも仏憲法・法律と同様一般的な緊急権類型に属し、プロイセン憲法の「外見性」を強めるのに特別寄与したとはいえない。プロイセン憲法に関する限り、その「外見性」の程度問題は緊急権よりも緊急権執行の実体であるところの、議会の統制を免れる君主の統帥権問題の方に依存する。このことが、後に帝国憲法の戒厳規定の法的性格をめぐるドイツ国法学における憲法解釈論争の中核的なトピックとなる。

(2) 一八七一年帝国憲法六八条[3]

ドイツ帝国憲法の基本的性格をみるとき、産業革命期からドイツ資本主義が飛躍的に発展し社会の工業化の著しい進展（全体としてのブルジョア化）にもかかわらず、その政治的ヘゲモニーはなお大土地所有貴族・ユンカーの手中にあったという事情（「社会」―経済的支配と「国家」―政治的支配とのズレ・分離テーゼ）は看過し得ない。この「社会と国家の分離」が「憲法的妥協」を生み、そこに議会主義に敵対し得る君主主義への退行の可能性が絶えず孕まれていた。その妥協的性格は主権の所在決定を「延期」した――主権の所在を、皇帝でなく形式上ラントの連合機関である連邦参議院（Bundesrat）とした――規定に示されていた。しかし同時にドイツ帝国は、「ボナパルト国家」の特徴である国民投票による人民的プレビシット的性格を欠いていた分ビスマルクの「宰相独裁」を必要とした。帝国憲法六八条は緊急権の権限主体として皇帝（Kaiser）を明記する一方で、手続、要件及び法的効果については予定したライヒ法律の立法化が行われず一八五一年プロイセンBzGが引き続き適用された。帝国憲法成立に伴うプロイセン憲法とは異なる権限主体の変更から、ライヒと並んでラント法上の緊急権規定が引き続き妥当すべきかどうかという国法学論争が生じた。通説的見解によると、「戦争状態」（Kriegszustand）宣告権は皇帝の専権に属しラント君主・政府はこれを有しないとされた。P・ラーバント（Laband）は、その法実証主義的解釈の一つである法体系的文理解釈の方法により、六八条の憲法典における法体系的位置が帝国憲法第一一節「ライヒ戦時制度」（Reichskriegswesen）のなかに編成されていることから、皇帝の統帥命令（帝国憲法六三条）から「流れ出るもの」（Ausschluß）という解釈を施した。これに、六八条中の「公共の安全」定式を根拠に治安警察的性格と解するG・マイヤー（Meyer）の解釈が対抗した。両説とも長短を伴いつつ「軍事法的」（Laband）「警察法的・行政法的」（Meyer）な戒厳法の法実証主義的解釈方法の功績は、緊急権の、形式化された法体系たる憲法生活への編入や法治国的保障要請を満たすところに存した（一九〇古典的緊急権の法治国化の完成）。

(3)第一次大戦期における運用――戒厳から「独裁」への歴史的転換（「過渡的独裁」）

ドイツは第一次大戦の戦時体制によりBzから独裁への転換の法的問題に逸早く直面していた。一九〇半ばの三月革命後の一八五一年BzGの念頭にあった立法事実は、「国内の敵」との市街戦といった反乱や内戦状況であったので、二〇〇の大国間相互の総力戦には耐え得ない時代遅れの古臭いものになっていた。BzGは戒厳の効力として執行権の軍司令官への移行（§4）と、これとは別に任意の強化措置として基本権停止（Suspension）（§5）を定めた。また、執行権移行に際し軍司令官は「公共の安全」のため刑罰での威嚇命令を発布できた（§9b）。§9bに基づく軍司令官命令こそが戦時期ドイツの軍事独裁（Militärdiktatur）の実体であったから、その法解釈と運用が大問題となった。通説的解釈では９ｂ命令はその内容に基本権停止が含まれるなら§5に基づく必要があったが、実際の多くの運用において任意であった基本権停止措置は形式的に宣告されることなく９ｂ命令がパーマネントに蓄積された。激しい法解釈論争の展開後、裁判所、学説ともこれを承認した。しかし、§９ｂ命令が「法律を超え且つ法律に反して」（praeter wie contra legem）授権されるとは、戦前には想像もつかない「新事実」（Novum）であった。９ｂ命令の実例として§5所定の表現活動の規制（例えば、プレス検閲）もあれば、§5に明文規定のない財産権侵害を内容とする戦争経済と緊密に結びついたものも多く含まれていた。「公共の安全」の警察秩序定式の下で「経済緊急状態」が含まれるかどうかは疑わしかった。このような古典的戒厳の法的限界は自明であった。第一次大戦期の軍事独裁は未だ権力分立を除去した権力集中に至らない、緊急権の歴史のうえでは戒厳から独裁への過渡的段階にあった。同時にその憲法的基礎も一九Cの「外見的立憲主義」ではもはや間に合わず総力戦や経済恐慌といった二〇C的緊急状態に対処しうる憲法体制を必要とした。

（二）明治憲法体制下の緊急権(4)――戒厳（明治憲法一四条）

(1)明治憲法と太政官布告・戒厳令（明治一五年）

明治憲法一四条は戒厳を天皇大権とし権限主体のみ明文化し（同一項）、戒厳の要件や効果の詳細につき「戒厳ノ要件及効力ハ法律ヲ以テ之ヲ定ム」（同二項）とする。憲法制定（一八八九年）に先立つ一八八二年に太政官布告・戒厳令（明治一五年）が立法化されていた。当時戒厳令が同条にいう「法律」とみなされたのは、憲法に矛盾しないそれ以前の法令は「遵由ノ効力ヲ有ス」（同七六条）とされたためである。しかし、同憲法五条で「議会ノ協賛」を経て初めて法律になると定める以上、「議会ノ協賛」を経ない太政官布告が法律の効力を有するというのは憲法上疑わしい。にもかかわらず立法化されなかったのは、『憲法義解』がいうように、明治憲法成立以前の法的慣習を前提に、明治憲法の成文化のもつ意義が規範の新たな創出的意義よりも宣言的確認的意義の方を強調するところに存したからである。これは、市民階級から立憲主義的譲歩を迫られることの少なかった日本において、憲法制定前の既定の立法事実をそのまま承認することを意味した。これに対し、挫折したドイツ三月革命の立憲主義に対する意義は、君主の統治権に対し議会主義的抑制を担保し得る憲法体制の確立にあった。その一つが、三月前期（Vormärz）にはなかった、緊急権の法治国的保障であった（プロイセン憲法一一一条に基づく1851BzGの立法化）。先ずこの点で、明治憲法体制下の緊急権は、「明治憲法型外見的立憲主義」の主な徴憑の一つに数え得る。

⑵権限主体と権限の性格

天皇が戒厳と統帥権の両権限主体を兼ねるところから、前者が後者の作用の一部に属するという解釈も可能であった（戒厳＝統帥権説、ドイツでのラーバントの通説的解釈）。何故なら、戒厳実施が天皇の統帥権に基づく軍隊出動に依存せざるを得ないからである。これに対し、戒厳が軍事出動を予想するとしても戒厳の主たる法的効果は軍司令官への執行権移行にあるから、法論理的には戒厳の作用は軍事出動命令とは別個のものとして区別される。蓋し、戒厳とは、軍の行動（軍の主要任務は国防にある）それ自体ではなく、地域を限った一時的な軍による「統治」（秩序維持という警察作用）のことをいうからである（美濃部説）。この点で当時の解釈学説は一致していた。何故このような日独の憲法解釈上の違いが生ずるか。日独憲法体系の相違といった法形式的理由だけでなく、憲法制定の背景をなす歴史的事情の違いにも由来する。仏独の戒厳法制の性格は純軍事的なものから政治的なものへと歴史的発展をたどり、一八四八年の市民革命を経て――国内の政敵の反乱に向けられた――戒厳の政治的性格は決定的なものとなったのに対し、市民革命的経験と必ずしもパラレルでない明治憲法体制下の戒厳の性格は、相対的に独自の歴史的事情から導かれる。明治一四年政変頃までに西南戦争等内乱的状況は終息しており明治二二年憲法制定当時の歴史状況として、外からの欧米列強の帝国主義に直面しつつこれに対応すべく国内における国民のナショナルな統合を迫られていた。軍は、大規模な市民革命の可能性の乏しい政治的状況下では国内の政敵よりも外国との戦争準備に専念する必要があった。こうした事情から戒厳が国務作用に属することに特段の争いがなかったものと思われる。

(3)戒厳の運用――「行政戒厳」

明治憲法一四条に基づく戒厳宣告の事例は七例あり、そのすべてが日清・日露戦争時の軍事戒厳である。正規の戒厳でない「行政戒厳」の事例は日露戦争後の日比谷焼討事件、関東大震災、二・二六事件と三例ある。とくに後二者は日本近代史(学)において社会的政治的にも重大な事件とみられてきたにもかかわらず、これまで戒厳運用の実際に関する憲法学的検証は十分でない。

①関東大震災・朝鮮人虐殺事件

「行政戒厳」は、戒厳令の成立要件(戒厳令一条「戦時若クハ事変」)を欠いているため憲法一四条に基づく正規の戒厳でなく緊急命令(憲法八条)で定められた(「緊急勅令戒厳」ともいう)。このため政府の裁量余地が恣意的に拡大され戒厳令の適用条項の範囲などに関しても不明確とならざるを得ない(緊急勅令において戒厳令中の適用条項を明記しない)。一九二三(大正一二)年関東大震災に際し朝鮮人虐殺事件が生じた(「自然災害」と「人災」とが同時に結びつく事象)。地震のような自然災害は戒厳令一条の「戦時若クハ事変ニ際シ」という戒厳成立の構成要件に該当しないとされたためである。最大の問題点は、戒厳令の中核たる基本権停止の範囲が不明確である点に存する。何故なら、遡って太政官布告制定の明治一五年の時点において未だ憲法で保障されてもいない基本権の停止ということ自体が背理だからである。基本権の観念が立憲主義の成立と不可分であるという意識自体が欠落しているところに緊急権の立憲主義化の余地はない（プロイセン憲法一一一条は基本権停止の明文規定をもつ）。太政官布告・戒厳令は、とりわけ運用の実際においておよそ立憲主義になじむものとはいい難かった。しかし、このとき、「明治憲法型外見的立憲主義」と急激に発展した日本資本主義との矛盾は、こうした社会的危機を克服するには、殊に戒厳という一九Cの古典的な法形式での対処において限界にまで達していた。翻って、ドイツの近代的戒厳法制が歴史的に一九Cを通じて、政治的な内乱状態や挫折した市民革命等の歴史過程を経て近代法として緩慢な発展をみたのに対し、明治憲法制定後そうした緊急権の立憲主義化の課題が積残されたまま憲法学もこれに取り組むことなく怠慢を重ねる結果になった。(5)

②二・二六事件――「司法テロ」

二・二六事件（一九三六）での行政戒厳の実施は、青年将校達の武力行動が「戦時若クハ事変」（戒厳令一条）の要件を満たさないことが理由であったが、先ずこれが疑問である。政府は、二・二六事件を軍の一部の「反乱」と認めたくなかったようである（表向き「軍隊相撃」を避けるためという理由で「蹶起部隊」を警備部隊に編入）。次に、特設軍法会議で反乱部隊を指揮した青年将校達とともに北一輝ら民間人に対する死刑判決が行われた。軍は、事件の責任を民間人である北一輝等に転嫁するため特別裁判を利用したと思われる。ここでは後者のみ論ずる。東京陸軍軍法会議ではおよそ通常裁判所では許されない、①弁護人なし、②秘密裁判（審理非公開）、③一審終審制（控訴上告不可）、④民間人を特設軍法会議の管轄下におくといった特別裁判が行われた。そして、私人を対象とした特設軍法会議の設置を、行政戒厳を定めた緊急勅令でなく事後に別の緊急勅令（「東京陸軍軍法会議ニ関スル件」）で規定した。司法的保障に関する明治憲法上の規定は二四条（「法律ニ定メタル裁判官ノ裁判」を受ける権利）と六〇条（「特別裁判所ノ管轄ニ属スヘキモノハ別ニ法律」で定める）であり、そこにいう「法律」とは、二・二六事件では特別裁判の法的根拠とされた陸軍軍法会議法である。しかし、何故戦時でもないのに民間人を軍人と一緒に軍法会議にかけることが可能なのか。戒厳令が戦時での民間人裁判を認めていないのに、戒厳の執行期間中に民間人をも管轄する特別裁判が合囲地境外の区域で可能なのかが疑われる。またさらに陸軍軍法会議法は「戦時事変ニ際シ」と定めるから（同法六条）、この規定を、行政戒厳を前提に適用するのであれば、もともと戒厳令一条「戦時事変ニ際シ」の要件に合致しないから敢えて変則的な行政戒厳を定めたという事情からして背理であろう。かくて陸軍軍法会議法を法的根拠にし得ないなら、明治憲法二四条及び六〇条にいう「法律」の定める裁判の保障規定に違反する。

右の事情は、当時ワイマール期の独裁型緊急権の時代に入っていたドイツと比べ、緊急権の歴史的未成熟の現れとみることができる（とくに戒厳の要件と法的効力の法治国化が未成熟で、それが行政戒厳という形式で法適用や解釈等の恣意的運用面に顕著に現れた）。こうした矛盾は昭和ファシズム期に入ると、（美濃部天皇機関説事件に象徴される）立憲的後退として重大な局面を迎えた。その契機となったのが二・二六事件と、そこでの行政戒厳と「司法テロ」(6)であったといえる。関東大震災・朝鮮人虐殺事件から二・二六事件に至るこの時期、総力戦としての帝国主義戦争の準備に適合した、立憲主義の歴史的展開にパラレルな緊急権の歴史的転換の課題達成が求められていた（ドイツではビスマルクからワイマールへの憲法史において「戒厳から独裁へ」の緊急権の発展）にもかかわらず、法形式的には前世紀の「外見的立憲主義」の下で、これまた時代遅れの太政官布告・戒厳令との矛盾を放置したまま、そのまた変則形態の行政戒厳でこれを凌ごうとしたが、旧時代の戒厳には自ずと歴史的限界があった。ドイツは、パーペン・クーデタを経て一九三三年以降ナチス・ヒトラー独裁の時代に入った。

（1）詳細は、拙稿「明治憲法体制下の緊急権」東邦大学教養紀要四八号二一頁以下（二〇一六）
（2）拙稿「ドイツ近代立憲主義と緊急権」（佐藤幸治他編『阿部照哉喜寿記念』（成文堂二〇〇七）四〇七頁以下
（3）拙稿「ドイツ『市民的法治国原理』と緊急権」初宿正典他編『佐藤幸治古希記念（上）』（成文堂二〇〇八）三一一頁
（4）天皇の非常大権（明治憲法三一条）は紙幅に余裕がなく割愛する。詳細は、前掲注（1）拙稿「明治憲法体制下の緊急権」
（5）なお、美濃部の憲法教科書その他でも行政戒厳に関する法解釈上の一言の疑義さえ見られない。
（6）これは、ドイツ一一月革命後のワイマール初期の内乱状況のなかで、ワイマール憲法四八条二項の大統領命令で設置された「略式裁判所」（Standgerichte）が多数の死刑判決を下した、政治裁判の性格をもつ所謂「司法テロ」（Justizterror）を想起させる。そこでは、戦場さながら民間人を軍法会議にかけて死刑に処した。Vgl. E. Lucas, Ausnahmezustand in dem ersten Jahren der Weimarer Verfassung (1), Kritische Justiz, 1972, S. 163 ff. (171).

第二部　国際化の中の立憲主義

裁判所における国際法規範の「参照」

手塚崇聡
（中京大学）

はじめに

「国際化」または「グローバル化」といった現象の中で、近年、国際法規範の国内的活用が迫られる場面も増加してきている。こうした流れの一つの兆候ともいえる現象が、裁判所による国内法の解釈における国際法の「参照」事例にみられる。もっとも後述するように、特に最高裁判所による傾向は、なお消極的であるとの指摘があるところではあるが、国際的な法規範の「参照」という作業は、少なくとも国際的な法規範との「対話」を示す一つの徴証であるように思われる。こうした「参照」については、「単なる参照にすぎない」ものなのか、そもそも考慮義務があるのか、また民主的正統性があるのかどうかなどといった問題点が指摘されている(1)。こうした指摘を踏まえて、本稿ではまず、「参照」という文言の意味や類型を明らかにした上で、日本の裁判所で行われる「参照」が「単なる参照」や「事実レベル」の参照に過ぎないものなのかという点を確認し、裁判所が行う「参照」が有する憲法上の問題点を整理したい。

一　「参照」の意義

（一）「参照」分析の前提──「参照」の憲法学および国際法学上の位置

本稿が対象とする「参照」の議論は、そもそも憲法学や国際法学において、どのような位置づけになりうるのであろうか。本稿の射程を絞る観点から、ここで確認しておきたい。

国際法と国内法の関係[2]については、「国際法と国内法の理論的・一般的関係に関する議論」と「国内法秩序における国際法の位置づけ」という議論に分けることができ、前者については、二元論、一元論、調整理論などの議論がなされているところである。[3]後者については、さらに国際法の「国際的効力」の問題、そしてそれを踏まえた「国内的序列」の問題、最後に国際法の「国内適用可能性」という問題がある。[4]特に本稿において問題となるのは、最後の国際法の「国内適用可能性」である。さらに、国際法の「国内適用可能性」に関わる問題は、「直接適用と国際法適合的解釈（しばしば間接適用と呼ばれる）とに分けられるのが一般的である」とされているが、[5]本稿の対象である「参照」は、「国際法適合的解釈」といった議論と関わる問題となる。なお、ここで「間接適用」とは、「国内で裁判所や行政庁が国際法を国内法の解釈基準として参照し、国内法を国際法に適合するように解釈すること」と定義づけられている。[6]

特に「国内適用可能性」に関わる問題については、これまで①最高裁の消極的適用や冷淡な姿勢に対する批判、②国内的「受容」の不明確性に対する批判、③適合的解釈に対する批判、④国際法適合的解釈と「参照」の違いが不明確であり、分類が必要であるとの指摘などがなされているところである。[7]本稿の対象である「参照」についていえば、国際法規範を裁判所が用いるための手法を明確化し、さらに

表　「参照」の類型

類型	意義
「Guidance」	解釈基準または指針としての「参照」
「Support」	裁判官の結論を補強するための「参照」※「結果志向型」
「Follow」	外国法及び国際法と国内法を区別しつつ、国内法への賛同としての「参照」
「Survey」	単なる言及にとどまる「参照」
「Distinguished」	外国法や国際法などと区別するための「参照」
黙示の「参照」	国際機関または外国裁判所における判例法理などの黙示の「参照」

そうした手法について、考慮義務があるのか、またそこにはどういった理論的裏付けがあるのか、などを明らかにする必要があると思われる。なぜなら、そもそも国内における人権保障は、憲法上の保障を行うことが民主的にも正統性があるためであり、国際法規範を制限なく用いることには慎重になるべきであると考えられるためである。たとえば、後述するように、国際法規範を否定する意味で「受容」される場合や、「保障が薄くなる側面が存在する」場面[8]もありうるわけであり、「参照」手法の分類を行った上での検討が必要となる。

（二）「参照」の意義と類型

ここまでたびたび用いてきた「参照」という語は、さまざまな意味において用いられているが[9]、本稿においては、「参照」に関する類型化論[10]と、未締結条約の「参照」を積極的に行ってきたカナダ最高裁における経験を踏まえ[11]、裁判所が外国法や国際法規範に言及する方法として、上記の表のような類型化を試みたい。

本稿が対象とする（広義の）「参照」の意義は、解釈基準や指針のみを指すものではなく、少なくとも「間接適用」の定義よりも広い。なお、「単なる参照」や「事実レベル」での（狭義の）「参照」と、解釈基準または指針としての「参照」とは明確に区別するべきであろう。ただし、「国際法規範が、国内裁判所限りの判断によって、無制約に国内法秩序へと流入することを許してしまうことになれば、大きな問題となろう」と指摘されるように[12]、「事実レベル」の「参照」にもその限界については検討する意義が見出される。

こうした分類を前提とすると、そもそも「参照」の意義自体が非常に多義的であるということが分かる。この点で「参照」とは、「法的効力が生じるか否かにかかわらず、事実上言及する状態」と定義されることもあるが[13]、さまざまな類型を前提とすれば、こうした定義でもなお包摂しきれない「参照」があり、それを類型化したうえでの検討が必要である。

二　日本における主な「参照」事例

（一）国内的効力を有する国際法規範の「参照」

それでは、こうした「参照」の類型化を前提とした場合、日本の裁判所の判断はどういった分類が可能であり、どういった傾向や特徴が見出せるだろうか。ここでは、紙幅の関係上、一部の判決を対象とせざるをえず、また深く検討することはできないが、「参照」の類型化を前提としながら整理をしてみたい。

①解釈基準・指針としての「参照」

国内的効力を有する国際法規範が解釈基準または指針として「参照」された事例は、下級審判決にいくつかみられる。まずキム・ヒョンジョ事件で東京高裁は[14]、社会権規約九条により日本が外国人に対する社会保障施策の推進を行うべきことを考慮した。また接見制限事件と[15]二風谷ダム事件が[16]あるが、いずれも行政裁量の統制の場面で、自由権規約一四条一項が解釈基準または指針として「参照」された点に特徴がある。この点については、「行政裁量統制型の条約適合的解釈[17]」であるとの指摘がなされている一方で、「直接適用」か「間接適用」かが判別しないとの指摘がなされているところである[18]。さらに在留特別許可事件[19]においては、自由権規約および子どもの権利条約の規定に照らして、在留特別許可の申請に理由がないとした裁決を、社会通念上著しく妥当性を欠くものであるとしている。また私人間の問題については、外国人入店拒否事件[20]、小樽入浴拒否事件[21]がある。両事件はともに、「不法行為」や「私法」の諸規定の解釈に当たって、自由権規約や人種差別撤廃条約が解釈基準または指針となることを明確にしている。さらに近年の京都朝鮮学校襲撃事件[22]では、人種差別撤廃条約を直接適用することはできないとしつつ、その趣旨を国内法解釈の際に尊重している。

②結論を補強するためなどの「参照」

このような解釈基準または指針とする判決の一方で、結論を補強するための「参照」などで国際法規範に言及する事例もある。例えば、外国人登録例違反事件[23]やマクリーン事件[24]では、国際慣習法上の保障範囲が憲法上の保障範囲と同義であるとしている[25]。また近年の国籍法違憲判決[26]では、「立法事実の適示」を行ったに過ぎないとする指摘[27]がなされる一方で、この判決を「人権保護の国際標準化」をはかったものであると評価する指摘[28]もなされている。また、非嫡出子相続分違憲決定[29]は条約機関の意見・見解の「参照」をしたものであるが、「立法事実」としての「参照」であるとの指摘[30]や、「条約の遵守を義務付ける憲法九八条二項を意識しているのかもしれないが、明示的言及はない」との指摘[31]、『事実問題（question facti)』であ」るとの指摘[32]がなされている。ただし本件については、より踏み込んで「参照」の意義を見出そうとする指摘もなされている[33]。

（二）国内的効力を有しない国際法規範の「参照」

以上の場合のほか、国内的効力を有しない国際法規範を「参照」する場合もある。たとえば行政協定合憲事件[34]では、世界人権宣言が解釈基準または指針として用いられるべきことが確認されている。また前述の接見制限事件でも、ヨーロッパ人権条約が「参照」の対象とされている。ただし本件では、自由権規約の解釈の指針とされているのであり、憲法解釈の指針などとはされていない点に注意が必要である。また一方で、非嫡出子相続分訴訟について、平成五年の東京高裁決定[35]では、自由権規約や当時未批准であった子どもの権利条約の「精神」が結論を補強するために「参照」されている。

（三）日本の裁判所における国際法規範の「参照」の特徴

これまでの判決を整理すると、まず下級審における「参照」は、「事実レベル」での「参照」にとどまらず、解釈基準または指針としての「参照」も行われている。また「参照」の対象については、憲法の規定や裁量統制、私法関係などにも及んでいることが分かる。「参照」の素材としては、主に自由権規約や人種差別撤廃条約、そしてヨーロッパ人権条約、さらには各条約機関による見解や意見などが、「参照」されている。一方で、最高裁における「参照」は、ほぼ結論を補強するための「参照」にとどまる。もっとも国際法規範と国内法を区別しつつ「参照」しているかどうかは定かではないが、いずれも国内法の解釈のためになされるものであり、また一方で国内的効力を有しない国際法規範の「参照」もなされていることを踏まえれば、裁判所は国内法と国際法規範を二元的にとらえている可能性もある。[36]

それでは、こうした裁判所による「参照」という手法については、憲法上いかなる問題があるのであろうか。

三　国内裁判において国際法規範を「参照」することの意義

（一）「参照」に対する視線

国内裁判において国際法規範を何らかの形で用いることについては、まず憲法学の傾向として、「冷静な視線」があることが指摘されている[37]。こうした指摘と同様に、「国際人権規約の国内適用を活性化させるためには、規約を憲法と同じようなレベルにまで引き上げなければならない、という理屈は成立しない、というべきである」[38]との指摘や、批判の多くは「裁判規範性脆弱論」「憲法国際人権合一論」「憲法積極的抵触論」「憲法消極的抵触論」などに分類され、さらに「国際人権条約の特殊性もまた、国際人権の国内裁判での活用に水を差している」とする指摘がなされている[39]。

（二）国際法規範を「参照」することの問題

①国際法規範の「参照」の正当性

こうした視線を前提とするとまず問題となるのは、国際法規範の「参照」の正当性であろう。多くの学説は、国際法規範を国内裁判所において何らかの方法で用いることについて（特に国内的効力を有する国際法規範を対象として）、次のように指摘している。つまり、憲法の保障範囲よりも国際人権条約の保障範囲が広い場合には、より人権保障を充実化するために用いるべきであるとする[40]。その他にも、憲法と同じように、当事者にとっての切り札として国際法を重視する見解も見られるように、より人権保障を重層化・充実化する必要性を述べる見解も見られる[41]。「参照」の議論に当てはめれば、憲法以上の保障が必要な場合には、「参照」が正当化されうるということであろう。しかし民主的正統性の観点からすれば、なぜ国際的法規範を解釈基準または指針として「参照」できるのか、そもそも国内的効力を有しない「参照」は許されるかなど、多くの疑問点について検討を行う必要があるように思われる。いずれにしても、「参照」は正当化されうるかという問題がある[42]。

① 「参照」の対象—何に対する「参照」なのか

一方、別の問題点として、国際法規範をどの国内法に「参照」するのかという点でも、議論を分ける必要がある。つまり、日本の裁判所、特に下級審においては、裁量統制や私人間の問題、法律等に対する「参照」が行われており、それぞれの「参照」に応じた正当性の検討が必要であるように思われる。ただし問題となるのは、憲法解釈において国際法規範を解釈基準または指針として「参照」する場合、つまり国際法規範を憲法より下位のものであると理解し、国際法規範を憲法解釈の基準や指針として解釈する場合が問題となる。[43] こうした問題については、憲法九八条二項が憲法を条約適合的解釈するよう求めているという理解[44]や、そうした理解を前提としつつ「この条項はあくまで国際規範が国内に及ぶ際のいわば通路、あるいは入れ物であり、具体的に何が義務となるかは関係する条約義務自体を見てはじめて確定できる[45]」とする理解、さらには『国際人権』との関係でいえば、『確立された国際法規』とみられるようなものは憲法に優位するといえよう」とする理解[46]などがある。いずれにしても、「参照」については、その対象によってその正当性を検討する必要がある。

③ 「参照」の素材—何を「参照」するのか

「参照」をめぐる最後の問題としては、「何を『参照』するのか」という問題がある。「参照される国際文書の性格の違いによって国内法の解釈基準としての権威はおのずと異なる[47]」と指摘されるように、「参照」される国際法規範は何かという点が問題となり得る。ここで「参照」の対象となるのは、国内的効力を有する我が国が批准した条約などの場合や、その逆に国内的効力を有しない未締結の条約や国際機関の判決や決定などもある。[48] このように、「参照」の対象となる素材の違いに応じて、「参照」の正当性は当然異なるのであり、こうした「参照」の素材を分類した上での検討が必要であるように思われる。

おわりに

以上、「参照」の意義と問題について、まず「参照」事例の検討を通じて、「事実レベル」の「参照」だけではなく、解釈基準または指針とする「参照」も行われており、「参照」はより広く理解しうることを指摘した。また、「参照」を広く捉えた際に、対象や素材に応じた「参照」の正当性を検討することが必要になることを指摘した。本稿においては、こうした問題点の指摘のみとなってしまったが、解釈基準または指針としての「参照」が、「国際人権を憲法上の権利の中に引き込んで処理するもので、あくまでも憲法の枠内の議論にしかならない」(49)のであれば、その正当化論は、憲法解釈の枠内で行わなければならないということになる。また他方で、本稿では「参照」手法に関して、カナダの議論を参考としてその分類を行ったが、そもそも「裁判官による法形成という『コモン・ロー』の伝統は、裁判官に対する統制のあり方に関する議論と不可分である」(50)ことから、憲法解釈における裁判官に対する統制のあり方も検討する必要があるであろう。

(1) これらの問題に関しては、森肇志・宍戸常寿・曽我部真裕・山本龍彦「〔座談会〕憲法学と国際法学との対話に向けて(前篇)・(後篇)」法律時報八七巻九号(二〇一五年)八九頁以下、法律時報八七巻一〇号(二〇一五年)六五頁以下を参照。なお、本稿で「国際法規範」といった場合、主に人権分野に関わるそれを対象としている。

(2) この問題については、特に小寺彰他編『講義国際法〔第二版〕』(有斐閣、二〇一〇年)一〇五‐一三二頁〔岩沢雄司執筆〕、森肇志「〔基調報告〕憲法学と国際法学との対話に向けて」法律時報八七巻八号(二〇一五年)七六

‐八〇頁を参照。
(3) 岩沢・同右、一〇五‐一〇七頁。なお、この点について、「国際法学上の一元論と二元論のいずれを採るかを決定する」ことは必須ではないとされる。齊藤正彰『国法体系における憲法と条約』(信山社、二〇〇二年)一三頁、同『憲法と国際規律』(信山社、二〇一二年)四一頁を参照。またこうした議論と日本における国際法の国内的効力をいかに考えるべきかといった問題は、異なる次元の問題であるとされている。植木俊哉「憲法と条約」ジュリスト一三七八号(二〇〇九年)八七頁を参照。
(4) 岩沢・前掲注(2)、一一四‐一一七頁。
(5) 森「「基調報告」」・前掲注(2)、七七頁。
(6) 岩沢・前掲注(2)、一一六頁。
(7) ①につき、宍戸常寿「イントロダクション」法律時報八七巻八号(二〇一五年)七三頁、泉徳治「グローバル社会の中の日本の最高裁判所とその課題」国際人権二五号(二〇一四年)一四頁、阿部浩己・今井直・藤本俊明『テキストブック　国際人権法〔第三版〕』(日本評論社、二〇〇九年)四九頁、薬師寺公夫「日本における人権条約の解釈適用」ジュリスト一三八七号(二〇〇九年)五五‐五六頁、園部逸夫「日本の最高裁判所における国際人権法の最近の状況」芹田健太郎ほか編『〈講座国際人権法1〉国際人権法と憲法』(信山社、二〇〇六年)二三頁、園部逸夫「日本の最高裁判所における国際人権法の最近の適用状況」国際人権一一号(二〇〇〇年)二頁、齊藤正彰「国際人権訴訟における国内裁判所の役割―憲法学の視点から―」国際人権一一号(二〇〇〇年)三四頁、伊藤正巳「国際人権法と裁判所」国際人権一号(一九九〇年)七頁、岩沢雄司「日本における国際人権法」杉原高嶺編『紛争解決の国際法』(三省堂、一九九七年)二五一頁など、②につき、松田浩道「日本の裁判所における国際人権法―国内適用論の再構成―」東京大学法科大学院ローレビュー五号(二〇一〇年)一五〇‐一五一頁、③につき、横田耕一「『国際人権』と日本国憲法」国際人権五号(一九九四年)一〇頁、④につき宍戸「イントロダクション」、七三頁などを参照。
(8) 江島晶子「憲法を『人権法』にする触媒としての国際人権法―憲法解釈を行う国家機関の設計・作法における

『国際標準化』―」国際人権二三号（二〇一一年）七〇頁。

（9）外国法の「参照」を含めれば、「参照」を対象とする論考は多数あるが、山田哲史『グローバル化と憲法』（弘文堂、二〇一七年）二四五、四六〇‐四七三頁、寺谷広司「『間接適用』論再考―日本における国際人権法「適用」の一断面」坂元茂樹編『国際立法の最前線　藤田久一先生古稀記念』（有信堂高文社、二〇〇九年）一七二‐一七七頁、齋藤民徒「国際法の援用と参照―『国内適用』の再検討を通して」社会科学論集九二巻（二〇〇七年）一五〇‐一五四頁などを参照。なお、アメリカの議論については特に、枦山茂樹「国内裁判所における人権条約の適用（四）」早稲田大学大学院法研論集一〇七巻（二〇〇三年）二〇四頁以下、松田浩道「憲法秩序における国際規範：実施権限の比較法的考察（二）」国家学会雑誌一二九巻七・八号（二〇一六年）七八頁以下なども参照。

（10）Christopher McCrudden, "A Common Law of Human Rights? Transnational Judicial Conversations on Constitutional Rights" in Katherine O'Donovan & Gerry R. Rubin, eds., *Human Rights and Legal History* (Oxford: Oxford University Press, 2000) 29 at 30, Bijon Roy, "An Empirical Survey of Foreign Jurisprudence and International Instruments in Charter Litigation", (2004) 62 U. Toronto Fac. L. R. 99.

（11）拙稿「カナダ憲法解釈における未締結条約の参照―一九九〇年 Keegstra 事件最高裁判所判決以降の展開―（三）」社会とマネジメント一〇巻一号（二〇一三年）四一頁以下を参照願いたい。

（12）山田哲史「国内法の国際法適合的解釈と権力分立―米国における Charming Betsy Canon の紹介を中心に―」岡山大學法學會雜誌六五巻三・四号（二〇一六年）四〇一頁。

（13）新井誠「日本の国内裁判における国際人権法・比較憲法の参照」公法研究七八号（二〇一六年）二二一頁脚注⑩を参照。

（14）東京高判昭和五八年一〇月二〇日判時一〇九二号三一頁。

（15）徳島地判平成八年三月一五日判時一五九七号一一五頁、高松高判平成九年一一月二五日判時一六五三号一一七頁。

（16）札幌地判平成九年三月二七日判時一五九八号三三頁。

(17) 山田・前掲注（9）、二三九頁。
(18) 寺谷・前掲注（9）、一七〇頁。
(19) 福岡地判平成一五年三月三一日判タ一二三四号八二頁、福岡高判平成一七年三月七日判タ一二三四号七三頁。
(20) 静岡地裁浜松支部判決平成二八年一二月八日一一年一〇月一二日判時一七一八号九二頁。
(21) 札幌地判平成一四年一一月一一日判時一八〇六号八四頁。
(22) 京都地判平成二五年一〇月七日判時二二〇八号七四頁、大阪高判平成二六年七月八日判時二二三二号三四頁。
(23) 最大判昭和三二年六月一九日刑集第一一巻六号一六六三頁。
(24) 最大判昭和五三年一〇月四日民集第三二巻七号一二二三頁。
(25) その他にも、結論を補強するために、主に自由権規約を「参照」した事例としては、次のようなものがある。最大判昭和四八年四月二五日刑集二七巻四号五四七頁、最大判平成元年三月八日民集第四三巻二号八九頁、最判平成九年八月二九日民集第五一巻七号二九二一頁、最大判平成一〇年一二月一日民集第五二巻九号一七六一頁。
(26) 最大判平成二〇年六月四日民集六二巻六号一三六七頁。
(27) 山田・前掲注（9）、二三八頁。
(28) 泉徳治「婚外子相続分差別規定の違憲決定と『個人の尊厳』」世界八四九号（二〇一三年）二二九頁。
(29) 最大決平成二五年九月四日民集六七巻六号一三二〇頁。
(30) 山田・前掲注（9）、二四〇頁。
(31) 山崎友也「《判例研究》民法が定める非嫡出子相続分区別制を違憲とした最大判平成二五年九月四日について」金沢法学五六巻二号（二〇一四年）一八一頁。
(32) 蟻川恒正「婚外子法定相続分最高裁違憲決定を書く（2）」法学教室四〇〇号（二〇一四年）一三三頁。
(33) 山元一「『憲法的思惟』vs.『トランスナショナル人権法源論』」法律時報八七巻四号（二〇一五年）七六頁。
(34) 最大判昭和三九年一一月一八日刑集第一八巻九号五七九頁。
(35) 東京高決平成五年六月二三日判時一四六五号五五頁。

(36) あくまでも「参照」にとどまっていることからすれば、我が国の裁判所は「国際人権の論理と国内人権の論理」を使い分けている可能性もありうる。高橋和之「国際人権の論理と国内人権の論理」ジュリスト一二四四号(二〇〇三年)六九頁以下を参照。
(37) 新井・前掲注(13)、二二四頁。
(38) 内野正幸「国際法と国内法(とくに憲法)の関係についての単なるメモ書き」国際人権一一号(二〇〇〇年)八頁。
(39) 棟居快行『憲法学の可能性』(信山社、二〇一二年)一八七‐一八八頁。
(40) 国内的な受容方法に関するものを含めれば多くのものがあるが、ここではさしあたり、齊藤正彰『憲法と国際規律』・前掲注(3)、八〇頁、佐藤幸治「憲法秩序と国際人権」芹田健太郎他編『講座　国際人権法Ⅰ　国際人権法と憲法』(信山社、二〇〇六年)三九頁、高橋和之「国際人権論の基本構造―憲法学の視点から―」国際人権一七号(二〇〇六年)五三‐五四頁、横田耕一「人権の国際的保障と国際人権の国内的保障」ジュリスト一〇二二号(一九九三年)二六‐二七頁などを参照。ただし、こうした理解への問題については、江島・前掲注(8)、七〇頁を参照。
(41) 小山剛「基本権保護義務論と国際人権規範」国際人権二二号(二〇一一年)四五‐四六頁。
(42) なお、こうした正当化議論につき、カナダにおける議論を検討したものとして、拙稿「憲法解釈における国際的法規範の「参照」の正当性―カナダにおける国際的法規範の効力―」社会科学研究三七巻二号(二〇一六年)一頁をご参照願いたい。
(43) これらの指摘については、高橋・前掲注(40)、五四頁、寺谷、前掲注(9)、一八一頁。
(44) 齊藤『憲法と国際規律』・前掲注(3)、八〇頁。
(45) 寺谷・前掲注(9)、一八八頁。
(46) 佐藤・前掲注(40)、三六頁。
(47) 岩沢・前掲注(2)、一一七頁。

(48) その他の分類については、寺谷・前掲注(9)、一七一－一七七頁を参照。
(49) 松本和彦「憲法上の権利と国際人権」国際人権二二号(二〇一一年)五八頁。
(50) 紙谷雅子「憲法解釈基準の国際標準化に向けて」国際人権二二号(二〇一一年)六五頁。

憲法の「拷問禁止」規範
――国際人権法との関係を考慮して――

阿部純子
（大東文化大学）

はじめに

「人権」は、憲法のみならず国際法でも目覚ましく発展してきた。ならば、国内人権と国際人権の関係は問題とされるべきところ、例えば拷問等禁止委員会は日本の刑法に当該条約の定義が含まれておらず、特に「精神的拷問」に関する処罰が不十分であるとする。[1]

日本国憲法三六条は拷問の絶対的禁止を明記する。「拷問」とは、[2]「被疑者や被告人から自白を得るために肉体的・生理的な苦痛を与えること」として、又はこれに精神的苦痛も含めて理解される。刑事訴訟法との関係からではなく、憲法独自の意義を追求するなら拷問の客体を被疑者や被告人に限定する必然性はないであろう。「相手方に対して極度に大きな苦痛を与え、その身体および精神を甚だしく侵害するのみならず、個人の尊厳を蹂躙し、相手を同じ人間とみなさない極めて非人道的な手段」としその客体に限定を設けない説明もある。

「絶対に」の文言が置かれた理由として、明治憲法下で拷問が行われていたことへの深い反省などが挙げられ、(3)公共の福祉による例外を一切認めない趣旨とされる。(4)憲法の拷問禁止規範は、刑法の処罰規定といかなる関係にあるか。

本稿は、国際人権法上の議論を参考にし、国家に課される義務の観点からこの問題にアプローチしたい。憲法及び国際人権法により国家に課される義務とは何か、また、後者の義務が憲法において有する意義とは何か。又は、これらの下位法である刑法が上位法による義務を履行しない場合、それにより損害を受ける個人にはどのような救済が国家により認められるべきか。上位法と下位法の義務の衝突とは、「上位法の定める義務に下位法が呼応していない場合を含む」(5)ため、上位法による義務規範は国家の裁量に対して何らかの制約をする可能性があると考えられる。

本稿は、拷問禁止を題材に、国際人権法により国家に課される義務が憲法において有する意義を意識しながらこれらの問題を検討する。

一　国際人権法上の拷問禁止規範

(一)　強行規範としての拷問禁止

世界人権宣言五条、自由権規約七条には拷問禁止が置かれ、さらに拷問等禁止条約では一条一項に禁止されるべき「拷問」の定義が置かれるに至った。その定義によれば、主に三つの要件が必要とされる。重い苦痛を故意に与える行為であること、一定の目的や動機が存在すること、そして、公務員その他の公的な資格により行動する者が関与していることである。(6)

また欧州人権条約三条の拷問禁止規定は、身体の不可侵を保障する条文として捉えられることで、拷問禁止は人権を保障する前提ともいうべき基本的な権利として位置づけられる。同条の拷問解釈について、欧州人権委員会が拷問と非人道的な取扱いとを区別する際に苦痛の重さに依拠せず目的を基準とすべきとしたのに対し、同裁判所がその区別の基準として「苦痛の苛烈さ」に依拠すべきとするなど両者の見解には相違がみられたが、[7] *Selmouni v France* [8] で同裁判所が発展的解釈を採用することで、苦痛の苛烈さを決定的な判断基準とするのではなく「全体として考慮すれば」重み苦痛を引き起こしたと判断されるとし、その結果として目的要件の再確認であるとの指摘がある。そしてこの態度は、拷問等禁止条約での拷問の定義との整合性を図るものであると捉えることで、拷問等禁止条約上の拷問の定義との接近として理解することができよう。拷問とは、苦痛の重さも重要な要素であるが、その行為を行う意図や目的を判断基準とするという点である。[9]

自由権規約、拷問等禁止条約そして欧州人権条約に共通する拷問禁止の特徴は、その「絶対性」である。例えば、拷問等禁止条約では、通常の状況において、いかなる国家利益も個人の権利に対抗することが許されないとする権利の絶対性と、さらに、例外的な状況においてすら国家は条約上の義務から逸脱することが認められない（逸脱不可能性）の二つがある。拷問の禁止の絶対性は、通常の状況においていかなる利益とも衡量されるべきではないこと、そして例外的状況において、いかなる正当化事由も許されるべきでないと解される。

国家利益を追求する目的を伴っていたとしてもそれは衡量を許さず正当化されないことのみならず、目的を基準に拷問に当たるか否かを判断するならばこの目的により拷問に含まれると解釈されるため積極的に禁止されるものとして捉えられることになる。拷問がなぜこのような禁止対象とされるかについて、それが人間のインテグリティへの権利を保障し、身体の自由を保護することを目的とするものであり、人間の尊厳と人格に対する直接的な攻撃から保護される点にその重要性があるとされる。拷問被害者が置かれた無力化した状況は、インテグリティへの人権の最も深刻な侵害として人身（身体）の自由の剥奪として認識されるのである。(10)

さらに拷問禁止は、今日では強行規範と理解される。(11) その規範内容には、拷問行為自体の禁止やノン・ルフールマンの原則などが主張されるが、(12) これらはすでに条約や慣習国際法において承認されており、あえて強行規範として捉え直す意義があるかは問われる。

その意義につき、すべての国家に課されるべき義務内容としての合意形成ではなく、すでに同意が形成されている義務内容の遵守をいかに国家に対して確保できるかにあるとすべきとの見解(13)に注目できよう。国家は、国際人権としての拷問禁止による義務にどのように対応すべきか。

（二）国家に課される義務内容

自由権規約二条一項は規約上の権利を「尊重し及び確保する」国家の義務を規定する。この義務を「尊重する義務」と「確保（保護）する義務」として捉えることで、個人の権利を侵害しない消極的性質に加え、より積極的義務を国家に課すとの見解に注目できる。この義務を被疑者や被告人の権利の観点から捉えると、さらに、「実現する義務」の三つの側面から義務を捉えることができるという。尊重する義務は、個人の私的領域に対して国家が介入することを控えるための義務として消極的性質により語られる。保護する義務は規約上の権利保障を実効的にするためのものであり積極的な義務として捉えられる。実現する義務は、人権規約上の権利ができる限り包括的に実現されるため国家はその実現を確保する義務を負うとされる。国家のこれらの義務について注目すべきは、基本的人権はこの三つの義務をすべて含むことが主張される点である。拷問禁止についてみれば、個人の身体に対する暴力的行為を禁止することに加え、拷問を禁止、防止する積極的措置をとる義務が国家に課される。(14)

欧州人権条約三条により国家に課される義務につき欧州人権裁判所の見解として、拷問等を控えるための国家の義務、公権力や他者により行われる拷問等の恐怖から人々を保護する義務に加え、拷問等の被害者が主張した条約違反を捜査する義務、拷問の行為者が法的説明を果たすための国家の義務を課すことが指摘される。同条約三条により課される国家の義務もまた、消極的義務と積極的義務を含むものとして捉えられるのが一般的であるといえ、前者の絶対的性格に対し後者の積極的義務の国内的実行に関しては、国家の裁量を認める点に両者の相違があることが指摘される。

国際人権法により課される国家の義務はこのように特徴づけられるが、国内法においては、国家に対するどのような義務規範として理解すべきか。この点につき、特に憲法との関係に焦点を当てて考えたい。

二　国際法上の国家の義務と憲法との関係

(一)　国際人権の国内的効力

高橋教授は、国際人権法上の拷問禁止が国家に課す義務には、消極的義務と、拷問を行った者に対して処罰規定を設ける義務、この処罰を実行するための捜査機関や裁判所の設置という積極的施策が国家に課されることを主張しながら、国内でこの義務をどのように実現するかは国家の広い裁量に属するという。国際人権が、国内でどのような効力を有するかについては、国際法と国内法レベルの「人権」を厳密に区別し、国際人権により課される国家の義務の実現は国内法の問題に収斂されるとする。これを「国内法化説」とする。国際人権法上の「拷問からの自由」をどのように国家が実現するかは第一次的には立法府が決定すべき事柄であり、憲法が想定する最低限を満たさない場合や、裁量の範囲を逸脱あ

るいは裁量権を濫用した場合に裁判所が介入することになる。(15)

国内法化説は、国際人権は国内人権に対応するわけではなく、また国内法化された国際人権を憲法に充塡することは許されないとするため、国際人権により保護されるべき実体的内容の保護を立法府が怠っていたとしても憲法上の問題としては捉えられないことになろう。

このように国際法と国内法を徹底的に二元化して捉える国内法化説に対しては批判がある。棟居教授は、その国内的効力について、「国際法上の義務のいわば反射的効力」として捉える。反射的効力として捉えられるため、国際人権は国内においてただちに個人の「権利」(主観的権利)を付与するものとしてではなく、一定の客観法を引き出すものとして理解される。(16) これを「客観法発生説」とする。この客観法の国内法での位置づけは、憲法と法律の間に位置づけられることになる。

国際人権を客観法にとどまるとの理解ではなく、権利として国内法に取り込まれるとする見解もある。佐藤教授は、憲法一一条及び九八条二項は「人権条約と調和するように日本国憲法の『基本的人権』の保障の充実を図ることを要請していると解すべき」であるとし、この役割として裁判所の重要性を指摘する。憲法の関連規定の解釈に国際人権を取り入れることで基本的人権の保障を図ることは司法の責務であるという。(17)「条約による人権保障が憲法の規定しない領域に及ぶ、あるいは憲法による保障を上回ると解される場合、国内法は憲法の人権条項に違反するとはいえないが、なお条約に違反するという事態がありうる」とし、これは憲法九八条二項を介して「憲法上許されない事態」であることを認識することが重要であるという。

このように主張すれば、国際人権が憲法より広く保障すると解釈される場合、あらゆる条約違反を同項違反として論じることを可能にするように思われるが、ただし、国際人権について佐藤教授は、「人間が原則的に自律した存在であること、権利が政府以前に存在すること」の二点を必ずしも想定する権利ではないため、これを憲法解釈に吸収することには抵抗感が生じる可能性を指摘する。この考え方は、「人格的自律への吸収説」と呼ぶことができよう。

これらの立場をみると、憲法との関係から国際人権を参照することの意義は、国際人権を憲法上の権利観念としていかに捉えるべきかとして展開されるべきではないというべきであろう。

この点に関連して、国内法における国際法の効力に関する議論を参照したい。憲法優位説と条約優位説の対立である。条約締結手続に対し厳格な改正手続が要求される点を主な根拠とし、前者が通説とされる。[18]条約と国内法の効力関係は、両者の内容の実体的妥当性ではなく、その手続きの厳格さから判断されるべきといえる。[19]

それならば、国内法における国際人権の効力についてはいかなる内容の権利を個人に付与すべきという観点というより、国際人権の内容をいかにして国家に義務づけるかという点から判断されるべきと考えるのではないか。それは、立法や裁判所による個人の救済により国家がいかに国際人権を実行できるかという点として論じられる問題である。

憲法との関係から国際人権を参照する意義についても、その意義は国際人権により国家に課された義務に対する憲法の立ち位置を確認することにあるとすべきではないか。国際人権により課された義務を実行する際に国家には裁量があるが、この裁量に対して憲法は制約を課すのか、そうならばその制約はどのように捉えることができるのか。国家が裁量を有する対象は、国際人権の内容ではない。これは国際人権法上の議論により決定されるべきである。国家の裁量はその実現方法にある点に注意しなければならない。

本稿はこの点について、国家により被害を受けた個人に対する救済をいかに図ることができるのかという問題として検討したい。個人の救済のため、憲法はいかなる権限配分を要請すると考えられるのか。

（二）憲法の条約適合的解釈の是非

憲法との関係を考慮して国際人権法の意義を検討する際、憲法の条約適合的解釈の是非をめぐる議論も重要である。憲法九八条二項の国際協調主義を介することにより、国際人権のもつ豊かな内容を憲法上の権利内容に盛り込むことに対しては批判もある。これは、憲法の条約適合的解釈の是非の問題である。ある権利に関して憲法の保障内容より国際人権の方が広い場合、あくまで憲法の枠内での議論として捉えることによりその妥当性を支持する見解がある。

他方、憲法優位説を採用する以上、国内法的効力ランクで下位に位置づけられる規範を上位規範の解釈基準とするのは異常であると批判される[20]。また、自由権規約に列挙される権利は憲法のように同等の価値を有するとされるわけではなく、拷問や残虐な刑を受けない権利（七条）などは他の権利より上位に位置づけられる価値を保障するものとされる点から、条文ごと個別に判断することにより国内法において規約上の権利を価値として認めるべき見解に対しては、憲法の条約適合的解釈の問題が「日本国憲法の解釈方法の問題として、憲法と人権規約の間にズレがある場合、憲法を人権規約に適合するように解釈し直すべきである、という一般的ルールは成立するのか」が問われるべきことが主張される[21]。

このとき、憲法解釈という行為により問われるべきは、憲法上の権利と国際人権の内容のズレの解消をいかにすべきかではなく、国際人権により要請される、国家が実現すべき義務内容に対して、立法府と裁判所の権限関係はいかなるものかを問うことにあるとするなら、立法府が必要な措置を怠たることにより個人が救済されない状況があればそのための裁判所の権限の正当性が主張されることになる。

（三）国際人権法を踏まえた憲法上の「拷問禁止」

憲法三六条が拷問を「絶対に」禁止するとの文言は、憲法におけるその規範的効力を強める意味をもつのか。ここでは、強行規範としての拷問禁止という点に注目することで憲法規範と国際人権法の拷問禁止規範との「接合」点を探りたい。

憲法優位説を採用しても、国内法における強行規範の地位、効力関係については、他の国際法とは別途論ずべき問題と思われる。[22] ここでは、強行規範の国内法における意義につき、国家による実行、つまり国家の裁量への制約という観点からアプローチしたい。

国際法において強行規範が上位規範とされる理由として、これが人間の尊厳の原理に基づくためであるとの見解がある。人間の尊厳に基づく強行規範は、国内において憲法と類似の法的地位が推定されるという。[23] この見解を前提にした場合、国際人権法上の個人の権利や自由を尊重し保護し、実現するための国家の義務を、憲法による立法府や裁判所の裁量への制約の範囲を画するものとしてみることができるのではないか。

立法府は国際人権の内容を実現する法律を制定することが望ましいが、そうでない場合、この事態を是正するための裁判所の役割が重要で、その権限は憲法により正当性を付されると同視する余地があるのではないか。

憲法上の司法権を行使する裁判所の役割を慎重に考慮すれば、人権を実効的に保障する役割が強調されなければならない。国際人権を実現する広範な裁量が立法府に認められるとしても、そこには限界がある。その限界を超えて立法府が行為すれば、その際には、裁判所への個人のアクセスが認められるべきではないか。強行規範である拷問禁止の憲法との関係（接合）を考慮すると、国際人権上の拷問禁止規範の内容が立法化されていない場合、その個人を救済する裁判所の憲法上の権限は正当化されるべきではないか。

司法審査への要件は訴訟法の問題だけではないはずである。強行規範性としての拷問禁止の憲法上の意義については、国家の裁量が認められるとしても、具体的事件において個人を救済するか否かを裁判所が判断する余地を一切奪うことは憲法にも違反すると考えるべきではないか。

おわりに

死刑確定者及びその家族に事前に死刑執行日時を告知しない取扱いにつき、拷問等禁止委員会は日本政府にその告知をするよう勧告する。特に、その不確定性による心理的苦痛に懸念が示されている。

死刑確定者らに対する当該告知行為の不作為の違法性につき裁判所は、義務付けを求める訴え自体が不適法であるとした上で、国賠請求が認められる違法事由にも当たらないとした。その不作為が、刑事収容施設及び被収容者等の処遇に関する法律等、自由権規約七条、十条及び憲法三六条、九八条において、このような事前告知を求める具体的請求権を有することの根拠となり得るものではないためである(24)。

ただし裁判所が自由権規約の内容やそれとの憲法の関係をどこまで吟味したかは明確ではない。国際機関の勧告や一般的意見は法的拘束力がなく実定化されたルールではないが、国際社会で統一的な、共通の解釈指針を示す。人権法分野ではそのようなルール、いわゆるソフトローの規範形成プロセスが注目される。国際人権の解釈の不確定性に統一的な基準を与えるこのような規範調整の役割に注目すれば、ソフトローを参照することにより人権基準の安定化を期待できよう。しかし各国の対応は、むしろ国内社会での実現不可能性を強調し国家の裁量を強調するために参照する傾向があるという(25)。

特にその強行規範性を考慮すれば、拷問禁止規範を実現する立法行為の不作為があるか否かは問われるべきであり、またその不作為があるならば、裁判所が被害者の救済につき極積極的に審査する機会を保障することは、国際人権及び憲法により課された義務といえるのではないか。憲法上の権利ではなくとも、国際人権条約が国内法に取り込まれたとき、その具体的請求権を生み出す条文として裁判所が解釈する余地はあると思われる。このとき、その具体的権利の侵害を法律上の争訟とみて、司法権行使も可能とすべきではないか。その被害者を救済する国内裁判所の権限は、憲法三六条及び九八条により付与されると考えることができるのではないだろうか。

(1) CAT/C/JPN/CO/1, 7 August 2007, para 10.
(2) 参照、樋口陽一ほか『注釈日本国憲法　上巻』(青林書院、一九八四年)、佐藤幸治『日本国憲法論』(成文堂、二〇一一年)、辻村みよ子『憲法〔二版〕』(日本評論社、二〇〇四年) 三〇六頁、渡辺康行ほか『憲法Ⅰ　基本権』(日本評論社、二〇一六年) など。なお、受刑者への行為を「残虐な刑罰」とみて区別する余地はあろう。
(3) 日本国憲法は刑事手続の基本原理として適用手続主義を採用し、これが拷問を許容しないこと、捜査過程における証拠収集の重要性など捜査官憲が拷問を導きかねない条件が刑事手続にあることなども挙げられる。杉原泰雄「人身の自由」芦部信喜編『憲法Ⅲ人権 (二)』(有斐閣、一九八一年)。
(4) 他方、「『絶対に』との言葉は本条の趣旨を強調する語句であって、法的には特別の意味はない」との見解もある。ただし、国民の「残虐な刑罰を受けない権利・自由」と解するならこの権利や自由は公共の福祉による制限を認めないと解することもできるという。佐藤功『憲法 (上)〔新版〕ポケット注釈全書』(有斐閣、一九八三年)。
(5) 内野正幸「国際法と国内法 (とくに憲法) の関係についての単なるメモ書き」国際人権11号 (二〇〇〇年) 七頁。

（6）Manfred Nowak & Elizabeth McArthur, The United Nations Convention Against Torture: A Commentary 77–78. ただし同条約が禁止する行為は拷問に限定されるわけではなく、他の残虐な、非人道的な又は品位を傷つける取扱い又は刑罰も含まれると解される。この点について同条約一六条を参照した結果、拷問は残虐な、非人道的な又は品位を傷つける取扱い又は刑罰を悪化させた形態として解されることになる。

（7）See Greek Case (1969) 12 YB 1, Ireland v United Kingdom (1976) YB ECHR 512 (Commission); (1978) 2 EHRR 25 (Court). 参照、尹仁河「国家間申立により具体的権利侵害がなくとも人権条約違反を問うことができる―アイルランド対イギリス判決」戸波江二ほか編『ヨーロッパ人権裁判所の判例』（信山社、二〇〇八年）。

（8）(2000) 29 EHRR 403.

（9）See Nigel Ridley, The Definition (s) of Torture in International Law (2002) 55 CLP 467. この拷問の定義は説得的定義にすぎず確定的ではない点に批判もある。See Richard Posner, Torture, Terrorism, and Interrogation, in Torture: A Collection 291 (Sanford Levinson ed., 2004).

（10）Manfted Nowak, U.N. Convention on Civil and Political Rights: CCPR Commentary 157–158 (2nd revised ed. 2005), Nowak & McArthur, *supra* note 6, at 75–76.

（11）拷問禁止の強行規範性はまず旧ユーゴ国際刑事裁判所の Frundzija 判決で認められ、その後、欧州人権裁判所の Al-Adsani v United Kingdom 判決でも認められるに至り国際人権法分野でも重要な特徴として理解される。

（12）詳細は、今井直「国際法における拷問禁止規範の現在―『対テロ』の文脈を中心に」龍谷大学矯正保護研究センター叢書六巻『拷問等禁止条約をめぐる世界と日本の人権』村井敏邦・今井直監修、拷問等禁止条約の国内実施に関する研究会編著（明石書店、二〇〇七年）参照。

（13）See Dinah Shelton, *Normative Hierarchy in International Law*, 100 Am. J. Int'l L. 291, 304–305 (2006).

（14）北村泰三「国際人権法上の国家の義務と被疑者、被告人の権利」芹田健太郎ほか編『講座国際人権法（三）国際人権法の国内的実施』（信山社、二〇一一年）。個人の自由権でも、積極的義務が国家に課される。また、申惠丰『人権条約上の国家の義務』（日本評論社、一九九九年）も参照。

(15) 高橋和之「国際人権の論理と国内人権の論理」ジュリ一二四四号（二〇〇三年）。なお、国際人権の国内的効力の整理に関して、斎藤正彰「国法体系における国際人権条約の実施」国際人権二二号（二〇一一年）参照。

(16) 棟居快行「第三者効力論の新展開」芹田健太郎ほか編『講座国際人権法（一）国際人権法と憲法』（信山社、二〇〇六年）。

(17) 佐藤幸治「憲法秩序と国際人権」芹田ほか編・前掲。

(18) 他に、条件付き憲法優位説もある。なお、憲法制定当初は条約優位説が支持された。

(19) 加藤隆之「国際法と国内法の効力関係―国民主権・国家主権との関係を基軸として」亜法四八巻一号五ご頁（二〇一三年）。

(20) 棟居・前掲注（16）参照。

(21) 内野正幸「条約・法律・行政立法―公布や罪刑法定主義にもふれつつ」高見勝利ほか編『日本国憲法解釈の再検討』（有斐閣、二〇〇四年）。内野教授は否定的に解すべきとする。

(22) See Erika de Wet, *The Prohibition of Torture as an International Norm of Jus Cogens and its Implications for National and Customary Law*, [2004] EJIL 97, 99.

(23) Thomas Weatherall, Jus Cogens: International Law and Social Contact 58 (2015). ただし、すべての強行規範が人間の尊厳の原理により正当化されるか否かは別途考慮すべきである。

(24) 東京地判平成二八年六月二八日。

(25) See Tracing the Role of Soft Law in International Human Rights (Stephanie Lagoutte et al. ed., 2016).

第三部　立憲主義の理論的展開

デュー・プロセスの概念史

──「実体的デュー・プロセス」の再検討──

清水　潤
（崇城大学）

はじめに

アメリカ合衆国憲法修正五条は、「何人も……、法のデュー・プロセスによらずして、生命、自由もしくは財産を剝奪されない」と定める。同様の規定は、南北戦争後、州を名宛人として修正十四条にも挿入される。このデュー・プロセスの要請として、デュー・プロセス条項の意味は、手続と実体に二分されるのが通常である。つまり、手続的デュー・プロセスの要請として、告知と聴聞の機会を与えることが要求され、実体的デュー・プロセスの要請として、告知や聴聞の有無に拘らず、実体的権利の恣意的な制約は違憲となる。そして、実体的デュー・プロセス理論に対しては、それがプロセスという語と矛盾しているとか、裁判官が明文の根拠なく憲法上の権利を創造しているという批判がなされてきた(1)。

そのような批判のみならず、修正五条制定時（一七九一）、あるいは修正十四条制定時（一八六八）には、デュー・プロセス条項は手続的保障のみを意味していたのであり、実体的保障は後から付け加わったものである、との歴史理解が、実体的デュー・プロセスの正統性に影を落としている(2)。実体的デュー・プロセスとは、起草時の意味内容ではなかったにも拘らず、十九世紀後期以降、財産権を保護するため保守派の裁判官が発明したものであるとの説明は今日なお有力である。

しかし、このような歴史像は、ロックナー期の判例を攻撃するために作り出されたものであるという面は否定しがたい(3)。今日のアメリカ法学においては、南北戦争以前に、諸州の裁判所が、それぞれの州憲法上のデュー・プロセス条項を、実体的権利を保障するものとして解釈していたことについてかなり広範な合意がある。また、修正五条制定時から、デュー・プロセス条項は実体的保障を意味していたとする見解も、少数ながら主張されている(4)。本稿は、かかる最近の研究を踏まえた上で、デュー・プロセス条項が本来は手続的意味しか含んでいなかったとの従来の見解に紙幅の許す限りで批判を加えようとするものである。

一　クック註解

合衆国憲法や各州憲法のデュー・プロセス条項の文言は、マグナ・カルタ二九条から取られている。同条は「如何なる自由人も、彼の同輩の合法的な判決か国土の法（Law of the Land）によるのでなければ……逮捕されることも、投獄されることも、彼の自由保有地や自由諸特権、彼の慣習的諸自由を奪われることもなく、……あるいは他の方法で亡ぼされたりすることもない(5)」と規定している。そして、アメリカの法律家たちは、クック『法学提要』によるマグナ・カルタの注釈を通してその内容を理解したとされている(6)。アメリカ法史のその後の展開にとって重要だったことは、クックが due process of law と law of the land を同視したということである。クックは、国土の法によらずして、というマグナ・カルタの文言は、デュー・プロセスによらずに、という意味であると明確に述べている。

如何なる人も、合法的な判決、即ち、彼の同等者（即ち、彼自身と同身分の人々）の評決か、もしくはLaw of the Landによる（即ち、一言で言えば）、the due course, and processe of Lawによるのでなければ、彼の自由保有地（即ち）、土地や生計、もしくは、彼の自由特権……を奪われてはならない……。(7)

クックによるかかる解説は、刑事手続を念頭においていることから、彼は同条項を手続的意味においてのみ理解していたとの見解もある。(8) 一方で、クックは、「全ての独占はこの大憲章に反する。なぜなら、それは臣民の自由に反し、Law of the Landに反するからである」(9)とも述べており、実体的理解を有していたとの説もある。(10)

いずれにせよ、合衆国憲法や州憲法のデュー・プロセス条項は、クックを通して理解されたマグナ・カルタ二九条に由来するのである。それ故に、合衆国憲法は、due process of lawの文言を採用したが、州憲法においては、同趣旨の条項において、law of the landの文言が用いられていることも多々あった。(11) 二つの文言は同義であると考えられていたのである。(12)

二　南北戦争以前のデュー・プロセス条項解釈

従来、南北戦争以前においては、デュー・プロセス条項は手続的保障しか意味していなかったと説明されてきた。(13) しかし、このような説明と矛盾する判例は従来想定されてきたよりも多く発見できる。(14)

一七九六年サウス・カロライナ州の判例である、Lindsay v. Commissioners(15)において、補償を与えずに財産を収用する権限を委員（commissioners）に付与した制定法が、デュー・プロセス条項に反するかが争点となった。同州憲法の九条二項のデュー・プロセス条項は、「いかなるこの州の自由人も、同輩の判断によるか、国土の法によらずして、自由土地保有権、自由及び特権を奪われ、法外追放され、またいかなる方法であれ生命、自由、財産を奪われない[16]」と定めていた。Waties 裁判官は、国土の法とはコモン・ローのことを意味すると定義し[17]、デュー・プロセス条項は「いかなる自由人も、この国土の古来のコモン・ローによらずして、その財産を奪われるべきではない、と解釈されるべきなのである[18]」と述べ、同制定法を違憲としている。その際、ブラックストンを参照し、彼によれば収用には補償が必要とされていることを根拠としている。

当時のイングランド法において、収用時に補償が要求されるかは諸説あったが故に[19]、本判決も補償必要説と不要説、二対二で裁判官の判断は分かれている。本件では、補償なくして財産権を収用することの合憲性が問われているのであり、適用されているデュー・プロセスの意味は手続的とは言い難い。Waties 裁判官が、告知・聴聞や陪審裁判を経れば補償なくして収用が可能であると信じていたとは考え難いのである[20]。

一八四八年ニュー・ヨーク州の判例である、Taylor v. Porter[21] では、州法が、他人の土地上に私的道路を作る権限を私人に与えることを道路委員会に許可しており、かかる制定法が違憲とされた[22]。その際、多数意見を執筆した Bronson 裁判官は、本件は、公衆が通過できる道路ではなく、道路を開設した特定の私人のみが利用できる私的道路を他人の土地上に作ろうとするものであり、law of the land によらない財産権の侵害として許されないと述べている。同裁判官は、州憲法のデュー・プロセス条項の意味を、「コモン・ローの過程に従った事実審理を経て裁判されない限り、権利や特権を奪われないという意味[23]」であるとした上で、次のように判示したが、それは後の「契約の自由」の保護を彷彿とさせるものであろう。

立法府は、財産が公的な利用に供されない時に、土地や財産、それらについての利益を、隣人に売るよう強制できるのであろうか。……公用収用でさえ、財産所有者に対する正当な補償なしにはなされえないのである。……個人の契約を行う権能は政府のいかなる部門にも移譲されていない。[24] Bronson 裁判官は、デュー・プロセス条項の下では、立法府はAから財産権を奪ってBに移すことはできないと、ケントやストーリも引きつつ判断したのであった。[25] 本件は、公的ではない、「私的な」目的のための、一種の収用を許容する制定法が違憲無効となったのであり、手続を超えた実体的保障が問題となっている。告知・聴聞や裁判を経れば、私的収用は可能であると Bronson 裁判官が考えていたとは思われない。[26]

この Taylor 判決でも述べられていたように、南北戦争以前から、制定法によってAから財産権を剥奪してBに与えることは違憲であり、また、デュー・プロセスとはコモン・ローの過程に従った裁判を意味する、とされていた。このような説明だけでは釈然としない感もあるが、我々は、次のように解釈すれば、当時の判例を明晰に理解することができる。すなわち、「コモン・ローの過程」とは、コモン・ロー上の手続のみならず、実体法としてのコモン・ローに従うことも含む。財産権は、実体法としての不動産法に従ってのみ移転するのであり、かかるルールを無視した制定法による財産移転はデュー・プロセス違反である、と。

当時のアメリカ法曹に絶大な影響を与えたとされるブラックストンは、「全てのイングランド人に固有の、第三の絶対権は、財産権である。それは彼の獲得物を、国土の法による以外には、いかなる規制も侵害もなく、自由に使用し、享受し、処分することに存する[27]」と述べた後、公用収用には補償が必要であると既に論じていた[28]。また、ブラックストンは、『英法釈義』で、次のように、財産権の移転方法を事細かに論じている。

我々は次に、完全な権原が失われ、獲得されるいくつかの方法を検討しよう。……相続人が無遺言相続により得る場合、被相続人がまず死によって不動産権を失う。賃貸人が不動産復帰により土地を得る場合、賃借人の不動産権が彼の法定相続可能血族の自然死あるいは法的消滅によりまずは失われる……[29]。

アメリカの法曹は、ブラックストンを座右に置きつつ、実体法としてのコモン・ローの不動産法に従ってのみ、財産権は移転しうる、と考えていたのではなかろうか。つまり、デュー・プロセス条項は、手続法としてのみならず実体法としてのコモン・ローに従った権利保護を要請していたと解しうる。このような解釈によって、デュー・プロセス条項の下、補償なき収用を違憲とした Lindsay 判決、私的収用を違憲とした Taylor 判決は理解可能となろう。

南北戦争以前に、実体法としてのコモン・ローに立法府が拘束されるとした判決として、他に、一八五五年インディアナ州の Herman v. State[30] がある。本件は、酒類の販売を禁じた州法に違反して逮捕された被告人が、人身保護令状による身柄の解放を求めた事件である。本件では、州憲法上のデュー・

プロセス条項のみが問題となったわけではなく、同条項も含めて、憲法上の諸々の条文が一緒くたに取り上げられている。しかし、本判決では、州法を違憲とするにあたって、国土の法とコモン・ローが根拠とされているのである。Perkins 裁判官による法廷意見は、次のように述べて、酒類の販売をニューサンスと認定することは立法府の権限を越えていると判示する。

立法府は、公衆に害があると断定したいかなる行為もニューサンスとみなし、処罰できるわけではない。……コモン・ロー上、すでに多くの事柄がニューサンスとして確立されてきた。この場合、自らの悪事によって、そして自身の同輩の判断と国土の法の条項によって、職業や財産権を当事者は失うのであり、国土の法と呼ぶことができない立法府の専制によってではない[31]。

判決によれば、適法な行為を「ニューサンスと宣言することによって、立法府の権力が増大するわけではない[32]」。そこにはコモン・ローのニューサンス法で蓄積されてきた限界があり、「政府が人民からビジネスを取上げ、独占することはできない[33]」のである。

一七九二年サウス・カロライナ州の判例である Bowman v. Middleton[34] では、デュー・プロセス条項に直接の言及はないものの、財産権の制定法による移転がコモン・ローに反し無効と判示されている。土地の境界についての争いを解決するために、一七一二年の制定法によって、訴外Aの自由土地保有権（freehold）が確定されたが、実はその土地には他人の敷地が含まれていた。原告はAから土地を相続し、同土地を被告に売却した。しかし、被告は、当該土地は本来他人のものであって、Aには権原がなく、従ってAから土地を譲り受けた原告にも土地所有権がないという理由で、売買の履行を拒否した。

一方、原告は、土地の完全な所有権が制定法によって自らに移転したと主張した。(35)裁判所は、被告の主張を認め、同制定法を、コモン・ローに反し無効と宣言したのである。Grimke裁判官とBay裁判官は、「Freeholdをある人から奪い他人に移譲すること、および陪審による裁判もなしに問題となっている権利を決定し、第三者を害することはマグナ・カルタのみならずコモン・ライト（common right）に反するからである。ゆえに、当該制定法は、それ自体として無効である」(36)と判示している。ここでコモン・ライトという語は、クックによってボナム医師事件において用いられ(37)、しばしばコモン・ローと同義で用いられていたものである。(38)本件は、デュー・プロセスへの直接の言及はないものの、同条項に密接に関連した判例である。何故なら、制定法によってAから財産権を取上げてBに移転させてはならない、との法原理は、アメリカにおいて、最も古くからデュー・プロセスの内容として理解されてきたものだからである。(39)

これらの判決はいずれも、実体法としてのコモン・ローに反する形で、立法により権利を剥奪されないとの憲法論が、南北戦争以前に存在していたことを示している。

三　南北戦争後のデュー・プロセス条項解釈

デュー・プロセス条項は、コモン・ローに反する制定法により、権利を剥奪されない、との意味を持っていた。十八世紀末から十九世紀初頭にかけては、コモン・ローの主たる構成要素は不動産法であった。しかし、鉄道が出現し、工業化が進むにつれて、十九世紀半ば以降、契約法と不法行為法が出現し、コモン・ローの主要部を形成するに至る。(40)このような時代背景において、デュー・プロセス条項が、かつて不動産法が保護した財産権を保護するのと同様に、契約法が保護する「契約の自由」を保護するに至ったとしても不思議はない。

Lochner 判決で憲法上の保護を受けた「契約の自由」は、すでに私法上の、コモン・ロー上の保護を受けていたものであった。十九世紀後期のデュー・プロセス論は、コモン・ロー上の権利を憲法的に保護する、という意味において、南北戦争以前の判例の伝統に棹差しているのである。法制史家オースによれば、「コモン・ローの強調点が不動産から契約へと移るにつれ、デュー・プロセスの判例も同様に変化した。法が、かつて不動産を擁護したのと同じような熱心さで、契約を保護しているとするならば、新しいデュー・プロセス論が必要だったのである。(41)」

一八七三年のジョージア州における Western and Atlantic Railroad Co. v. Bishop(42) は、民事契約の有効性が争われた契約法の判例である。被上告人は、鉄道会社と、業務に由来する損害については雇用者たる鉄道会社に対する賠償請求を放棄するとの趣旨の特約を含む労働契約を締結しており、同特約の有効性が争点となった。州最高裁は、かかる契約を締結するのは労働者の自由であると判示した。

契約が、実定法によって禁止されていたり、公序良俗に反しない限り、雇用者と被用者は、お互いの権利義務について契約をする権利を有しており、これを制限する法を我々は知らない。……自らの愚かな行為の帰結から法が労働者を守り、労働者のために、彼ら自身がするであろうよりも賢明で優良な契約を法が作るのだ、と言うことは一見もっともらしい。しかし、労働者のためにある契約を作成すると称する法作成者（law-giver）は、他の条項についても、契約条件を定めたいと主張するであろうことを忘れてはならない。こうして、一歩ずつ、労働者は自由人であることをやめるのである。(43)

自らの権利義務を契約によって決定する自由を、契約法上保護した同判決は、「法の下において、富める者も貧しい者も、強き者も弱き者も、等しい権利を持つ、ということを陪審員は忘れてはならない[44]」とも述べていた。かかるコモン・ローの先例の延長上に、「自らの業務に関して契約する一般的な権利は、連邦憲法修正十四条によって保護される個人の自由の一部である[45]」と述べた、Lochner 判決は位置しているのである。

おわりに

デュー・プロセス条項は当初は手続的保障のみを意味していたとの法史理解は、必ずしも正確ではない。南北戦争以前から、コモン・ロー上の権利保障に反する形で、制定法によって権利を剥奪されない、とのデュー・プロセス理解が存在していた。

本稿の検討は網羅的ではなく、デュー・プロセス条項を実体的に理解した判例があったとしても、それは少数であり、大勢は異なる、との反論はありうる。しかし、我が国で一般的に流通しているデュー・プロセスの概念史理解は一面的に過ぎることは論証できたと考える。

（1）デュー・プロセスの概説として、例えば、松井茂記『アメリカ憲法入門』（二〇一二、第七版）三五八頁以下。

（2）代表的なものとして、Edward S. Corwin, *The Doctrine of Due Process of Law before the Civil War*, 24 HARV. L. REV. 366（1910）; 24 HARV. L. REV. 460（1910）. 田中英夫『英米法研究［1］・デュー・プロセス』（一九八七）。

（3）James W. Ely, Jr., *The Oxymoron Reconsidered*, 16 Const. Comment. 315, 319（1999）; David N. Mayer, Liberty of Contract 20（2011）; 2 G. Edward White, Law in American History 399（2016）.

（4）修正五条制定時から実体的意味を有していたとの研究として、Robert E. Riggs, *Substantive Due Process in 1791*, 1990 Wis. L. Rev. 941（1990）; Frederick Mark Gedicks, *An Originalist Defense of Substantive Due Process*, 58 Emory L. J. 585（2008）.

南北戦争以前に、実体的意味が伴っていた（少なくとも修正十四条制定時の原意は実体的デュー・プロセスに肯定的だった）との見解として、Stephen A. Siegel, *Lochner Era Jurisprudence and the American Constitutional Tradition*, 70 N. C. L. Rev. 1, 52-62（1991）; Ely, *supra* note 3; Ryan C. Williams, *The One and Only Substantive Due Process Clause*, 120 Yale L. J. 408, 460（2010）; David E. Bernstein, Rehabilitating Lochner 9（2011）; Meyer, *supra* note 3, at 20-21. デュー・プロセス解釈史全体を連続的に把握する説明として、John V. Orth, Due Process of Law（2003）.

修正十四条のデュー・プロセス条項が、その制定時、手続的保障のみを意味していたとの見解は、近年強い批判にさらされているが、伝統的見解も消滅したわけではない。例えば、Raoul Berger, Government by Judiciary 222（2nd ed. 1997）.

（5）2 Edward Coke, The Selected Writings of Sir Edward Coke 848（Steve Sheppard ed., 2003）. クック（深尾裕造・松本和洋訳）「マグナ・カルタ註解」法と政治六六巻四号（二〇一六）二七二頁。

（6）Williams, *supra* note 4, at 429, Nathan S. Chapman & Michael W. McConnell, *Due Process as Separation of Powers*, 121 Yale L. J. 1672, 1688（2012）.

（7）Coke, *supra* note 5, at 849. See also *id*. at 858.

（8）Williams, *supra* note 4, at 432.

（9）Coke, *supra* note 5, at 852.

（10）Riggs, *supra* note 4, at 960. しかし、Williams, *supra* note 4, at 430 は、クックは議会に対する制約を意図し

たわけではなかったという。手続法と実体法の明確な区別がなく、また議会ではなく王権を仮想敵としたクックの議論に、現代的な手続と実体の区別を持ち込むことにも限界があろう。小山貞夫「ブラックストン著『イングランド法釈義』の歴史的意義」法学六〇巻（一九九六）は、実体法と手続法の分離はブラックストン以後とする。

（11）Williams, *supra* note 4, at 437.

（12）MEYER, *supra* note 3, at 20.

（13）田中英夫『英米法総論上』（一九八〇）二九二頁、田中、前掲注（2）、一〇八〜一〇九頁。

（14）田中、前掲注（2）は、本稿で扱う、Lindsay 判決、Herman 判決、Bowman 判決は扱っていない。また、Taylor 判決についての説明は不正確である。後掲注（22）参照。

（15）2 Bay 38（1796）.

（16）*Id.* at 40.

（17）*Id.* at 59.

（18）*Id.* at 59.

（19）ブラックストンは必要説に立っていた。1 WILLIAM BLACKSTONE, COMMENTARIES ON THE LAWS OF ENGLAND 135（1765）. しかし、William Michael Treanor, *The Origins and Original Significance of the Just Compensation Clause of the Fifth Amendment*, 94 YALE L.J. 694, 697（1985）によれば、かかる立場は必ずしも確立されたものではなかった。

（20）本件では、補償額が陪審によって決定されていないことも問題とされたが、争点は陪審ではなく補償の有無に置かれている。Burke 裁判官の意見において、補償がないことはイタリックで強調されているが、陪審による決定がないことは通常の活字である。また、Waties 裁判官の意見において、デュー・プロセス条項の中の、同輩の判断という文言ではなく、国土の法という文言のみが主題として論じられている。Lindsay, 2 Bay at 58-59.

（21）4 Hill 140（1848）.

（22）個別法律であるがゆえに違憲となったとする Corwin, *supra* note 2, at 465, 田中、前掲注（2）、一〇八頁は無理がある。本件制定法は特定人を名宛人にしていないし、またそのような個別法律性を問題にした判示はない。Taylor, 4 Hill at 141.

(23) Taylor, 4 Hill at 146.

(24) *Id.* at 143.

(25) *See* 2 James Kent, Commentaries on American Law 340 (1827); Wilkinson v. Leland, 27 U.S. 627, 658 (1829) (Story, J.).

(26) 本件制定法は、土地上に道路を作ってよいか、道路建設者の申請の上、十二人の自由土地保有者に決定させ、補償額は陪審が決めるという仕組であった。Taylor, 4 Hill at 141.

(27) Blackstone, *supra* note 19, at 134.

(28) *Id.* at 135.

(29) 2 Blackstone, Commentaries on the Laws of England 200 (1766).

(30) 8 Ind. 545 (1855).

(31) *Id.* at 554-56.

(32) *Id.* at 554.

(33) *Id.* at 549.

(34) 1 Bay 252 (1792).

(35) *Id.* at 252.

(36) *Id.*

(37) 1 Edward Coke, Selected Writings of Sir Edward Coke 275 (Steve Sheppard ed., 2003).

(38) Douglas E. Edlin, Judges and Unjust Laws 85 (2008).

(39) Orth, *supra* note 4, at 6-11 (2003). Riggs, *supra* note 4, at 980 は、判事が憲法を念頭に置いていたとすればデュー・プロセス条項であるとする。

(40) Lawrence M. Friedman, A History of American Law 222 (3rd ed. 2005). 岡嵜修『レッセ・フェールとプラグマティズム法学』(二〇一三) 二九頁。

(41) Orth, *supra* note 4, at 12-13.

(42) 50 Ga. 465 (1873).

(43) *Id.* at 470-471.

(44) *Id.* at 473.

(45) Lochner v. New York, 198 U.S. 45, 53 (1905).

憲法上の「権利」と利益について

金　原　宏　明
（熊本学園大学）

一　はじめに

憲法判断において、裁判所による利益衡量を（どの程度において）認めるかには、論者の憲法解釈の方法・憲法上の権利に対する理解が大きく影響する。本稿では、ファロンの見解を素材として、憲法解釈のあり方・憲法上の権利を検討し、そこから、利益衡量の位置付けを探ることを目的とする。

二　憲法解釈の方法

ファロンの憲法解釈方法論の特徴は、裁判所の役割を「解釈」に限定せず、憲法の「実施」と捉える点にある。裁判所の役割を「解釈」に限定する見解としては、スカリア裁判官を代表とする原意主義（originalism）や、ドウォーキンの道徳的「解釈」が有力である。ファロンによれば、これらの二つの見解は、裁判官の役割を、（歴史家として、あるいは、哲学者として）「憲法の真の意味（one true meaning）」を発見することと理解する点で共通するが、[1] 共に、裁判所の現実の実践を十分に把握できていない点で問題がある。

（一）スカリアの立場―原意主義的「解釈」

スカリアの原意主義において、憲法の文言は、憲法の原意（original meaning）に固定される。従って、憲法の文言は、現在の意味（current meaning）によってではなく、制憲当時の理解によって解釈されなければならない。(2)

しかし、憲法判例には、既に原意主義に従わない多数の判例の蓄積がある。例えば、第一修正の保護は、〈検閲・政府批判の処罰の禁止〉という原意を超え、「実質的にすべての形態による〝思想の自由市場〟への参加」に及ぶ。(3) 原意主義者も、これらの先例の有効性を受け入れるのであるが、その理由を十分に説明できていない。

（二）ドウォーキンの立場―道徳的「解釈」

①道徳的「解釈」

これに対して、ドウォーキンは、憲法の文言を憲法の原意に固定しない。(4)

彼によれば、裁判所は、「原理のフォーラム（forum of principle）」であって、抽象的な道徳的諸原理を参照し、憲法解釈を行う。(5)

この見解において、裁判所の役割は、例えば、「言論の自由」が、何の保護を意味していると理解するのが正しいかを発見することにある。(6)

New York Times Co. v. Sullivan 事件判決は、公職員に対する名誉毀損の成立を、表現者に「現実の悪意（actual malice）」が認められる場合に限定した。(7) この判決につき、ドウォーキンは、その理論構成を批判する。市民を「責任ある道徳的主体（responsible moral agents）」として扱うことが「公

平な政治社会（a just political society）」にとっての本質であるところ、「市民に対して、彼らの読むことのできるものを、…何が社会的問題に対する誤った見解を彼らに植え付けるかについての何らかの公的な判断を基準として、指定することは、彼らを責任ある道徳的主体として扱うことと明らかに矛盾する」(8)との正当化によるべきであったというのである。

②道徳的解釈の限界

道徳的解釈は、憲法の「実践」(9)に一定程度基づくものの、しかし、これも現実の実践を十分に把握しているとは言えない。

a　経験的・予測的評価の見落とし

この判決で法廷意見が問題視したのは、何が正しく、何が誤った言論であるのかについての決定権限を政府に与えることの危険性ではない。法廷意見が問題視したのは、「誤った言明は、自由な討論においても避けることのできない」(10)ものであるところ、この誤った言明全てに対して不法行為責任を認めた場合に生じる、プレスに対する萎縮的効果である。すなわち、連邦最高裁の意図は、プレスに「息継ぎの場所」(11)を用意することにあった。しかし、言論の自由と名誉という利益とを、「抽象的あるいは哲学的な形で、衡量するだけ」(12)では、このような法理は構築できない。連邦最高裁は、憲法の文言の道徳的「解釈」のみに基づいて「現実の悪意」の法理を導き出したわけではない。むしろ、賠償責任がプレスを萎縮させる程度・当該言論が真実であることの蓋然性の程度等の「主として、経験的、経済的、そして、戦略的な考慮に基づいて」いた(13)。

このように、「法理上のルールあるいは基準を打ち出した連邦最高裁の判断のほぼ全てが、一連の複雑な、経験的かつ予測的評価に依拠」するのであって、そして、「経験的かつ予測的評価」を加味して憲法上の法理あるいは基準を導出した場合、「実務上の、財政上の、あるいは、その他の理由から」、「憲法の意味と憲法上執行可能な権利との間にはズレ（gap）」が生じうる。[14] ドウォーキンの見解には修正が必要となる。

b 「理性的な不一致」の問題

道徳的解釈は、「理性的な不一致（reasonably disagreement）」[15] の問題との関係でも一定の修正を必要とする。

ドウォーキンは、道徳的解釈の実践を説明するために、ハーキュリーズという架空の裁判官を登場させる。彼は、卓越した裁判官であって、いわゆるハード・ケースにおいても、「唯一の正しい答えなど存在しないという一般的見解の受け入れを拒否」[16] し、「正解（one right answer）」を導く。[17]

確かに、ハーキュリーズにとっては、「最善の道徳的解釈」を貫くことが可能かもしれない。しかし、現実の裁判所は、複数の裁判官から構成される「集団としての責任を負う、複数の裁判官が平等な権限を有する（collegial）機関」[18] である。「裁判所は、一つの機関として、合理的で一貫し、安定的かつ実行可能な憲法の集合を生み出す責務を負って」いるところ、この責務を果たすべく、「裁判官は、コンセンサスを得るために、あるいは、少なくとも〝法廷意見〟を形成できるだけのコンセンサスを得るために、苦心しなければならない」[19]。ファロンは、「正解」の存在をドウォーキンと共有する。だが、同時に、合理的な人々の間においても、「憲法が何を意味しており、そして、憲法はどのように実施されることが最上であるのかについての理性的な不一致」[20] が存在しうることも受け入れていると述べる。

ハーキュリーズは、「コンセンサス」を得るための、各裁判官の間の「調整」及び「妥協」の必要性を曖昧にさせる。[21]

（三）憲法の「実施」

以上の理由から、ファロンは、裁判官を、「憲法の真の意味」の発見のみに従事する者として理解しない。裁判官は、「実務的な法律家（practical lawyers）」として、また、時には、「政治家（statespersons）」としても機能する。[22]

この見解からは、裁判所の役割も、「解釈」に限定されず、立法府・行政等の他の国家機関と共同して行う、憲法の「実施（implementing）」と理解される。ここで、憲法の「実施」とは、「解釈」という用語が通常示すものよりもより広く、①憲法規範の特定と、その特定された規範の意味を明確化すること、②「経験的な、さらには、戦略的な事柄を考慮に入れ」て、法理を形成し、審査基準を展開すること、の二つを含む。[23] 裁判所の役割を、憲法の「実施」と見ることの特徴としては、以下の二点が挙げられる。

ア　第一に、（*Sullivan* 事件判決のように、）憲法上の法理あるいは違憲審査基準の形成にあたり、様々な事柄の考慮することが、「司法的に執行可能な基準（judicially manageable standards）」[24]を設定するとの観点から、許容される。その結果、憲法規範の意味と、違憲審査基準との間には、二種類のズレが生じる。一つは、設定された法理あるいは違憲審査基準が、憲法の意味をその「概念の限界ギリギリ（full conceptual limits）」[25]まで反映することに失敗している場合、「過小な実現（underenforcement）」である。[26] もう一つは、設定された法理あるいは違憲審査基準が、憲法の意味を、憲法違反の危険を「予防する（prophylactic）」という観点から、その「概念ギリギリ」を超えて実現することを許容する場合、「過大な実現（overenforcement）」である。[27]

イ　第二に、このような考慮が許容される結果、違憲審査基準には、様々な側面が認められる。[28] ここでは、紙幅の関係から、本稿との関係で重要である、①利益衡量のテスト（balancing tests）、と②目的のテスト（purpose tests）についてのみ取り扱う。

まず、「理性的な不一致」の問題が深刻な場合、①利益衡量のテストは適切ではない。[29] なぜなら、裁判所が政治部門から独立して比較衡量することは、判決の予測可能性を失わせ、立法府・行政に対する行動指針を奪い、さらには、市民に対して権利の認識を困難なものとし、結果として、「理性的な不一致」を深刻化するからである。

これに対して、政治部門の行動が違憲な目的に基づく場合、裁判所が謙譲的である必要性は失われる。ファロンによれば、現在の連邦最高裁は、②目的のテストを重視しており、違憲判断を下すにあたっても、このテストあるいはその代替物を多用する。確かに、ある目的が、どのような理由づけから違憲とされるべきかについては、完全に合意することは困難であって、ここにも、「理性的な不一致」が生じうる。しかし、ある目的が違憲であること自体には、何らかの合意、すなわち、「理論化の不十分な一致（incompletely theorized agreement）」が形成される余地は認められるからである。[30] 例えば、第一修正は、一般に、言論に対する悪意を理由に、ある言論を規制することを政府に対して禁止していると理解される。この目的の違憲性に異論はほぼないと思われるが、その理由付けは様々である。

三　憲法上の権利と利益

（一）「背景的な権利」・「法理上の権利」の区別とその許容性

裁判所の役割を憲法の「実施」と見た場合、憲法上の権利はどのように把握されるべきか。

繰り返しとなるが、ファロンによれば、憲法の規範の意味と、憲法上の法理・違憲審査基準の適用の結果実現される権利との間には、ズレが生じうる。このズレを権利の側から説明するため、彼は、憲法の意味に関する「背景的な権利（background rights）」と、法理の実施に関する「法理上の権利（doctrinal rights）」の区別を用いる。

「背景的な権利」は、憲法の意味を直接に反映する。それは、現状において「完全かつ即座に実現すること」は困難かもしれないが、「理性的な未来において促進」されるべきものである。この権利は、「理念的な権利（aspirational rights）」として扱われなければならない。なぜなら、「(背景的な権利…引用者）がどのように定義され、そして、実現されるべきかにつき、理性的な不一致がありうるが、それらの完全な理解を即座に思い浮かぶことはできないし、また、おそらくは思い浮かぶべきではないからである」。(32)

これに対して、「法理上の権利」は、「裁判所が司法によって公式化された基準の下において実現する権利」である。(33)そして、「司法的に執行可能な基準」を導き出すに際して、連邦最高裁が「公衆による受容可能性」を考慮に入れた時、しばしば、この「法理上の権利」は、「背景的な権利」から乖離する。例えば、連邦最高裁の裁判官たちが、「背景的な権利」には同性婚の権利が含まれると考えたとしよう。しかし、二〇〇六年現在において、同性婚に憲法上の保護を与えることは、同性愛者の権利に対する強い反感、さらには、同性婚の禁止を明記する憲法改正を行う結果を引き起こすかもしれない。「背景的な権利を即座に実現することは、権利保有者の利益に対して、長期的な侵害を引き起こすかもしれない」環境においては、「公衆による受容可能性」を考慮に入れ、「背景的な権利」の実現を差し控える判決も許容されよう。(34)

（二）利益の反映としての権利

①個人の権利と利益の関係

また、「法理上の権利」の「背景的な権利」からの乖離を認めるかの判断に際して「公衆による受容可能性」を考慮することは、個人の権利が「基礎となっている諸利益（interests）を反映する」[35]ことから正当化される。権利の範囲の拡張に対する反感が、その権利の保護しようとした利益にとって、有益ではなく有害な結果を生じさせることが予期されるとする。このような場合、その予期される結果は、裁判所による権利の実現の先延ばしを正当化するのである。

それでは、個人の権利が「基礎となっている諸利益を反映する」とはどういうことか。ファロンによれば、憲法学において、権利とは利益を守るものとして理解されてきたのであって、権利が利益を反映することを暗黙の前提とする。もっとも、それらの利益は、時折、競合しあう関係にあり、また、権利と利益は、一対一対応の関係にあるわけでもない[36]。例えば、言論の自由も、話者の自己表現（self-expression）・自己統治（self-government）・情報収集の利益等の、話者及び聞き手の様々な利益を反映する。

このような諸利益につき、彼は、以下の類型化を試みている[37]。①「個人の幸福（well-being）及び個人の幸福を達成可能にすることの利益」、②「代表（agency）あるいは自律（autonomy）に対する利益」、③平等に代表される「〝尊厳〟に分類されうる利益」、④見解差別の禁止のような、権力の濫用や権力の集中を排するための「システマチックな利益」である。ただし、①から③が特定の個人・集団に結びつく利益であるのに対して、④の利益は、漠然としか個人に結びつかない、むしろ、公（everyone）の利益である点で異なる。

②規制権限と権利の関係

また、ファロンによれば、政府の規制権限も、利益と一定の関係を有する。

そして、個人の権利を利益と関係するものと見た場合、個人の権利を対立利益たる規制権限と無関係に決定することは難しい。彼は、個別具体的な事案から離れた「〃一応（prima facie）〃の権利」と、ある具体的な事案における裁判官の総合考慮の結果として現れる、「〃具体的な（concrete）〃権利」とを区別した上で、「具体的な権利」としての「保護される権利」を以下のように性格づける。(38) すなわち、「保護される権利の定義とは、あまねく、権利の基礎にある諸利益と、政府権力の評価を支える諸利益との衡量に依存する(39)」のであって、権利の基礎にある諸利益は、政府利益と相互依存関係に立つ。

言論の自由に即して説明する。第一修正の下、保護される言論とは、主として、言論の自由を基礎付ける利益と、政府の規制権限を基礎付ける利益（プライバシー等の利益）との衡量によって決せられる。ここで、「言論の価値が他の諸価値によって優越され始めるところに、ラインが引かれなければならない（強調：引用者）(40)」ことに注意を要する。保護される言論を定義づけるにあたり引かれるラインは、文字通りの意味での〃保護される言論〃と〃保護されない言論〃を分けるものではない。それは、政府が他の利益（例えば、プライバシー）を保護する権限を行使し始めることのできるラインである。このラインを越えれば、言論という権利（及びそれを基礎付ける利益）が終わり、代わって、プライバシーの権利（及びそれを基礎付ける利益）が生じるラインではない。

要約すると、以下のようになる。「一応の権利」としての憲法上の権利（ここでは、言論の自由）は、「具体的権利」としての保護される権利を定義するラインの外側にも及ぶ。しかし、そこでは、政府は、規制権限の行使が可能となっている。保護されない権利は、規制権限の行使の結果として、保護されな

いに過ぎない。(41)

四　利益衡量の位置付け—結びに代えて—

以上のファロンの権利観をまとめれば、以下のようになる。彼によれば、個人の権利及び政府の規制権限は、その基礎となった諸利益の衡量により相互依存的に決定される。故に、憲法上の権利には、権利の重要性の高低が認められる。(42)従って、「一応の権利」としての憲法上の権利には、(明確に区分はできないものの)、憲法上の権利の価値が他の諸価値を圧倒するであろう、権利の核心部分とでもいうべき部分と、憲法上の権利の価値が「他の諸価値によって優越され始める」ラインを超えたために、「具体的権利」として保護されるに過ぎない、外縁部分とでもいうべき部分の二つが存在する。(43)

それでは、利益衡量はどのように位置付けられるべきか。再び、「理性的な不一致」に戻って考えてみることが有益であろう。

「具体的な権利」としての保護される権利を定義づけるために引かれたラインは、憲法上の権利を基礎付ける諸価値が「他の諸価値によって優越され始める」ところに引かれる。ここから明らかなように、保護される権利にあたるか否かの判断は、原則として、何らかの利益衡量によって決定される。「理性的な不一致」の問題を考慮すれば、その利益衡量は、謙譲的なものと理解せざるをえない。

これに対して、憲法上の権利の核心部分に関しては、別の考慮が働きうる。憲法上の権利の核心部分についても、「理性的な不一致」は生じうる。が、同時に、その理由付けについては合意が形成されないとしても、権利侵害の違憲性自体には、何らかの合意、「理論化の不十分な一致」が形成される余地がある。従って、核心部分の侵害に対しては、よりカテゴリカル、かつ、非謙譲的な判断が許容される余地がある。

（1）RICHARD H. FALLON, JR., IMPLEMENTING THE CONSTITUTION 5（2001）.
（2）ANTONIN SCALIA, A MATTER OF INTERPRETATION 38（1997）.
（3）FALLON, *supra* note 1, at 15.
（4）RONALD DWORKIN, A MATTER OF PRINCIPLE 69–71（1985）.
（5）RONALD DWORKIN, FREEDOM'S LAW 7–12（1996）.
（6）FALLON, *supra* note 1, at 26.
（7）376 U.S. 254, 279–80（1964）.
（8）DWORKIN, *supra* note 5, at 200, 207–08.
（9）RONALD DWORKIN, LAW'S EMPIRE 62–68（1986）.
（10）*Sullivan*, 376 U.S. at 271.
（11）*Id.* at 272.
（12）FALLON, *supra* note 1, at 29.
（13）*Id.* at 30.
（14）*Id.* at 31–34.
（15）*Id.* at 34.
（16）DWORKIN, *supra* note 9, at 266.
（17）RONALD DWORKIN, TAKING RIGHT SERIOUSLY（1977）.
（18）FALLON, *supra* note 1, at 34.
（19）*Id.*

(20) *Id*. at 35.

(21) *Id*. at 34; *See also* JOHN RAWLS, POLITICAL LIBERALISM 54–58 (expanded ed. 2005).

(22) FALLON, *supra* note 1, at 8.

(23) *Id*. at 38.

(24) Richard H. Fallon, Jr., *Jidicially Manageable Standards and Constitutional Meaning*, 119 HARV. L. REV. 1275 (2006).

(25) Lawrence Gene Sager, *Fair Measure: The Legal Status of Underenforced Constitutional Norms,* 91 HARV. L. REV. 1212, 1221 (1978); Fallon, *supra* note 24, at 1299.

(26) FALLON, *supra* note 1, at 32. 例えば、いわゆる「疑わしい区別」や基本的権利に関する区別以外の区別の平等条項適合性判断に対し、合理性の基準を適用する場合が挙げられる。

(27) Fallon, *supra* note 24 at 1303–04. 例えば、いわゆる言論の内容規制に対する、厳格審査の基準の適用が挙げられる。

(28) FALLON, *supra* note 1, at 77–79.

(29) *Id*. at 85.

(30) *Id*. at 94–95.

(31) Fallon, *supra* note 24, at 1324–26.

(32) *Id*. at 1330.

(33) *Id*. at 1323.

(34) *Id*. at 1328–29.

(35) Richard H. Fallon, Jr., *Legitimacy and the Constitution*, 18 HARV. L. REV. 1787, 1850 n. 287 (2005).

(36) Richard H. Fallon, Jr., *Individual Rights and the Power of Government*, 27 GA. L. REV. 343, 352, 353 (1993).

（37）*Id.* at 353-60.

（38）Richard H. Fallon, Jr., *Further Reflections on Rights and Interests: A Reply*, 27 GA. L. REV. 489, 493 (1993). なお、ファロンの権利観の背景には、憲法上の権利を「切り札」として理解した場合、そのような「切り札」が、「〝単なる〟利益」と「トレード・オフ」の関係に立つことを説明できないとの問題意識がある（*id.* at 493）。

（39）Fallon, *supra* note 36, at 361-62.

（40）*Id.* at 362.

（41）ファロンの理解において、〈けんか言葉は、「保護されない言論」にあたる〉との文脈における「保護されない」権利とは、「一応の権利」として「保護されない」という意味ではない。あくまで、「具体的な権利」として「保護されない」という意味である（Fallon, *supra* note 38, at 493）。例えば、政治的な言論であったとしても、何らかの「やむにやまれぬ利益」が存在するために、「具体的な権利」として「保護されない」ということはありうる。この意味において、彼のいう「具体的権利」は、「法理上の権利」に近い概念であると思われる。

（42）ファロン自身も、「優越的利益」にあたる権利とそうでない権利を認めており、また、「全ての利益が同様に重要、あるいは、基本的であるわけではない」としており、権利の重要性の差異を前提とする（Fallon, *supra* note 36, at 379）。

（43）前述の〝保護される権利〟のラインを説明するにあたり、ファロンは、いわゆる「保護されない言論」を「規制可能な言論（proscribable）」と言い換え、「けんか言葉（fighting words）」の範疇内における内容規制に対して、厳格審査の基準を適用したR.A.V. v. City of St. Paul, 505 U.S. 377（1992）を引用する（*id.* at 362 n. 80）。この判決を引用する彼の意図は、おそらく、以下のようなものであろう。〈言論の自由の核心部分は、政治的見解の保護と見解差別の禁止の両方を備える。これに対して、「保護されない言論」を定義づけるラインの外側にある権利には、せいぜい、見解差別の禁止しか要求されないかもしれない。もっとも、この外側にある権利に対しても、前述の④見解差別の禁止のような、権力の濫用や権力の集中を排するための「システマチックな利益」は認められる。

従って、この「システマチックな利益」に触れる範囲では厳格審査の基準の適用が要請されるのであって、その結果、「けんか言葉」の範疇にある具体的言論が「具体的権利」として保護されることはありうる〉というものである。

憲法における「私人間効力」論の現状分析
――イギリスにおける「水平的効力」の議論を素材として――※

平　松　直　登
（明治大学・院）

はじめに

本稿は、我が国の「（憲法上の権利の）私人間効力」に関する議論において研究対象とされてこなかった、「憲法的文書」[1]と称される一九九八年人権法（Human Rights Act 1998、以下「人権法」と記す）施行後のイギリスにおける「（「条約上の権利」の）水平的効力（horizontal effect）」の議論を素材とし、憲法における「私人間効力」という問題の再検討を試みるものである。

一　人権法における「水平的効力」の諸相

イギリスでは、当時のブレア首相の下での「憲法改革」の柱の一つとして、「欧州人権条約の下で保障された権利および自由に付加的効果を与える」人権法が制定された[2]。その特徴としては、①「議会主権を侵害することなしに人権保障を最大限にする」[3]ように起草された点、②（一部を除く）欧州人権条約に規定されている権利および基本的自由を「条約上の権利」として保障の対象とした点、③「人権法がもっぱら『公的機関』による人権侵害の防止と救済を行う立法であり、私人間の人権侵害にいかなる法的効果を及ぼすかを定めていない点」[4]、が挙げられる。

人権法六条一項は「公的機関〔public authority〕が条約上の権利に適合しない方法で行為することは違法である」と規定しており、「第一に、人権法は条約上の権利に『垂直的〔vertical〕』効力を生じさせる、すなわち国家および公的団体による権利侵害から市民の権利を保護するように設計されている」[5]。このように、「立憲主義の母国」とされるイギリスでは、文面上第一次的に〈人権法の名宛人は「公的機関」である〉という垂直的アプローチが二〇世紀末に採用された。しかし、私人間における人権保障の問題は一切対象外とされたわけではなく、人権法の諸規定から種々の「水平的効力」が生じ得ると考えられている[6]。以下では、種々の「水平的効力」の中でも特に問題となる、(i)一定の私的団体が「公的機関」として人権法に直接的に服さしめられることから生じる「公的職務による水平性」、(ii)裁判所が「公的機関」に含まれることから生じ得る「間接的水平性」または「完全ないし直接的水平性」、(iii)私的な諸個人間に適用される制定法の「条約適合的解釈」から生じる「制定法上の水平性」、について検討していくこととする[7]。

二　人権法における "hybrid public authority"[8]

(一)人権法における「公的機関」

人権法における「公的機関」に関して、第六条三項は以下のように規定する。

本条において、「公的機関」は以下のものを含む。

(a)裁判所または審判所

（b）誰でも一定のその職務〔functions〕が公的性質を有する職務である者

ただし、国会または国会の手続に関連する職務を行使する者は含まない。

このように、人権法上、「公的機関」に該当する団体の網羅的な定義はなされておらず、性質上明らかに「公的機関」である“core public authority”の存在が前提とされ、その具体的な例としては「政府部局、地方公共団体、警察および軍隊」等が挙げられる。(9) そして、「裁判所または審判所」は、人権法六条三項aにおいて明示的に「公的機関」とされている。

さらに、人権法六条三項bは、core public authorityに該当しないが「公的性質を有する職務」を行う“hybrid public authority”を人権法の適用対象としており、民間委託等によって国家が担ってきた一定の職務を履行することとなった私的団体による「人権侵害」の問題にも対処し得る規定となっている。もっとも、人権法六条五項は、「特定の行為に関し、その行為の性質が私的なものであるならば第三項bのみを理由として当人は公的機関とならない」と規定している。

（二）「公的性質を有する職務」に関する議論

問題となるのは、ある私的団体がhybrid public authorityか否かの判断である。その中核をなす「公的性質を有する職務」であるか否かの判断において、「当該組織の性質やcore public authorityとの間の関係性」を重視する初期の控訴院判決(10)と異なり、貴族院は、この問題に関するリーディング・ケースとされるYL判決(11)において基本的に「履行される職務の性質」に着目する手法を採用した。人権法六条三項bの文言からすれば、公私区分は政府と非政府の間にはなく、貴族院の判断手法が正当であろう。ただし、貴族院は、その判断要素として、職務に対する制定法上の権限・強制力、職務に対する公的な資金提供、職務の公共サービス性（職務内容の公益性）等の諸要素を挙げたものの、どの要素が決定的なものであるかは明らかとせず、結論として、私的団体を人権法の適用対象（hybrid public authority）とするのには慎重であった。

学説においては、「公的性質を有する職務」を広く認める見解と狭く限定する見解が対立している。前者を代表するクレイグは、「公的団体内で〔in house〕行われたときに公的職務であるならば、民間委託された〔contracted out〕ときも等しくそうなるべきである」から、この前後で当該職務の性質は変化せず、民間委託によって履行される職務は「公的性質を有する職務」とされるべきである、と主張する。(12) 一方、後者を代表するオリバーは、クレイグと問題意識をある程度共有しつつも、「公的機関のなすすべてのことが公的性質を有する職務というわけではない」(13) と指摘した上で、裁判例を参考にして、「公的性質を有する職務」を「通常私的団体が行使するのは違法となるであろう、他者に対する特別に法的に権限を与えられた強制力〔coercion〕や権限の行使を含む私的団体による活動のみ」に限定する。(14) そして、「公的性質を有する職務」に関する広い解釈は「政治的に中立なプロセスによらずに、国家の境界を前進させ、市民社会の境界を後退させるものであろう」とし、(15)「他者に対して影響力のある私的団体の責任は個々の立法やコモン・ロー理論の発展によって最もよく展開され得る」と主張する。(16) 人権法の解釈としては、職務の履行において通常では違法となる強制力・権限を行使し得る（民間刑務所のような）私的団体を人権法という特別な拘束に服さしめることで被害者の救済を図りつつも、人権法の適用範囲の限定によって私人に対する過度な制約を防いでいる点で、後者の見解が妥当であろう。

右の議論においては、明示的に「公的機関」の概念を拡張する人権法上の規定が存在しながらも、貴族院やオリバーの見解が人権法の適用対象を広げることには消極的であった点が注目される。

三　〈「公的機関」としての裁判所〉と「水平的効力[17]」

（一）初期の学説

「公的機関」としての裁判所が私人間訴訟において人権法に拘束されることによっても一定の「水平的効力」は生じ得る。しかし、「人権法上の難点は、私法ないしコモン・ローに対する人権法の影響の問題について**沈黙している**ことである〔強調原文[18]〕」。この問題に関して二〇〇〇年までに主張された初期の学説としては、バクストンの見解、ウェイドの見解、ハントの見解、が挙げられるが、バクストンの見解（水平的効力完全否定説[19]）は論者自身によって後に否定されたと見ることも可能であり、以下では後二者の見解を取り上げる。

まず、ウェイドの見解は、人権法の主たる規定は「その文言において制限のないものであるから、当該規定は公的機関に対する主張と同様に私的当事者に対する主張においても適用される[20]」、という「完全な水平的効力説」である。ウェイドは、「〔人権法〕第六条一項は、明示的に規定された公的機関としての裁判所はすべての関連する条約上の権利と一致するように判決を下さなければならない、ということを意味する。……裁判所はストラスブールの実務と一致する救済を与える十分な権能としての第六条一項における（条約上の権利と不適合に行為しない）法定義務をたしかに負うことになるだろう」と解釈し[21]、人権法上の『「公的機関」』の定義は必要がないであろう――より現実的には、この定義は問題とならないであろう」と評している[22]。

次に、ハントは、人権法上、「裁判所は条約上の権利〔rights〕と適合するように行為する明白な義務の下にある。時として、この義務は、その適合性を達成するためにコモン・ローを積極的に修正ないし発展させるのを疑いなく要求するであろう」とし、「すでに存在し私的な関係を規律する法は、条約との適合性を達成するために解釈、適用、必要であれば発展させられなければならない。しかし、訴訟原因が存在せず適用される法が存在しない場合、裁判所は新しい訴訟原因を創り出し得ない」という立場を採用する。[23] 比較法的観点からすれば、この立場は、条約上の権利の「あらゆる法への適用」[24]という「(強い) 間接的水平的効力説」に分類される。

(二) 判例の立場

〈「公的機関」としての裁判所〉と人権法における「水平的効力」の問題が扱われた多くの訴訟は、欧州人権条約八条（私生活および家族生活が尊重される権利）と一〇条（表現の自由）の影響が争われたメディアによるプライバシー侵害訴訟である。もっとも、イギリスでは包括的なプライバシー侵害という訴訟原因は認められておらず、当該訴訟においては「信頼違反〔breach of confidence〕」という訴訟原因が重要な役割を果たしている。[25]

人権法とプライバシーに関するリーディング・ケースとされているのは、Campbell 判決（貴族院）[26]である。本事案は、著名なモデルであるナオミ・キャンベルが、麻薬依存症でその治療を受けている事実、治療の詳細、治療場所付近で密かに撮影された写真等を含む記事をデイリー・ミラー紙に掲載されたことに対して、信頼違反等に基づく損害賠償を請求したというものである。貴族院は、結論として、三対二でキャンベルの請求を認めた。

結論についてては意見が分かれた一方で、ホフマン卿は、「本事案の重要性は、全員一致で、法はプライバシー権と表現の自由の権利の間の衡量を行うべきである、という発展途上の一般原理の宣言にある」と判示している。[27] しかし、多数意見と少数意見でその理論構成は異なっている。多数意見を構成するヘイル卿は、「一九九八年人権法は私人間にいかなる新しい訴訟原因も創設するものではない。しかし、適用可能な関連する訴訟原因が存在するならば、公的機関としての裁判所は両当事者の条約上の権利と適合するように行為しなければならない」とし、[28]「既存の救済が利用可能な場合には、裁判所は当事者の競合する条約上の権利を衡量し得るだけでなく衡量しなければならない」とも判示している。[29]ホープ卿も基本的に右判示と同じ立場を採用し、[30]カーズウィル卿は両者の意見に同調している。[31]一方、ニコルズ卿とホフマン卿の少数意見は、人権法における「水平的効力」の問題を回避するものであった。

（三）小　括

初期の学説におけるウェイドの見解に対しては、「公的機関」の定義を不必要とする点で人権法の解釈の枠を超えるものであり、「私的当事者間の条約上の権利を保護する……新しい訴訟原因の創設は、裁判所にその適切な役割の外に出て議会の後釜に座るのを要求するものと……みなされるであろう」[32]との批判が妥当しよう。これに対して、学界における「コンセンサスが『間接的水平的効力』の考えの周辺で見出されたように思われたとき、議論は終わった」と評されるように[33]「（強い）間接的水平的効力説」は多数説を構成し、Campbell 判決の多数意見によっても支持されている。〈人権法に基づく新しい私的な訴訟原因は創設されないが、裁判所は私的当事者の「条約上の権利」と適合する方法であらゆる法を解釈する義務に服する〉という「（強い）間接的水平的効力説」は、人権法上の新しい私的な訴訟原因を認めない点で〈私人は、人権法ではなくあくまで既存の法に服する〉という前提を維持しつつも、裁判所が既存の法を条約適合的に解釈することを通じて私人間の「人権侵害」の問題を解決可能としており、人権法の解釈として優れたものであると評価し得よう。より正確に記述すれば、この見解は、〈人権法の名宛人は、私人ではなく「公的機関」である〉という私人間無適用の立場を前提として、「公的機関」としての裁判所が私人間訴訟においても人権法に拘束されることによって私人間に「間接的水平的効力」は生じるというものであり、裁判所が既存の法と適合させる被害者側の「条約上の権利」の内実は、防御権に尽きるものではなく、「私的当事者間に積極的な国家の介入を要求する」[34]ものである必要があろう。

四　人権法における私法の「条約適合的解釈[35]」

（一）Mendoza 判決（貴族院）

人権法三条一項は、「そうすることが可能な〔possible〕限り、第一次立法および従位立法は、条約上の権利と適合するように解釈され、効力が付与されなければならない」と規定しており、「公的機関を規律する立法と私的な諸個人を規律する立法の間の区別をするものではない[36]」ことから、「制定法上の水平性」が生じることとなる。

判例上、私法の「条約適合的解釈」がなされたケースとしては、Mendoza 判決（貴族院[37]）が挙げられる。本事案は、同性愛者である被告（メンドーザ）が、同居していた法定賃借権〔statutory tenancy〕保有者であるパートナーの死亡後に原告から立ち退きを求められたのに対して、一九七七年家賃法〔Rent Act 1977〕附則一の第二条に基づいて法定賃借権の承継を主張したというものである。当該規定は「配偶者〔spouse〕」に法定賃借権の承継を認めるものであり、一九八八年に追加された第二項では「本条の適用上、原賃借人とともに彼ないし彼女の妻または夫として生活していた者は、原賃借人の配偶者として取り扱われる」と規定されていた。貴族院は、四対一で欧州人権条約八条および一四条（差別の禁止）の権利と適合するように一九七七年家賃法の当該規定を解釈し、元の法定賃借権保有者と同性愛関係にあった者を「配偶者」に含むものとした。

しかし、本判決で主たる問題とされたのは「条約適合的解釈」の限界[38]であり、本判決において「条約上の権利と適合するように行為する義務を私的当事者へ拡張することの意義は直接的にコメントされなかった[39]」。

（二）検　討

Mendoza 判決は「条約適合的解釈」の対象が私法である点について特段の判断を示すものではなかったが、その理由は、「制定法上の水平的効力」が生じるとしても、直接的に制定法（私法）の条約適合性が争われている限りにおいて、〈人権法の名宛人は、私人ではなく「公的機関」である〉という私人間無適用の立場が揺るがされることはないからであると推察される。このように考えれば、人権法における「水平的効力」の問題の核心は、〈人権法の名宛人は、私人ではなく「公的機関」である〉という私人間無適用の立場を堅持するか（＝私人間無適用・水平的効力）否か（＝私人間適用・水平的効力）であり、人権法三条の「条約適合的解釈」の対象から私法が除かれていない限りにおいて、そもそも「私人間無適用・無効力」の立場は採用され得ないこととなる。

おわりに

ここまでのイギリスの議論を参考とすれば、〈憲法の名宛人は、私人ではなく「国家」である〉という私人間無適用の立場を前提としても、種々の「水平的効力」が生じ得ると考えられる。「水平的効力」に関しても、イギリスにおいては、私法の「条約適合的解釈」によって生じるものと「裁判所」が「公的機関」とされることによって生じ得るものは別個のものと捉えられており、〈私法である当該規定の「違憲性（ないし違憲の重大な疑い）」が確証された上で行われる「文面上判断」によって生じる「水平的効力」〉と〈国家機関である「裁判所」の憲法拘束および憲法の最高法規性から生じ得る「水平的効力」〉の区別は、我が国においても主張可能であるように思われる。(40) 後者に関して、私人間無適用の立場を堅持するか否かという「(近代) 立憲主義」の核心にも関わる議論としての「私人間効力」論は固有の存在価値を有しており、たしかに「私法の規定を裁判所が違憲と判断できる以上、従来の無効力説的な結論はあり得ない(41)」であろうが、この点から採用され得ないのは「私人間無適用・無効力」の立場である点に留意すべきである。

※ 本稿は、拙稿「一九九八年人権法における "public authority" 概念研究序説——人権規定の名宛人と私人間における人権保障のあり方——」法学研究論集四二号（二〇一五年）一〇一頁以下（以下「拙稿①」と記す）、同「一九九八年人権法の『水平的効力』の諸相——〈『公的機関』としての裁判所〉の意義と私人間効力——」法学研究論集四三号（二〇一五年）二七頁以下（以下「拙稿②」と記す）、同「一九九八年人権法における私法の『条約適合的解釈』——Mendoza 判決を中心とした一考察——」法学研究論集四四号（二〇一六年）一頁以下（以下「拙稿③」と記す）、同「憲法における『私人間効力』をめぐる言説空間——イギリスにおける『水平的効力』の議論からの再検討——」法学研究論集四五号（二〇一六年）一〇七頁以下（以下「拙稿④」と記す）、に依拠している。

（1）See J. Wadham, H. Mountfield, E. Prochaska and R. Desai, *Blackstone's Guide to The Human Rights Act 1998* (7th ed., Oxford University Press, 2015) pp. 9-12.

（2）江島晶子『人権保障の新局面』（日本評論社、二〇〇二年）二三頁以下参照。

（3）*Hansard*, HL Vol. 582 col. 1229 (November 3, 1997).

（4）中村民雄「欧州人権条約のイギリスのコモン・ロー憲法原則への影響──『法の支配』の変・不変──」早稲田法学八七巻三号（二〇一二年）六六九-六七〇頁。
（5）S. Grosz, J. Beatson and P. Duffy, *Human Rights*（Sweet & Maxwell, 2000）p. 59.
（6）See e.g., A. L. Young, “Mapping Horizontal Effect” in D. Hoffman（ed.）, *The Impact of the UK Human Rights Act on Private Law*（Cambridge University Press, 2011）pp. 21-22.
（7）拙稿④一〇九-一一一頁参照。
（8）詳細は、北島周作「行政法における主体・活動・規範（六・完）」国家学会雑誌一二二巻一一＝一二号（二〇〇九年）一四六六頁以下、拙稿①一〇一頁以下、参照。
（9）*Aston Cantlow and Wilmcote with Billesley Parochial Church Council v Wallbank*〔2003〕UKHL 37;〔2004〕1 A.C. 546 at〔7〕and〔8〕（Lord Nicholls）.
（10）*Poplar Housing and Regeneration Community Association Ltd v Donoghue*〔2001〕EWCA Civ 595;〔2002〕Q.B. 48.
（11）*YL v Birmingham City Council*〔2007〕UKHL 27;〔2008〕1 A.C. 95.
（12）See P. Craig, “Contracting out, the Human Rights Act and the Scope of Judicial Review”（2002）118 L.Q.R. 551.
（13）D. Oliver, “Functions of a Public Nature under the Human Rights Act”〔2004〕P.L. 329, p. 340.
（14）*Ibid*. p. 330.
（15）D. Oliver, “The Frontiers of the State: Public Authorities and Public Functions under the Human Rights Act”〔2000〕P.L. 476, p. 477.
（16）Oliver, *supra* note 13, p. 350.
（17）詳細は、拙稿②二七頁以下参照。
（18）R. Clayton and H. Tomlinson, The Law of Human Rights（2nd ed., Oxford University Press, 2009）

p. 268.

(19) R. Buxton, "The Human Rights Act and Private Law" (2000) 116 L.Q.R. 48.

(20) H. W. R. Wade, "Horizons of Horizontality" (2000) 116 L.Q.R. 217, p. 220.

(21) Sir W. Wade, "The United Kingdom's Bill of Rights" in J. Beatson, C. Forsyth and I. Hare (eds.), *Constitutional Reform in the United Kingdom* (Hart Publishing, 1998) p. 63.

(22) *Ibid*. p. 64.

(23) M. Hunt, "The 'Horizontal Effect' of the Human Rights Act" [1998] P.L. 423, pp. 441-442.

(24) *Ibid*. p. 442.

(25) 詳細は、石井夏生利『個人情報保護法の理念と現代的課題』(勁草書房、二〇〇八年)六七頁以下参照。

(26) *Campbell v MGN Ltd* [2004] UKHL 22; [2004] 2 A.C. 457. 本件に関しては、石井・前掲注(25)九四－一〇二頁、ジョン・ミドルトン『報道被害者の法的・倫理的救済論』(有斐閣、二〇一〇年)一九六－二〇八頁、に詳しい。

(27) *Campbell, supra* note 26, at [36].

(28) *Ibid*. at [132].

(29) *Ibid*. at [133].

(30) See H. Fenwick and G. Phillipson, *Media Freedom under the Human Rights Act* (Oxford University Press, 2006) pp. 135-137.

(31) *Campbell, supra* note 26, at [161].

(32) J. Beatson, S. Grosz, T. Hickman and R. Singh, *Human Rights* (Sweet & Maxwell, 2008) p. 376.

(33) T. D.C. Bennett, "Horizontality's New Horizons—Re-examining Horizontal Effect: Privacy, Defamation and the Human Rights Act—Part 1" [2010] Ent. L.R. 96.

(34) G. Phillipson and A. Williams, "Horizontal Effect and the Constitutional Constraint" (2011) 74 M.L.R.

878, p. 886.

(35) 詳細は、拙稿③一頁以下、拙稿④一〇七頁以下、参照。

(36) *X v Y* [2004] EWCA Civ 662; [2004] I.C.R. 1634 at [57] (Lord Mummery).

(37) *Ghaidan v Godin-Mendoza* [2004] UKHL 30; [2004] 2 A.C. 557.

(38) この部分に関しては、江島晶子「イギリス『憲法改革』における一九九八年人権法——議会主権と法の支配の新しい関係——」松井幸夫編『変化するイギリス憲法』(敬文堂、二〇〇五年)一七一頁以下、岩切大地「イギリス貴族院判決にみる条約適合的解釈と議会意思」法学政治学論究六五号(二〇〇五年)九九頁以下、深澤龍一郎『裁量統制の法理と展開』(信山社、二〇一三年)三一七頁以下、拙稿③八頁以下、参照。

(39) M. Amos, *Human Rights Law* (2nd ed., Hart Publishing, 2014) p. 55.

(40) 拙稿④一一二頁以下参照。

(41) 君塚正臣『憲法の私人間効力論』(悠々社、二〇〇八年)二六〇頁。

人民主権の実現と裁判所の果たすべき役割
——Brown 判決に関するアッカマン及びバルキンの議論からの示唆として[1]——

川鍋　健
（一橋大学・院）

はじめに—Brown 判決と、立憲主義と民主主義という問題

本稿はいわゆる Brown 判決[2]を素材として、裁判所の違憲審査による個人の人権保障を重視すべきか、社会における多数者支配を貫徹すべきか、といういわゆる立憲主義と民主主義の問題を考察する。[3]

（一）Brown 判決の歴史的意義

①裁判所による、公教育での人種別学否認

本稿で扱うのは、公教育において人種ごとに通学する学校を分けるという、人種別学（segregation）[4]を違憲と判断した、Brown v. Board of Education 合衆国最高裁判決の第一判決である。その判旨はごく簡単であり、合衆国憲法修正一四条一節のいわゆる平等保護条項[5]を根拠として、公教育での人種別学は違憲とした。現代の、アメリカ人でない者からすれば、必ずしも違和感を覚えないこの判断は、憲法理論の場面で疑義があるものと考えられた。なぜか。

② Brown I を下した違憲審査の正当性

Brown I は裁判官全員一致で下されたが、当時、そのうちの一人、フランクファータ（Frankfurter, F.）の法律助手（law clerk）を務め、後にイェール大学ロー・スクールで憲法を講じたビックル（Bickel, A. M.）は、Brown I に疑問を呈した。彼は修正一四条制定過程を参照し、同時期に成立が目指された一八六六年連邦市民の権利に関する法律（Civil Rights Act）[6]に列挙された権利のみが修正一四条の平等保護の保護範囲とする、ということが企図された、とした。したがって、同条に列挙されていない公教育における人種別学禁止は、修正一四条制定にあたっては意図されなかった、とした[7]。

彼の見解が正しいならば、憲法解釈にあたり、民主的政治過程の意図からの逸脱を認めない、という、原意主義（originalism）の立場から、Brown I は多数者の意図を不当に覆したことになる。

（二）違憲審査と民主主義の正当性

この問題は、ビックルの言を借りれば「反多数決主義という難点（counter-majoritarian difficulty）[8]」の典型であることになる。他方、違憲審査の正当性ではなくその対抗関係にある民主主義の正当性という視角から検討が行われて久しい。原意主義一つとっても、原意の確定の困難さや、過去の多数派による現在の多数派への制約という「死者の手（dead hand）」の問題が指摘される[9]。また、合衆国憲法上、連邦議会、大統領、裁判所の各権は、合衆国市民の総体である「我ら人民（We the People）」の授権にその法的根拠を持つ。したがって、民主的な公正選挙で選ばれる連邦議会あるいは大統領の民主的正当性と、主権者人民の民主的正当性が並存しており、いずれにコミットするかで、民主主義観は異なる。

これらの事情から、いかなる民主主義に依拠して Brown I の正当性を判断すべきか、という問題を考察する必要がある。

（三）人民主権という問題

本稿は、Brown I について、数ある民主主義観のうち、人民主権（popular sovereignty）論に依拠して正当化する。この際、なぜ人民主権論を選択するかについては、次の理由による。人民主権論は、他の民主主義観と同様、多数者支配として民主主義を理解する。ただし、人々が自らある価値を選び取る、という自己統治（self-government）に特別のコミットメントを有する。したがって、民主的政治過程の判断について、人々の代表者は人々自身ではないから、人々自身の判断によって、典型的には憲法改正（アメリカの場合、憲法修正（amendment））により覆されうる。このような理解は、合衆国憲法に適合的であるだけでなく、選挙で選ばれた政治エリートに限らず普通の人々も重要な政治的決定に自ら参加することを積極的に承認する点で、民主主義論の中で最も優れた理念である。

一　アッカマンの価値判断と先鋭化——二元的民主政論と公民権「革命」

アメリカ憲法学における人民主権論の主要な論者に、アッカマン（Ackerman, B. A.）がいる。彼の議論は、二元的民主政論（dualist democracy theory）として知られ、日本にも数多く紹介がある。[10] 彼は、人民主権論の観点から Brown I が正当化できるかという問題について取り組んだ論者でもある。

（一）アッカマンの価値判断——二元的民主政論と Brown I

二元的民主政論によれば、まず合衆国の法は高次法形成と通常法形成という二つの経路を通じて形成され、次に高次法形成により成立した法は、人民主権の達成物なので、通常法形成の手続によっては変更し得ない。最後に、裁判所による違憲審査は、高次法形成により成立した法の保存を目的とすることで正当化される。

この議論では、典型的には、高次法形成とは憲法制定ないし憲法修正であり、通常法形成とは、民主的政治過程による立法である。ただし、アッカマンによれば、高次法形成は合衆国憲法五条所定の憲法修正手続のみが高次法形成手続ではない。彼は、アメリカ憲法史を参照し、歴史的に確認される五つの条件（signaling、proposal、mobilization、switch in time、consolidation）が人々により達成されれば、憲法修正手続によらない憲法修正として正当化される。

憲法修正条項によらない憲法修正の条件をめぐる議論の中で、裁判所は、signaling から switch in time までの間、既存の憲法価値の保存のためにそれに反する議会制定法や政令を違憲とする。加えて、憲法秩序が switch した後は、変更された憲法価値を具体化する役割が裁判所に与えられる。つまり、裁判所の違憲審査は、人民主権の達成物である高次法の意味の画定と保存を担うことで、人民主権の実現にあずかる。

アッカマンは、当初、憲法修正条項によらない憲法修正を、制憲期、南北戦争後の再統一を図った再建（Reconstruction）期、ニュー・ディール（the New Deal）期の三回発生した、と理解した。そして、再建期、ニュー・ディール期には、憲法修正条項によらない憲法修正の試みに対し、裁判所が違憲審査を通じて抵抗したが、それを乗り越えて新たな憲法価値（再建期：奴隷解放、ニュー・ディール期：連邦中央政府の市場規制権限拡大と経済的平等）が樹立された、とした。対して、Brown I については、憲法修正条項によらない憲法修正とは理解せず、再建期及びニュー・ディール期の憲法変動によりそれぞれ実現された憲法価値の統合（synthesis）を通じて、積極国家体制下での人種間平等の実現、という価値が承認されたので、正当化可能だ、とした。(11)

（二）アッカマンの先鋭化と公民権「革命」

ところが、アッカマンは最近、従来と異なる見解を示している。彼によれば、Brown Iが端緒となって、一九六〇年代の Civil Rights 運動と当時の民主党政権による Civil Rights 法制推進、続く七〇年代共和党政権によるこれら法整備への黙示的承認がなされた。これらは、先に示した憲法修正条項によらない憲法修正の条件を満たし、人種間平等の実現が憲法価値となった。[12] したがって、Civil Rights 運動は憲法修正条項によらない憲法修正という「革命」として成功した。

この議論の目的は、反人種差別が、人民が憲法として選び取った価値であり、一九八〇年代以降保守化した裁判所に対して、それを後退させる判例の展開への批判的契機を示すことにある。[13] しかし、この彼の憲法解釈の意欲は、二元的民主政論とは緊張関係に立つ。なぜなら、二元的民主政論では、憲法の意味の画定と保存にのみ携わる裁判所の違憲審査が、公民権「革命」においては、人々や民主的政治過程が担うべき、新たな憲法修正条項によらない憲法修正を要求する signal となっているからである。

アッカマンは、この点を自覚してか、新たに「生ける憲法（living constitution）」という議論を展開した。それは結局、歴史の展開によって憲法修正条項によらない憲法修正の条件は変遷し、その変遷は人々の支持によるものであるから正当だ、という。したがって、憲法制定権力がヌキ身で常駐している、という立憲主義者の典型的な批判の的としての性格が濃厚である。[14]

（三）憲法典への忠誠という問題―あるいは立憲主義と民主主義という問題の一端

時々の人民主権の達成物が憲法であり、それに忠誠を尽くすべし、とのアッカマンの議論は、同時に、人民主権の明示的産物である憲法典に対し、いわば「違法な憲法実現」という絶えざる裏切りを正当化する。ただし、アッカマンは必ずしも人民による合衆国憲法の廃止可能性について判断していない。[15] また、彼のニュー・ディールや公民権「革命」に関する議論は、合衆国憲法下での政治の展開を前提とし、また、合衆国憲法の条文の変更ではなく、条文の意味の変更が問題となっている。ここには、彼の、人民主権を根拠として合衆国憲法の正当性あるいは有効性を否定ないし軽視することへのためらいがある。もし人民主権を貫徹するならば、合衆国憲法というある時点での人民主権の産物にすぎない憲法典にこだわる理由はない。実際、アメリカ憲法学においてポピュリスト（populist）と評価される憲法学者は、この前提を共有する。(16)また、アッカマンのいう「革命」は、結局社会の変化に応じた憲法条文の意味の変化でしかなく、合衆国憲法体制の転覆を論じるのではない。

人民主権を標榜しながら、ポピュリストとは異なる、合衆国憲法に対する微妙な態度は、何を意味するだろうか。

二　バルキンの目的的人民主権論―違法な憲法革命から合法な憲法解釈の変更へ

人民主権と憲法典―バルキンの議論から

このアッカマンの態度を引き継ぎ、より明瞭に言語化したのが、アッカマンのイェール大学ロー・スクールでの同僚であるバルキン（Balkin, J. M.）である。

バルキンによれば、合衆国憲法は、すべての人間の自由と平等を謳ったアメリカ独立宣言の延長にあり、アメリカ独立、合衆国建国にあたって、人々が選び取ったそれらの価値を標榜する特別な文書である。したがって、バルキンにとって、合衆国憲法は、人民主権の達成物であることばかりでなく、人民主権の目的であるすべての人々の自由と平等を承認することにも、合衆国憲法の正当性の根拠がある。

先に見たように、人民主権にコミットするならば、合衆国憲法が人民主権の達成物だとしても、それを維持し続けるべき理由はない。しかし、アメリカの人々は現に合衆国憲法を維持している。バルキンは、この事態について、合衆国憲法が、人々が時々の憲法の意味の画定を通じて、人民主権の目的たる自由と平等の実現に資するより良い憲法を獲得することを認めており、それゆえ、人民主権の観点から、人々にとって忠誠を誓うに値する憲法典となっている、と理解する。[17]

この理解から、バルキンは、自らの憲法理論として生ける原意主義（living originalism）を提唱する。それによれば、憲法条文のうち、平等保護条項のように、その意味が抽象的な原理（principle）について、その文言の文字通りの意味に反しない限り、時宜に応じた憲法解釈の自由な展開が認められる。このとき、憲法解釈の主体は人々の他、憲法上の各権、あるいは社会における団体など、およそあらゆる主体である。そして、それら主体間の憲法の意味をめぐる論争を通じて、何が時々の人々にとって必要な自由あるいは平等といった憲法価値かが明確化される。人々は、その明確になった憲法価値に、政治過程を通じて、あるいは裁判所への出訴を通じて、賛成、あるいは反対を表明し、自らにとって必要な権利保障を実現する。Brown Ⅰに関していえば、公教育での人種別学禁止は、裁判所が判決当時の人々にとって必要な平等保護条項の保障を明確にした結果であり、正当である。[18]

このバルキンの議論は、アッカマンが合衆国憲法に違反する「違法な憲法実現」と理解した、人々主導の憲法の意味の変遷について、全く合衆国憲法に違反しない、合法的な憲法解釈の変更だ、と主張する。[19] Brown Ⅰについても、それは、不当な違憲審査の結果ではなく、むしろ、人民主権の目的である平等の推進を企図し、かつ、修正一四条一節の文言の許容範囲で合法的に意味を変更したものである。

おわりに──人民主権の実現と裁判所の果たすべき役割

バルキンの議論には限界もあるが[20]、基本的には、コミットできる。憲法典がときの多数者により制定されたことを尊重しつつ、のちの世代の人々の多くが、人民主権の目的を達成する上で元々の意味に限界を感じた場合に、憲法条文の意味を変えられるべきだ、という理解は、説得的だからである(21)。

加えて、Brown I で問題となったような、人種間の平等という社会的平等の実現について裁判所が積極的に判断することは、人民主権の目的に資するものとして肯定されるべきであり、民主主義には反しない。したがって、Brown I は、立憲主義と民主主義の問題を構成しない。もちろん、このことは立憲主義と民主主義の問題を根本的には解決しないが、従来考えられてきたほど、立憲主義と民主主義の対立の射程は広くない。

最後に、アメリカ憲法学における人民主権論の日本への導入について言及したい。この点について、山本龍彦の議論が注目される。シィエス（Sieyès, E. J.）流の憲法を構成する力（pouvoir constituant）と憲法により構成される権力（pouvoir constitué）との二分論を、山本は憲法の外と内、と翻訳する。そして、アッカマンの議論について、「内と外との混濁」、つまり、前憲法的な主権の万能性を合衆国憲法の憲法修正手続についても読み込んでいる、と指摘する。そして、「合衆国憲法が、実際上、邦憲法をベースとした旧憲法秩序の中で、いわばこの秩序に包まれて平和裏に制定されたというアメリカ固有の歴史的文脈」のために、「アッカーマンの人民主権論では、本来は始原的で全能であるはずの主権者が一定の手続に服するという矛盾が、『矛盾』として認知され」ていない、とする(22)。

本稿との関連で山本論文は示唆に富む。ただし、上述の「矛盾」は必ずしも矛盾ではない。なぜなら、アッカマンの想定する「一定の手続」とは、憲法修正条項によらない憲法修正手続であるが、その「一定の手続」は、将来の憲法修正に対してなんら制約を加えていないからである(23)。

また、本稿は、「内」にしろ「外」にしろ、主権を行使する主体ごとに、主権行使の目的があり、それ故、論理内在的に主権行使が制約される可能性がある、と理解する。[24]その観点からは、アッカマンの議論は、「矛盾」ないし「循環」自体が問題というより、むしろ、人民による主権行使が人民主権の目的により制約される契機がその理論に内在していないことが問題なのである。これに対して、山本は、「アッカーマンの人民主権論」が「矛盾」すると指摘することで、主権行使を制約する契機は論理的にあり得ないとの前提に立つ。より直截には、「制憲者は理論上いかなる規範にも服しないはずで、民主主義を採用するかは制憲者の偶然的選択である」と述べる。[25]この理解の違いはそれとして、もし、そうであれば、長谷部恭男の主権論に対する批判と留保[26]を踏まえて自らの主権論を憲法の「内」側に限定する、という言葉の裏で、[27]典型的に「外」側にあるはずの主権の万能性を憲法改正無限界論として「内」側にそのまま持ち込む、ということが問題にならないか。山本の議論は、形式的にでも憲法修正手続によらない憲法修正には条件がある、と言明したアッカマン以上に、「内と外との強い混濁」を、主権の万能性を積極的に取り入れるために、抱え込む恐れがある。

もっとも、山本は政治問題の法理や統治行為論の研究から、主権行使に対する歯止めとしての違憲審査のあり方を考察している。今後完全版の発表が予定されており、議論の展開が待望される。

（1）本稿の基礎として、川鍋健「違法な憲法が従うに値する理由：Bruce A. Ackerman の dualist democracy theory における憲法の正当性と歴史との関係をめぐって」一橋法学一五巻二号（二〇一六年）二八九頁以下；同「テクスト解釈とその目的：ジャック・M・バルキンの『生ける原意主義』、そして『憲法の救贖』の物語について」一橋法学一六巻一号（二〇一七年）一六五頁以下。

（2）See, infra note (4).

（3）この問題の立て方については、参照、阪口正二郎『立憲主義と民主主義』、日本評論社、二〇〇一年、とりわけ、二、一二頁。
（4）347 U.S. 483（1954）. 救済の方法について判示したいわゆる第二判決（Brown II, 349 U.S. 294（1955））との対比から、第一判決（Brown I）と称される。
（5）「合衆国において出生しまたは帰化し、その管轄権に服するすべての人は、合衆国およびその居住する州の市民である。いかなる州も合衆国市民の特権または免除を制限する法律を制定しまたは執行してはならない。いかなる州も法の適正な過程（due process of law）によらずに、何人からも生命、自由または財産を奪ってはならない。また、その管轄内にある何人に対しても法の平等な保護を拒んではならない。」野坂泰司訳「アメリカ合衆国憲法」初宿正典、辻村みよ子編『新解説世界憲法集』第三版、三省堂、二〇一四年、七四頁以下、八五頁。傍線引用者。
（6）14 Stat. 27.
（7）A. M. Bickel, The Original Understanding and the Segregation Decision, 69 Harv. L. Rev. 1, 1955. この論点については、参照、川鍋前掲註（1）「テクスト解釈とその目的」一八三－一八五頁。
（8）A. M. Bickel, The Least Dangerous Branch: The Supreme Court at the Bar of Politics, Yale U. Pr., 1962, p. 16 ff.
（9）阪口前掲註（3）、四九頁以下、六四頁以下；D. A. Strauss, Can Originalism Be Saved?, 92 B. U. L. Rev. 1161, 2012. また、民主主義の正当性を吟味する、という議論の枠組を提供した、長谷部恭男「司法審査と民主主義の正当性」、法律時報六九巻六号（一九九七年）、四九頁以下も参照。
（10）川鍋前掲註（1）「違法な憲法が従うに値する理由」二九一頁註五、同「テクスト解釈とその目的」一六六頁註五所掲論文参照。
（11）B. A. Ackerman, We the People 1: Foundations, Harvard U. Pr., 1991, p. 150.
（12）B. A. Ackerman, We the People 3: Civil Rights Revolution, Harvard U. Pr., 2014. Brown I が signaling と

なったことにつき、see, id., p. 44.

(13) 参照、川鍋前掲註(1)「違法な憲法が従うに値する理由」、三一〇頁以下。

(14) 参照、川鍋前掲註(1)「違法な憲法が従うに値する理由」、三二九頁以下。

(15) Ackerman, supra note (11), p. 15 fn.1 の、憲法修正手続による合衆国憲法修正一条の国教樹立禁止条項の廃止可能性、及びキリスト教国教化とそれに反対する者を大逆罪として死刑に処す旨の条項を制定する正当性を肯定する見解は、彼の憲法改正無限界論の根拠として指摘される。例えば、参照、阪口前掲註(3)、七七頁。しかし、これはあくまで憲法改正無限界論の根拠であり、合衆国憲法の維持は前提である。

(16) アマールの、一七八七年フィラデルフィア憲法会議(Philadelphia Convention)類似の会議体を組織して合衆国憲法所定の修正手続によらず合衆国憲法を修正可能、との議論は、この観点を含む点で、ポピュリズムと評価できる。See, A. R. Amar, Philadelphia Revisited: Amending the Constitution Outside Article V, 55 U. Chi. L. Rev. 1043, 1988; A. R. Amar, The Consent of the Governed: Constitutional Amendment Outside Article V, 94 Colum L. Rev. 457, 1994. パーカー(Parker, R. D.)は、多数者支配の観点から、ポピュリズムを選択する。この立場では、憲法という名の法はありうるが、それを人民主権によっても変更し得ないという立憲主義は考えられない。R. D. Parker, "Here the People Rule": A Constitutional Populist Manifesto, Harvard U. Pr., 1994, p. 115. また、州の同意なしには合衆国憲法所定の修正手続を通じても変更できない連邦議会上院の反民主的構成を批判するレヴィンスン(Levinson, S.)も、ポピュリズム的契機を有する。S. Levinson, Our Undemocratic Constitution: Where the Constitution Goes Wrong (and How We the People Can Correct It) with a New Afterword, Oxford U. Pr., 2008, p. 29. 彼らの議論のポピュリズム性を示唆するものとして、阪口前掲註(3)、一五六頁註二一(一六〇頁)、二七一―二七五頁。

(17) J. M. Balkin, Constitutional Redemption, Harvard U. Pr., 2011. また、参照、川鍋前掲註(1)「テクスト解釈とその目的」、一九七頁以下。

(18) Jack M. Balkin, Living Originalism, Harvard V. Pr., 2011. See, also, Jack M. Balkin ed., What Brown v.

Board of Education Should Have Said, New York U. Pr. 2002: また、参照、川鍋前掲註（1）「テクスト解釈とその目的」一七八頁以下。

（19）Id., pp. 309-312.

（20）参照、川鍋前掲註（1）「テクスト解釈とその目的」、二〇五頁以下。

（21）報告に対し、横大道聡会員から、おそらくストラウス（Strauss, D. A.）の議論を念頭に、憲法条文の意味の変遷は立憲主義によっても正当化でき、あえて人民主権を語る必要はあるのか、との指摘を受けた（参照、横大道聡「憲法典の改正と憲法秩序変動の諸相」、憲法問題（全国憲法研究会）二八号（二〇一七年）、七頁以下、八－九頁）。本稿はそのことを否定しないが、同じく正当化できるならば、「反多数決主義」として正当化困難な立憲主義をあえて持ち出さずとも、人民主権で説明すればよい、と考える。

（22）山本龍彦「アメリカにおける『人民主権』論と憲法変動」、同右憲法問題二八号四五頁以下、引用は、それぞれ、五三、五五頁、傍点原文。

（23）参照、川鍋前掲註（1）「違法な憲法が従うに値する理由」、三二九頁以下。

（24）前掲註（21）憲法問題二八号、一〇二頁、阪口正二郎質問を参照。

（25）同右阪口質問に対する山本応答を参照。

（26）長谷部恭男「われら日本国民は、国会における代表者を通じて行動し、この憲法を確定する」公法研究七〇号（二〇〇八年）一頁以下。

（27）前掲註（21）憲法問題二八号、四六－四八、五五－五八頁。

第四部　司法審査制と民主主義論の現在

わが国における「司法審査と民主主義」論の経緯と展望

市川正人
（立命館大学）

はじめに

国民に対して直接責任を負わない、民主的契機の弱い裁判官が、国民によって直接選ばれた国民の代表からなる国会の判断を覆す付随的違憲審査制（司法審査制）は、日本国憲法の基本原理である国民主権・民主主義原理と矛盾しないか、という問題、すなわち「司法審査と民主主義」問題は、これまで「司法審査制の根本問題」として論じられてきた。本稿では、この「司法審査と民主主義」問題について、わが国における研究、議論の経緯を振り返った上で、今後の展望に触れることにしたい。

一　わが国における「司法審査と民主主義」論の登場と定着

わが国における「司法審査と民主主義」問題の研究は、一九六〇年代のアメリカにおいてウォーレン・コート（一九五三〜六九年）の積極的な違憲審査権行使を背景にして生じた司法積極主義(judicial activism)・消極主義（judicial self-restraint,judicial passivism）論争の紹介、検討という形で始まった。司法積極主義・消極主義論争を紹介しつつ、わが国においては「穏健な司法積極主義」をとることを主張し、わが国の学会に決定的とも言える大きな影響を与えたのが芦部信喜であった。

まず、芦部は、司法を非民主的とする司法消極主義の主張を、多数決主義的民主主義（majoritarian democracy）観に立つ点で決定的な弱点があると批判した。すなわち、日本国憲法の採用する民主主義は立憲民主主義（constitutional democracy）であるのであって、徹底した多数決主義は立憲民主政に反する、というのである。「現在の多数者の恣意を制限し、国民（とくに少数者）の自由と生存を守ることに民主政の目的が存する」のであり、その理念が「人権の擁護による立憲民主政の確立」にある「違憲審査権はむしろ民主的な制度だとみることができる」、というわけである。[1]

芦部は、こうした立憲民主主義論から、「裁判所が新しい政策形成のイニシアティブをとることが民主主義の確立・擁護のために要請される場合も存する」のであるから、[2] 生のままの司法消極主義も生のままの司法積極主義も存在しないのであり、裁判所は領域ごとに消極主義と積極主義を使い分けるべきであるとした。その際、芦部は、「経済的自由の規制に過誤ないし不公正があった場合は……通常は『投票箱と民主政の過程』に訴えることによって、不賢明な法律を改正・除去することが可能であるのに反し、立法が精神的自由または少数者の権利を侵す結果をともなう場合は、民主政の基礎および民主政の過程そのものが傷つけられ、不完全な働きしかできない状態におかれ、もはや不賢明な法律の改正・除去に役立たなくなったわけであるから、かような場合こそ、『政治の活舞台に適当な代表を持たない少数グループの権利を保護すること』を主要な任務とする裁判所が、積極的に介入することによって、正しい民主政の過程を回復しなければならない[3]」という、「民主主義プロセス」論を強力に主張した。

こうして、芦部は、主として「民主主義プロセス」論に依拠して――さらに、従たる論拠として政策問題に対する裁判所の能力論を挙げ(4)――「①精神活動の自由の規制は厳しい基準によって合憲性を審査する。②経済活動の自由の規制は立法府の裁量を尊重して緩やかな基準で合憲性を審査する」(5)という二重の基準論を提唱し、わが国における二重の基準論の定着に大きく寄与したのであった。

もっとも、芦部の二重の基準論の実際の内容は、「三重の基準」と言うべきものであり、「民主主義プロセス」論（と裁判所の能力論）で割り切れるわけではないように思える。とりわけ、一九七〇年代以降、「厳格な合理性の基準」の導入による二重の基準論の修正を提起するようになって以来、民主主義プロセスの維持保全に直接関係しない場合であっても（比較的）厳格な審査を導こうとする傾向が強まった(6)。

二　芦部以後の模索――一九八〇・九〇年代

（一）「民主主義プロセス」論への純化

芦部による「司法審査と民主主義」問題の紹介、検討の後、この問題を過剰なほど意識し、それに正面から取り組んだのは松井茂記であったが、松井はもっぱら「民主主義プロセス」論に依拠して司法審査の民主主義的正当性を論証しようとした。

松井は、「国民は多様な利害関心をもって集団を形成しているとの前提のもとに、政治をこれらの集団の間の抗争と妥協のプロセスと捉える」(7)プリュラリズム的民主主義理解から、憲法についての「プリュラリズム的パラダイム」を提唱した(8)。そこでは、憲法は統治のプロセスを定めた文書と解され、憲法の保障する権利は、自然権を確保するために政府を組織し、政府の決定に参加するための市民的権利、すなわち政治参加の権利と捉えられる。こうしたプリュラリズム的パラダイムに立ち、松井は、裁判所が「国民主権＝民主主義原理によってみずからを正当化することのできない機関」であることを強調し、「国民主権＝民主主義原理に立脚する憲法において、裁判所にふさわしい役割を考えることが必要であろう」[9]として、もっぱら「民主主義プロセス」論に依拠する二重の基準論、「プロセス的二重の基準論」[10]を提唱した。

この松井による「司法審査と民主主義」論、プロセス的二重の基準論は、当時、大きな反響と批判を呼びおこした。松井の立論が独特の憲法観、民主主義観に立つ包括的なものであるだけに、批判は、プリュラリズム的民主主義観、統治のプロセスを定めた文書とする日本国憲法の理解、憲法上の権利保障についての理解、民主主義原理を圧倒的に重視した立論である点、日本における有効性など多岐に及んだ[11]。

(二) 原理による裁判

一九八〇年代に、佐藤幸治は、「原理による裁判」論を展開した。佐藤は、一九八一年に出版された『憲法』において、裁判所を「法原理機関」、「法原理部門」と位置づけ[12]、「裁判所が、個人や少数者が政治社会過程から排除されることのないよう配慮し、立憲民主主義過程の維持保全に原理面において積極的に寄与して行くことが期待されている」と論じた[13]。裁判所を「法原理部門」と捉える佐藤の立場は、裁判所による違憲審査、司法審査の法的な性格、政治部門の行為との性格の相違を強調することによって、司法審査の正当性を論証しようとするものであるが、佐藤の「裁判所＝法原理部門」論は一九八八年の『現代国家と司法権』でほぼ確立した。

「司法審査と民主主義」という問題についての対応という点で見れば、佐藤の「原理による裁判」論は、まず第一に、司法審査に、立憲民主主義の機構を原理面でささえる、政治部門によって憲法上の権利を侵害されたものが政治部門と対等に「理」をつくして争うことができる場の提供、といった意義を見出している。第二に、裁判所は、原理による裁判をする機関であるがゆえに、そうした役割を果たすことができる資格・適性があると解されている。こうした「原理による裁判」論は、立憲民主主義を維持する裁判所の資格に踏み込むものである。裁判所が違憲審査権を与えられ立憲民主主義の維持・保全の役割を果たすべきとされるのは、まさに裁判所である、つまり、裁判所が政治的な対抗と交渉の場ではなく、「憲法の意味」を裁判所らしい仕方で客観的に判定することができる、と考えられるからなのである。

佐藤が、現代における「司法」から「裁判」への動きを批判し、「司法」にこだわる意義を強調したこともあり、佐藤の立論は現代司法の政治性を認めない守旧派の理論のように受け取られ批判を受けた。(14) しかし、私自身は、このように違憲審査において裁判所らしさを追求することは、適切な方向をめざすものといえると評価しつつ、裁判所が原理に基づく判断ができるということが言えるのは、裁判の構造がそうした法原理的な判断をなすよう裁判官の裁量を拘束するからでもあるとして、事件性の要件に代表される私権保障・私的紛争解決型の司法観を維持することの意義を強調した。(15)

ただ、「実定法的諸ルールを中心に、そうした諸ルールの基礎ないし背景にあって権利の存否を確定するのに仕える諸規準・諸法理を含めて、それらを総称し」たものである「法原理」(16)とは何であり、裁判所はどのようにして法原理を見出すのか、が問題となる。佐藤は、その後、人格的自律権を中核的概念とする憲法理解を深めたが、それは「法原理」探求の結果と位置づけることができよう。

（三）原意主義

一九八〇年代、アメリカにおいては、憲法の原意（original meaning）への引照を裁判所の憲法解釈の不可欠の要素とする立場である原意主義（originalism）が強力に主張された。この原意主義をわが国において最も精力的に紹介し支持したのが野坂泰司であった。

野坂は、主としてボーク（R. Bork）裁判官の主張によりつつ、「ありうべき最良の形態」ないし「最も強靭な形態」の原意主義を描いた[17]。野坂が描く原意主義は、裁判官に対して、制憲者が実際に定立した諸原理を見極め、そこから合理的に展開可能な推論に基づいてのみ面前の事件を解決することを求めるものである。すなわち、このように理解された原意主義が制憲者の意図の探求から引き出すことを期待するのは、具体的な事件に対する「結論」ではなく、「大前提」（制憲者が保護したいと考えた原理ないし価値）である。そして、裁判官が、制憲者が規定した憲法上の原理ないし価値を彼らが予見できなかった今日の状況において実効化するために憲法上の原則（ドクトリン）を展開することは認められるのである。

野坂が描く原意主義は、裁判官は、制憲者が設定した原理ないし価値から出発して判決を下すのであれば、「憲法に基づいて」判決を下していると言え、また、裁判官の恣意的判断を回避することができ、民主主義の諸前提と矛盾しなくなるというものである。それは、裁判官の解釈における主観的・主体的契機の存在を認めるがゆえに、裁判官に対し原意への依拠を要求することによって、「違憲審査をする裁判官の役割を一定の範囲の中におしこめようとする」ものであり[18]、「司法審査と民主主義」問題へ真摯に対応しようとするものである。しかしながら、こうした手法に対しては、裁判所が制憲者が設定した原理・価値を客観的に認定できるかどうかにかかわる諸問題が指摘されているし、より根本的には、憲法は制定者の意思が化体したものであって、テキストは制定者の意思を離れた独自の意味をもたないと言えるかも問題となる。[19]

ただ、野坂は、わが国での憲法解釈のあり方として原意主義を主張しておらず、[20]わが国において野坂の描く原意主義が妥当するとした場合、裁判所による憲法解釈は具体的にはどうあるべきか、といった点は明らかでなかった。そのためもあって、原意主義をめぐる議論は十分深まらなかった。

（四）真の民意の追求

以上見てきた立場は、いずれも裁判所の非民主性を前提に裁判所らしさを追求することで、「司法審査と民主主義」問題に解答を与えようとする試みであった。それに対して、裁判所が民意に従って憲法判断をすることによってこの問題を解決できると主張したのが浦部法穂であった。浦部は、芦部の立憲民主主義論によって「裁判所による違憲審査の場での違憲判断『積極主義』の民主主義的正当性は、一応、帰結しうる」としながら、「ひとり裁判所の独善的な違憲判断は、もはや、いかなる意味においても民主主義的正当性をもちえない」のであって、「裁判所の違憲判断の正当性は、憲法的価値に照らして政治過程における決定は『誤り』であり『正しい』結論はこうだ、とする一定の『民意』に即したものであってはじめて認められる」、と主張した。「この『民意』は、いうまでもなく、数のうえでは少数派であるが、しかし、主体的・自覚的な『民意』であ」り、「こうした意味での少数派の『民意』を尊重することによってのみ、違憲判断の『積極主義』は、憲法的価値ないし人権価値の名による民主主義的正当性を獲得しうる[21]」、とした。

浦部の力点は、裁判所が「主体的・自覚的な『民意』」をどのように探り認識することができるのかということよりも、むしろ、裁判所が違憲審査権を積極的に行使するための基盤として「主体的・自覚的な『民意』」をいかに作り上げるかにあった。この浦部の主張は、当時の五五年体制の崩壊と革新勢力の退潮を背景とした実践的、運動論的な主張であったと捉えられる。

三　二〇〇〇年以降の状況

(一) グランドセオリーのレベルにおける隆盛?

二〇〇〇年以降も、学会では、「司法審査と民主主義」に関連する多くの業績が生み出されている。原意主義のほか、通常政治と憲法政治とを区別し、司法審査は憲法政治の所産を守る点で民主主義に仕えるとする二元的民主政論、違憲審査制を伴う立憲主義を多数者による自己拘束として正当化しようとするプリコミットメント論、立法府が塹壕を掘り自己に有利な立場を固定化させようとすること(entrenchment)を抑止することに司法審査の役割を求める反エントレンチメント論、共和主義の立場から司法審査を正当化しようとする立場、憲法解釈における司法府の優位を否定するディパートメンタリズムや、憲法を裁判所から人民に取り返そうとするポピュリズム憲法学といったアメリカにおける学説の展開が盛んに紹介、検討されている。[22] さらに、アメリカだけでなく、ドイツ、フランス、イタリアといった諸国における理論動向にも目が向けられるようになっている。[23]

しかし、大河内美紀が指摘するように、「一九九〇年代以降の日本の憲法学における『司法審査の正当性』をめぐる議論には」、「グランドセオリーのレベルにおける隆盛と、よりナローダウンした、日本の司法審査制度を評価する文献における不問」という、偏差がある。[24] つまり、諸外国における「司法審査と民主主義」問題、「司法審査の正当性」問題に関連する理論動向についての紹介、検討は旺盛になされるのに、わが国については、「違憲審査制の活性化」を模索すべきことが共通の前提とされており、その結果、日本についての「司法審査と民主主義」論はそれほど展開されていないというのである。[25]この背景には、わが国の最高裁が違憲審査権を（極端に）司法消極主義的に行使することを続けてきたということがある。「司法審査と民主主義」問題「をめぐる議論は、司法消極主義に徹した最高裁判所の従来の姿勢が原因となって、あまり深められていない[26]」のである。

（二）近時の最高裁の変化と「司法審査と民主主義」問題

しかしながら、二〇〇〇年以降、最高裁による違憲審査権行使の「活性化」傾向が見られる。違憲判決が比較的頻繁に出されるだけでなく、投票価値の不平等問題について従来の立場を実質的に変更したり、法令による禁止の範囲を限定する大胆な合憲限定解釈を加えるなど――なお全体として司法消極主義を完全に脱したとは言いがたいものの――違憲審査権が以前より積極的に行使されている。[27]このように最高裁による違憲審査権行使に「活性化」の動きが見られる中、ようやく「司法審査と民主主義」問題をわが国の問題として積極的に論ずる基盤が整いいつつあるように思われる。[28]

もちろん、裁判所が違憲審査権を有することを明記している憲法においては、裁判所が民主主義プロセスの所産である法律を憲法に違反しているとして無効にするのは、制憲者自体が認めていることであり、「司法審査と民主主義」問題は「仮象問題[29]」なのだとすれば、最高裁が違憲審査権を積極的に行使するようになっても、それは憲法に忠実に行動するようになっただけであり、なんら問題は生じないことになろう。しかし、憲法の意味は必ずしも一義的ではなく、裁判所の憲法解釈が裁判官の価値判断、あるいは主観的・主体的な判断によって大きく左右されることは否定できない。「裁判所は憲法に羈束された憲法の執行機関なのではなく、自ら解するところの『憲法』の執行機関であるにすぎない[30]」のであれば、裁判所が「自ら解するところの『憲法』」を政治部門に押しつけることは民主主義原理と緊張関係を生じさせずにはおかないであろう。この緊張関係は、裁判所（特に最高裁）が違憲審査権を積極的に行使するようになれば顕在化せざるをえないのである。

おわりに

以上見てきたように、最近の違憲審査制の活性化の兆しの中で、ようやく「司法審査と民主主義」問題をわが国における現実的な問題として検討する基盤が整いつつあるように思われる。もちろん、違憲審査制と民主主義との緊張関係を後者に圧倒的に有利に解決しなければならないわけではない。裁判所は訴えの提起を待って行動する受動的な機関であり、また、裁判所による違憲審査権の行使には、フォーマル、インフォーマルな形で民主的なコントロールが及んでいるので、違憲審査制と民主主義との緊張関係は、実際にはそれほど大きなものとはなりえない。さらに、現代の違憲審査制には、人権保障を通じての憲法保障と国家行為への正当性付与が期待されているが、裁判所が前者の機能を適切に果たしていなければ、裁判所の合憲判断が国民の信頼を得ることはできない。それゆえ、民主主義との対抗関係をあまりに重視して、裁判所の違憲審査における謙抑のみを説くことは適切でない。裁判所による違憲審査権行使と民主主義との緊張関係を過大評価も過小評価もせず、正しく捉えた上で、真剣に解決策を模索する必要があるのである。

そして、長谷部恭男が言うように、「司法審査と民主政との緊張関係を検討するには、司法審査の正当性と同時に民主政の正当性とその射程も検討しなければならない(31)」のであって、「司法審査と民主主義」問題の検討は、結局、民主主義とは何か、立憲主義とは何かという根本問題に遡らざるをえないのである。

(1) 芦部信喜『憲法訴訟の理論』三六一‐三六二頁（有斐閣、一九七三年）。
(2) 芦部信喜『憲法訴訟の現代的展開』一五四頁（有斐閣、一九八一年）。
(3) 芦部『憲法訴訟の理論』三七‐三八頁。
(4) 芦部『憲法訴訟の現代的展開』八二頁以下、芦部信喜『演習憲法〔新版〕』一〇六頁（有斐閣、一九八八年）等参照。
(5) 芦部信喜『憲法判例を読む』九八頁（岩波書店、一九八七年）。
(6) 芦部による「厳格な合理性の基準」の導入と展開について、拙稿「『厳格な合理性の基準』についての一考察」立命館法学三三三・三三四号九一頁（二〇一一年）参照。
(7) 松井茂記「国民主権原理と憲法学」山之内靖ほか編集『社会科学の方法Ⅵ　社会変動のなかの法』三三頁（岩波書店、一九九三年）。松井茂記『司法審査と民主主義』四五八頁以下（有斐閣、一九九一年）も参照。
(8) 松井茂記『二重の基準論』三四二頁以下（有斐閣、一九九四年）参照。
(9) 同三〇八頁。
(10) 同三〇六頁。
(11) 戸松秀典「ジュリスト書評　松井茂記著『二重の基準論』」ジュリ一〇五二号一七六頁（一九九四年）、長谷部恭男「政治取引のバザールと司法審査　松井茂記著『二重の基準論』を読んで」法時六七巻四号六二頁（一九九五年）、阪口正二郎「法の支配・裁判官と政治　日米の問題のありようの違いを中心に」法時六七巻六号二七頁（一九九五年）、野中俊彦「書評　松井茂記『二重の基準論』（有斐閣、一九九四年）」憲法理論研究会編『人権保障と現代国家』二七九頁（敬文堂、一九九五年）、拙稿「違憲審査制と民主制」佐藤幸治ほか編『憲法五十年の展望Ⅱ　自由と秩序』二九九頁以下（有斐閣、一九九八年）、土井真一「司法審査の民主主義的正当性と『憲法』の観念――手続的司法審査理論の憲法的地平――」佐藤幸治先生還暦記念『現代立憲主義と司法権』一一五頁（青林書院、一九九八年）等参照。
(12) 佐藤幸治『憲法』二〇七‐二〇八頁（青林書院新社、一九八一年）。

(13) 同二三九頁（傍点は引用者）。
(14) 代表的なものとして、芦部信喜「憲法訴訟論の課題」芦部編『講座憲法訴訟　第1巻』二九頁（有斐閣、一九八七年）（芦部『人権と憲法訴訟』［有斐閣、一九九四年］所収）参照。
(15) 拙稿「違憲審査制と民主制」前掲注（11）三〇四‐三〇五、三一八‐三一九頁参照。
(16) 佐藤幸治『現代国家と司法権』六二頁（有斐閣、一九八八年）。
(17) 野坂泰司「憲法解釈における原意主義（上）（下）」ジュリ九二六号六一頁、九二七号八一頁（一九八九年）、同「テクストと意図――アメリカにおける原意主義―非原意主義論争の意義について――」芦部信喜先生古稀祝賀『現代立憲主義の展開　下』七三一頁（有斐閣、一九九三年）、同「原意主義論争と司法審査制――最近のアメリカにおける理論状況について」ジュリ一〇三七号四六頁（一九九四年）等参照。
(18) 樋口陽一『転換期の憲法？』一六四頁（敬文堂、一九九六年）。
(19) 拙稿「違憲審査制と民主制」前掲注（11）三一一頁以下、阪口正二郎『立憲主義と民主主義』四八頁以下（日本評論社、二〇〇一年）参照。
(20) 当時、わが国における憲法解釈のあり方として、控えめな原意主義の理論である「制憲者意思重視型理論」を提唱した注目すべき業績として、土井真一「憲法解釈における憲法制定者意思の意義㈠〜㈣・完――幸福追求権解釈への予備的考察をかねて」法学論叢一三一巻一号一頁、三号一頁、五号一頁、六号一頁（一九九二年）参照。
(21) 浦部法穂「違憲審査制の構造と機能」樋口陽一編『講座憲法学6　権力の分立⑵』八六‐八七頁（日本評論社、一九九五年）。
(22) 阪口『立憲主義と民主主義』、平地秀哉「理にかなった『多元性』と司法審査――『原理』の決定における『多数決主義という難点』――」早稲田法学七八巻四号一五三頁（二〇〇三年）、大河内美紀『憲法解釈方法論の再構成　合衆国における原意主義論争を素材として』（日本評論社、二〇一〇年）、大林啓吾「アメリカにおける憲法構築論と三権の憲法解釈――ディパートメンタリズムからみる司法審査の位置づけ――」十文字学園女子大学社会情報論叢一四号七一頁（二〇一〇年）等参照。

(23) 井上武史「憲法裁判の正当性と民主主義の観念――フランス憲法理論を手がかりに――」大石眞先生還暦記念『憲法改革の理念と展開（下巻）』一三五頁（信山社、二〇一二年）、高橋和也「ドイツ連邦憲法裁判所が活用する首尾一貫性の要請の機能について――司法審査の民主主義的正当性という問題を中心に」法学研究（一橋大学）一三巻三号一六五頁（二〇一四年）等参照。

(24) 大河内美紀「『司法審査の正当性を問うこと』について」辻村みよ子ほか編『憲法理論の再創造』四六三頁（日本評論社、二〇一一年）。

(25) 私も「違憲審査制の活性化」策について論じた（拙稿「違憲審査制の活性化」『岩波講座　憲法4　変容する統治システム』二八七頁［岩波書店、二〇〇七年］）が、裁判所らしさの追求が「司法審査と民主主義」問題に解答する鍵となるという前記の考え方に基づいていたつもりである。

(26) 戸松秀典『憲法訴訟　第2版』四一五頁（有斐閣、二〇〇八年）。

(27) 拙稿「憲法判例の展開――司法制度改革以降を中心に――」公法研究七七号一頁（二〇一五年）参照。

(28) もっとも、こうした動きがそのまま進展していくのか予断を許さないところがある。というのも、現在の最高裁による違憲審査権行使の積極化の動きは、「いわゆる司法官僚主導の（少なくとも彼らが容認できる範囲での）穏健な積極化」（拙稿「憲法判例の展開」前掲注（27）二二頁）であるだけに、政治的な最高裁裁判官人事に対して脆弱な点があるからである。それゆえ、二〇一七年になってから、安倍内閣主導による最高裁裁判官人事の動きが強まっていることが、危惧される。南彰「『安倍一強』で進む司法の政治化」世界二〇一七年五月号一九頁参照。

(29) 棟居快行『憲法学再論』三九七頁（信山社、二〇〇一年）。

(30) 同四一三頁。

(31) 長谷部恭男『比較不能な価値の迷路――リベラル・デモクラシーの憲法理論――』一四一頁（東京大学出版会、二〇〇〇年）。

「反多数決主義という難問」の存在意義に関する若干の考察

金澤　孝
（早稲田大学）

一　「反多数決主義という難問」とは何か

反多数決主義という難問（countermajoritarian difficulty）は、ビッケルが一九六二年の著作において定式化したことで、一躍、アメリカ憲法学の最重要課題となったものである。非選出という点で政治的責任を負わない裁判所が政治部門の決定を覆すことは民主主義に反するのではないか。これが司法審査の正当性ないし正当化（justification）の問題に他ならない。私の理解では、正統性（legitimacy）の面で劣後する裁判所の司法審査は如何に正当化（justify）できるのかということである。正当化理論の多くは民主主義の正統性を自明視している。当然のことながら、かかる問題設定は、民主主義に対する疑問もまた生じさせ、俎上に載せてゆくことになる。その場合には、司法審査論は、ビッケルのもともとの定式よりも広くなっているであろう。

さらに司法審査を立憲主義の要の制度だと位置づけるならば、立憲主義と民主主義の緊張関係という問題にも拡張される。アメリカでも constitutionalism と democracy の二項対立図式が見られる。けれども、アメリカのconstitutionalismが日本の憲法学でいうところの立憲主義と同じものかどうかは留保が必要である。報告者はconstitutionalismを立憲主義と訳すことに違和感があるものの、便宜上、立憲主義としておく。アメリカ憲法学は、反多数決主義という難問を契機に、立憲主義と民主主義に理論的な緊張関係を見て取り、合理的な説明ないし解答を与えようとしてきた。おのずと学説の対立は、いわゆるグランドセオリーのレベルで競い合うことになる。

二 「司法審査の正当化」理論

グランドセオリーとは、(イ) グローバル (立憲主義に関すること全てに及ぶ)、(ロ) ノーマティヴ (司法審査を理論的に正当化する)、(ハ) プリスクリプティヴ (裁判官へ指針を提供する) という三つの特徴を併せもつものであり、憲法システムが適切に機能するためのマスターセオリーのことである (Daniel Farber & Suzanna Sherry, Desperately Seeking Certainty: The Misguided Quest for Constitutional Foundations [2002])。憲法研究者は、多かれ少なかれ、独自のグランドセオリーを構想したいと野心を抱く。正当性問題には、司法審査の運用論、憲法解釈方法論、憲法の有権解釈権の所在論等々が含まれ、これらは必ずしも同じ起源から発生したものではなく、ある程度独立に議論されてきたものであるが、最終的にグランドセオリーに統合される形で論じられることになった。したがって、正当化理論はグランドセオリーの一部門としての性格を有し、立憲主義と民主主義の緊張関係という問題 (以下、緊張関係問題) への解答の中で示される。

(一) 諸理論の整理・分類

ここからは、サルタニィ論文 (Nimer Sultany, The State of Progressive Constitutional Theory:

The Paradox of Constitutional Democracy and the Project of Political Justification, 47 Harv. C.R.-C.L. L. Rev. 371［2012］）に依拠し、リベラル派の理論に限定する。「反多数決主義という難問」を深刻に受けとめたのがまさに彼らであり、しかもその内部に顕著な相違が見られるからである。

①整合論

立憲民主主義という概念が矛盾なく成立し、合理的に説明できると考え、ゆえに司法審査も正当化されるというのが整合論である。論じ方によって、「否定派」と「調停派」に分けることができる。前者は、立憲主義と民主主義には何ら緊張関係は存在しないと考える立場である。これには四つの論法がある。「組み込み論」は、民主主義を定義する際に、憲法による制約、すなわち立憲主義を予め組み込んで行う。民主主義のより魅力的な観念は、多数決主義ではなく立憲民主主義なのだということを規範的に論証しようとするのである（ロールズ、ドゥオーキン）。「明晰化論」によれば、緊張関係問題は、概念構成の失敗から生ずる誤解である。「組み込み論」が、民主主義を立憲主義で制約する点で後者を前者に優越させるのに対し、両者を対等な関係におきつつ、相互に依存しあう相補的な関係にあると考える（ハーバーマス、スティーブン・ホームズ）。「回避論」は、歴史に基づくアプローチをとり、人民主権を絶対視するという特徴をもつ。通常の民主政治と人民主権を峻別し、前者は憲法的制約を受けるとしても、真の意味での民主主義＝人民主権は事実上制約されないと考えることで、問題を回避する（アカマン、アマー）。最後に、「脱中心化論」は、記述のレベルで裁判所を脱中心化する論法である。社会学的に見れば、司法審査は実際には民主政治を制約していない（バリー・フリードマン、クラーマン）。

もう一つの「調停派」は、立憲主義と民主主義の間に緊張関係があることを認めた上で、司法審査の機能や形式を修正すれば最終的に調停は可能だと考える立場である。調停の条件が何かという点で、や

は り四つに分類される。「プロセス民主主義論」によれば、司法審査は合衆国最高裁が政治プロセスの機能不全を防止するための制度であり、その限りで緊張関係は生じない（イリィ、ピルデス）。それに対して「共和主義プロセス論」は、民主主義を共和主義と捉え、合衆国最高裁は共和主義政治における参加者の保護と熟議のプロセスを統制する機能を果たすものだと考える。かかる役割を果たす限りにおいて緊張関係は調停され、司法審査は正当化される（マイクルマン）。「ミニマリズム」は、政治プロセスへの敬譲を前提に、司法審査を抑制的に運用することで民主主義との対立を緩和できると考える（ビッケル、サンスティーン）。そして、「人民立憲主義」は、否定派における「組み込み論」とは正反対に、立憲主義の中に民主主義を組み込み、憲法の意味内容を最終的に確定するのは裁判所ではないという点を強調する（クレイマー）。

②非整合論

整合論に対して、理論上、両者を矛盾なく組み合わせることは不可能だというのが非整合論であり、ゆえに司法審査を正当化することは難しいという前提に立つ。こちらは二つの論法に分けられる。理論上は調停不可能な緊張関係が存在するものの、それとは別途、司法審査は賢慮に基づき正当化され得るので、実践的には受容可能だというのが「受容派」である。例えばサイドマンは、『不確定の合衆国憲法』（二〇〇一年）において、民主政治が決定事項を憲法レベルでエントレンチすることは、その時々の政治的敗者を確定的に排除するものであるから民主政治の本来のあり方ではなく、重要なのは確定していないということであって、司法審査は民主政治のそうした不確定性と未来の変更可能性に貢献し得るという理由により、受容できるとしている。またトライブは、立憲主義も民主主義も正統性を理論的に論証することは不可能であるから、司法審査は現に存在する制度として実践的に受容するしかないという選択をする。もう一方の「分離派」は、緊張関係の理論的調停は不可能であるとして、司法審査の正当性を端的に否定するものである。このうち「絶対的多数決民主主義（ないしプロセス絶対主義）」の代表例が、ウォルドロンである。また「ポピュリズム」の立場をとるトゥシュネットは、人々の政治参加によって多数決主義を正当化しつつ、さらに独立宣言や合衆国憲法前文に示された基本原理、いわゆる「薄い憲法」は人民自身にも解釈可能なので、裁判所と人民の憲法解釈には差異がないことを重視している。

（二）暫定的な評価

そうすると、非整合論・分離派のみが司法審査の正当性を否定し、他は全て、理由はともかく司法審査を受け入れていることが分かる。しかしながら、各々の論法に着目するならば、異質さが際立つのは非整合論・受容派である。受容派は、立憲主義的な解答であれ民主主義的な解答であれ、一般的な合意を得られることに懐疑的であり、むしろ新たな論争の火種になるだけだと考えている。受容派のみは、同じ土俵ないし次元で緊張関係問題を解くことを放棄しているといえよう。

それ以外は、基本的に、緊張関係問題を立憲主義と民主主義の概念構成を通じて解こうとしている。概念の構成にあたり、整合論・否定派の回避論や脱中心化論のように記述レベルのものもあるが、殆どは規範的なものである。もっとも、そうであるからこそ、この問題は最初から単なる概念構成の巧拙では決着しない。立憲主義、民主主義、いずれもが極めて論争的な概念である。まして、論争的な観念を組み合わせることで、さらに論争的な組み合わせが生じるのは見やすい理である。現に多種多様な理論が競合しているという事実が、当該問題には唯一絶対の正解がないことの証拠だといえるのではないか。

なお、報告者自身の立場は受容派に近い。司法審査を正当化できるかどうかは、別のプラグマティックな、おそらくは帰結主義的なところで決まるであろう。

三　正当化理論の歴史学

（一）「反多数決主義という批判」と「反多数決主義という難問」の区別

「脱中心化論」のフリードマンによれば、「反多数決主義という難問」は「反多数派主義という批判」(countermajoritarian critique)（以下、反多数決批判）とは別物である。少なくとも前者の「難問」のほうは「歴史的偶然の産物」である（以下は、拙稿「憲法理論の新局面」法律時報七七巻四号に拠る）。

反多数決批判は、合衆国最高裁の司法審査が主権者たる国民の意思を阻害するものだとして批判された歴史的事実のことである。合衆国憲法史上、そうした批判が生じたのは、一八〇〇年代のジェファスン大統領期のマーシャル・コートと、一八九〇年代から一九二〇年代のポピュリズム・革新主義、いわゆるロックナー期にあたる二度である。

反多数決批判は四つの要素で診断される。①合衆国最高裁の憲法判断と国民の実質的な多数派の意思との抵触、②国民における直接民主主義的な気運の高まり、③憲法の解釈に一定の不確定性があることへの評価、④司法の憲法判断が政治部門を拘束するという司法優越性の確立の有無、である。例えば、一九世紀前後の時代は、ポピュリズム・革新主義運動により政治・社会改革が盛んとなり、直接民主主義が志向された（②）。合衆国最高裁はロックナー判決をはじめとして社会経済立法を違憲無効としたため国民の実質的多数派と対立していた（①）。最高裁の実体的デュープロセス論は、裁判官が明文規定がないにもかかわらず恣意的に権利を導き出すものだと、解釈の不確定性が否定的に受けとめられた

(③)。そして、司法と政治部門のいずれの憲法判断が優越するのかは明確に固まっていなかった(④)。それゆえに反多数決批判が起きたのである。

ところがフリードマンは、続くニューディール期に状況が一変したという。司法の優越性が確立し、憲法解釈の不確定性も社会状況の変化に柔軟に対応できるものとして肯定的に評価されるようになる。合衆国最高裁の憲法解釈に一定の権威が認められ、以後、反多数決批判が生じる可能性は殆どなくなったのである。ウォーレン・コート期には、したがって、③、④がほぼ問題にならず、また①、②の状況があったとも言い難く、反多数決批判は存在しなかった。にもかかわらず、まさにこの時期に「反多数決主義という難問」は定式化される。反多数決批判の不在のもとで「難問」は誕生したのである。なぜか。リベラルな憲法研究者たちは、リベラルであるがゆえに、歴史上稀にみるほどリベラルなウォーレン・コートを擁護したいと願った。同時に彼ら自身はポピュリズム・革新主義時代の影響で民主主義の熱心な信者でもあった。その結果、一方で、少数者の権利・自由のために反多数者的な裁判所が必要だという信念を持ちつつも、他方で、仮に裁判所が真に反多数者的であるならば民主主義社会においては存続しえないはずだと思い込んでしまう。こうして、反多数決批判の生じ得ない状況下において、憲法研究者は頭の中で反多数決主義の難問を作り出してしまったのである。多数決主義として理解される民主主義の理想と、反多数者的な司法の理想を同時に信奉し擁護しようとするとき、反多数決主義という難問が「難問」として認識される。しかも、そう認識するのはリベラルの側である。ウォーレン・コートの状況が偶然にも「難問」を生み出したのであった。

(二)　正当化理論の限界

「難問」がウォーレン・コートという特異なコートに端を発したものであったため、司法審査の正当化理論にはその記憶が刻印されており、以後は、同コートが常に基準となる。各論者はウォーレン・コートに照らして現コートの評価を行い、それを前提に理論を構成してゆく。正当化理論は、ウォーレン・コートと、その時々のコートによって二重に拘束されているのである。だがウォーレン・コートが現在に至るまで最もリベラルだと評価されている以上、結論は見えている。多くは、基本的に合衆国最高裁に対して批判的であり、しかも、各時代の最高裁のあり様に応じて主張内容が変化するという、極めて場当たり的な性格を帯びることになる。

例えば、イリィのプロセス理論はウォーレン・コートの諸判決を擁護する正当化理論であったが、バーガー・コートにおける一九七三年のロゥ判決は自らの正当化理論では説明がつかず、痛烈に批判した。アカマンの『我ら合衆国人民』第一巻が出版された一九九一年は、合衆国最高裁が保守化しているレンキスト・コートの時代であり、ニューディール期の憲法政治と、最高裁が果たした役割を記述することで、最高裁の意義を強調し現状を批判するということに重点があったとみることもできる。サンスティーンは一九九六年のフォワードにおいて、最高裁の一層の保守化を懸念し、司法ミニマリズムによって抑制しようと試みる。司法ミニマリズムは当初、裁判所に熟議民主政を促進する触媒の役割を期待していたのだが、ロバーツ・コートの二〇〇六年に至ると、バーク流ミニマリズムという文字通りのミニマリズムに陥ってしまった。

正当化理論は、基本的な出発点は共通でありながら、実際には、時々の合衆国最高裁の状況を踏まえて事後的に作られるというパターンを有していることから、理論としては（正確には論者次第ではあるものの）一貫性に欠ける傾向がないわけではない。

(三) 現在―バルキンの論争終結宣言?―

前述のとおり、リベラル派の憲法研究者には、憲法解釈方法論、司法審査論を取り込みつつ、自らの憲法観に基づきパッケージとしてのグランドセオリーを示そうとする傾向が見られる。反多数決主義という難問が、立憲主義の根幹に係る問題を含んでいたからである。その意味で「難問」は憲法学に対して一種の起爆剤として働いたといえよう。加えて、時代がリベラリズムの復権の時代でもあったことも関係しているであろう。ロールズは一九七一年に『正義論』、一九九三年には修正版の『政治的リベラリズム』を世に問う。リベラリズムの思想を、リベラルな憲法研究者は憲法理論へと翻訳する必要に迫られていたはずである。リベラリズムが、正統な統治制度は如何なる正義原理に基づき構成されるのかを構想するものだとすれば、当然に、憲法の理論は広範なものとならざるを得ない。（ロールズ的）リベラリズムが全盛であった時代に、憲法研究者はこぞってグランドセオリーを競い合った。

ところが近年では、司法審査論やグランドセオリーの競演が舞台から退き、議論は低調になった印象がある。かような変化が生じたのは、アメリカにおけるリベラリズム思想の凋落と連動しているのではないか。論証の用意はないが直観的には正しいと思っている。また他の要因として、グランドセオリーの限界が露呈したということもあるかもしれない。マスターセオリーとして憲法に係ることを全て説明し尽くすのは不可能な試みだということに、ようやく気付いたということである。憲法をめぐる実践は、本来、最高裁判例に顕著であるように矛盾だらけのものである。しかも憲法規範（constitutional law）は、裁判所のみならず多様なアクターによって形成される動態的なものでもある。だとすれば、揺るぎのない無矛盾の体系としての憲法理論という発想それ自体が、間違っていた可能性はある。グランドセオリーの行き詰まりから、表舞台から消えたという面はないだろうか。

司法審査論に限ってみても、規範的な議論は停滞している。ただこの点については、正当化理論がその時々の合衆国最高裁の姿勢を反映せざるを得ないという宿命を考慮すれば、ロバーツ・コートの実践が、リベラル派の憲法研究者にとって、安易な理論化を躊躇させているのかもしれない。少なくとも彼らは、ロバーツ・コートの司法審査を個々の判決ではなく全体として積極的に正当化する、あるいは逆に批判するだけの必要性や切迫性を感じていないのではないか。

そのような中で、ここ五年前ほど、原意主義の復興という形で新たな展開が起きつつある。原意主義は、かつては保守派が司法審査を抑制するための憲法解釈方法論として掲げていた御旗であるが、これをリベラル派が奪い、しかも憲法全体に係る理論の中に吸収している点に特徴がある。ジャック・バルキンの『生ける原意主義』(二〇一一年)がそれである。私の見るところ、彼の議論は、反多数決主義という難問にとどまらず、立憲主義・民主主義の緊張関係問題に至るまでの論争に決着をつける、グランドセオリー決定版といった性格を有している。

生ける原意主義は、生きている憲法という動態的憲法観と、原意主義を融合させたものであるから、実は形容矛盾のはずであるが、バルキンは、骨組みとしての原意主義という発想と、憲法解釈(interpretation)と憲法構築(construction)の区別という、二つの道具立てで両者を接合しようとする。骨組としての原意主義とは、合衆国憲法典は政治の骨組みを定めることにより政治それ自体を可能にするものであって、後の世代が肉付けをしていくことを予定したものだという憲法の見方である。裁判所が司法審査の場面で条文の意味(=骨組み)を確定するのが憲法解釈、それに肉付けをするのが憲法構築である。具体的状況において適用されるべき憲法規範をその都度確定していく憲法構築には、裁判所だけではなく、政治部門、さらに一般の人々も参加することになる。このように憲法構築は、憲法の価値を実現し、場合によっては憲法規範を創造する実践的な営みである。だからこそ憲法は生きている、つまり民主主義によって憲法は生きているということになる。

一見すると特段目新しいことはないようにも思えるが、生ける原意主義にあっては、もはや反多数決主義の難問も司法審査の正当性もさしたる問題とはならず、むしろ立憲主義と民主主義の両者は相互循環の関係にあるとして、緊張関係問題は弁証法的に解消されてしまっている。バルキンの「グローバル」な主張は、立場の違いを超越して、全ての論争に終止符を打つ狙いがあると理解できなくもない。

四　「反多数決主義という難問」の存在意義

（一）アメリカ

積極面としては、多くの第一線の研究者が規範的理論を打ち立て、諸理論が競演する状況が生じた点が挙げられる。その間に、司法審査のみならず立憲主義や民主主義といった基本概念についても、一段と理解が深まるという効果はあっただろう。

一方その反面、各理論が論者のイデオロギーの反映にすぎないという消極的な側面も見られ、どれほど生産的な意義があったのかどうかは疑わしい。結局のところ憲法研究者は、自らのイデオロギーによる拘束を免れない。その意味では、ウォーレン・コートと現コートの二つと併せ、研究者は三重の拘束を受けているのである。

何よりも、「反多数決主義という難問」が課題として設定されたがために、以後は、誰もこれを避けて通ることはできなくなり、「難問」の存在しない世界がなくなってしまったことを、どう評価すべきか。もちろんビッケル一人だけの責任ではない。それでも、「難問」の実在が憲法学にとって有意義であったかということは、さらに問われなければならないだろう。

一時、「難問」をめぐる論争（あるいは産業）は半永久的に続くのではないかと思えるほどの盛況であったが、いつの間にか尻すぼみになってしまった。もしかすると賞味期限が切れたということはないだろうか。だが真に取り組むべき理論的問題であるならば、期限切れになることなどないはずである。下火になったのはむしろ、憲法研究者が呪縛から解放されたからなのかもしれない。アメリカの研究者が、バルキンの議論に、ある種の安堵感を抱いているように感じるのは報告者だけであろうか。もっとも仮にこれが本当に論争終結宣言だとすれば、アメリカの規範的憲法学は永い眠りに入ってしまう可能性もある（が、それは困る）。

（二）日　本

逆説的に日本にとっては「難問」の意義は大きいとみることもできる。日本では、アメリカとは全く異なる事情があった。第一に、日本は長らく五十五年体制という政権交代のない政治が続いてきたこと、第二に、司法権の独立、裁判官の職権の独立が憲法上厚く保障されており、学説においても、専門機関たる司法の政治部門からの独立に重点を置いて説明がなされてきたこと、しかしながら、第三に、かかる制度的な独立性にもかかわらず、現実に最高裁が政治からどれほどの独立性を維持していたのか、むしろ政治に極めて近かったのではないかという懸念があったことである。そして第四に、おそらくは以上を要因として、二〇〇〇年あたりまでは、日本の司法審査は、違憲判断消極主義、その裏返しとしての合憲判断積極主義、つまりは親多数決主義（promajoritarian）であった。

そうした親多数決主義的な裁判所に対して、日本の憲法学は、より積極的に違憲判断をせよ（より反多数決主義的であれ）と要求してきた。いきおいその時点では、司法審査がそもそも正当化できるのかどうかという反多数決主義の「難問」を提起することは憚られたであろう。

むろん、親多数決主義的な裁判所にも問題はあるが、反多数決主義的「難問」とは質的に異なる。親多数決主義の司法審査は、単に本来の職責である多数者からの少数者の保護を果たしていないだけである。しかも多数者の決定という「民主主義」にも反しておらず、要するに、司法審査と民主主義の間で緊張関係が生じていないのである。

近時は、最高裁が以前に比べてより積極的に違憲判断を下すようになったことから、「反多数決批判」が生じ得る状況や、少なくとも理論的には「反多数決主義という難問」が現実味を帯びて問われる前提条件は整いつつあるのかもしれない。しかしこうした反多数決主義的な裁判所や司法審査のあり方は、かねてより憲法学説が望んできたものである。今、「難問」を提起することは、やはり憚られるということにならないだろうか。

以上から、本報告は極めて陳腐な結論に至る。「反多数決主義という難問」は特殊アメリカ的な背景のもとで誕生し、今や表舞台から消えつつあるものである。確かにアメリカにおいては専門家の間でそれなりの存在意義はあったであろう。だが日本においては、そもそも「反多数決主義という難問」の誕生する契機も、また論じる状況もない。仮に日本にとって意義があるとすれば、そうした日本の特徴を浮かび上がらせたところにある、のかもしれない。

（本稿は二〇一六年七月九日の報告をそのまま圧縮したものです。専ら当方の事情から、参考文献等の注釈と、当日の質疑応答の内容を割愛せざるを得ませんでした。深くお詫び申し上げます。）

第五部　立憲主義の現代的課題

フランスにおける人種差別表現規制について

光　信　一　宏
（愛媛大学）

はじめに

本稿は、フランスにおける人種差別表現（ホロコースト否定表現を除く）の規制[1]——「出生または特定の民族、国民、人種もしくは宗教への帰属の有無」を理由とする人または人の集団に対する公然たる「名誉毀損」、「侮辱」および「差別・憎悪・暴力の扇動」の処罰（出版自由法三二条二項、三三条三項および二四条八項）——について、憲法的観点から紹介・検討することを目的とする[2]（フランスでは性別、性的指向、ジェンダー自認または障害にもとづく差別表現も規制の対象となっている[3]が、取り上げない）。以下では、まず人種差別表現規制に関するフランス憲法の基本枠組みを示したうえで、一九七二年に人種差別禁止法が制定された経緯および同法の特徴等を指摘する。そして、近年論議の的となっているいわゆるイスラム嫌悪表現をめぐる問題について考察する。

一　フランス憲法の基本枠組み

（一）表現の自由の保障

一七八九年人権宣言一一条は、「思想および意見の表明の自由な伝達は、人のもっとも貴重な権利の一つである。したがってすべての市民は、法律により定められた場合にこの自由の濫用について責任を負うことを除き、自由に話し、書き、印刷することができる」と定めているが、本条については以下の点が重要である。

第一に、表現の自由は「人のもっとも貴重な権利の一つ」とされるが、憲法院によると、それは表現の自由の行使が「民主制の条件であり、他の権利および自由の尊重のための保障の一つ」だからである(4)。ただ、こうした特別な価値を有するとしても、表現の自由は他の基本権に対して文字通り優越するわけではない(5)。むしろ基本権相互の均衡が保たれるように、憲法の諸原則を共存させなければならないとされている(6)。

第二に、表現の自由は絶対無制約なものでなく、もともと責任の概念によって枠づけられており、ミシェル・トロペール（パリ第十大学名誉教授）の言によれば、「表現の自由の原則、それは一定の制約のもとに意見表明する自由である」(7)。

第三に、表現の自由を枠づけ、その範囲ないし限界を定めるのは法律である。ここにいう法律は具体的には一八八一年七月二九日の出版自由法であるが、表現の自由の濫用を処罰する規定が原則として刑法典でなく、こうした特別法に置かれている点にフランスの言論法制の特徴がある(8)。そして出版自由法では、軽罪の時効期間が短く（三カ月または一年）、また詳細は省くが、訴追手続きが煩瑣であるなど、表現主体（容疑者）の保護が図られている。なお人種差別表現規制の強化の観点から、出版自由法の人種的名誉毀損罪、同侮辱罪および同憎悪扇動罪の規定を刑法典に移すべきとの意見があるが[9]、表現の自由を軽んずるものという批判が強い。

（二）人種差別の禁止、人間の尊厳の尊重

人種差別禁止の原則は、一九四六年憲法前文（「人を隷属させ堕落させることを企てた体制に対し自由な人民が獲得した勝利の直後において、フランス人民は、すべての人が人種、宗教、信条の差別なく譲渡不可能かつ神聖な権利を保持することを改めて宣言する」）、および一九五八年憲法一条一項（「フランスは、出生、人種または宗教の差別なく、すべての市民に対し法律の前の平等を保障する」）にうたわれている。この原則は、「人は自由かつ権利において平等なものとして出生し、かつ生存する」と定める一七八九年人権宣言一条の中に含意されているといえるが、一九四六年憲法前文でそれを明記したことは、ナチス・ドイツに協力してユダヤ人を差別・迫害したヴィシー体制の否定という歴史的な意義を有する。

他方、人間の尊厳の尊重の原則――憲法院によると、上述の一九四六年憲法前文の規定から導かれるという[10]――を人種差別表現規制の正当化根拠として援用することに対しては、学説の一部から異論が出ている[11]。絶対的な価値とされる「人間の尊厳」の輪郭が曖昧不明確であるため、表現の自由の過度の侵害につながるおそれがあるというわけだが、それが必ずしも杞憂でないことを示したのが二〇一四年一月のデュードネ事件である。反ユダヤ的言動を理由に、再三にわたり裁判所の有罪判決を受けてきたコメディアンがライブショーの上演を予定していたところ、県知事の禁止命令が発せられたため、地方行政裁判所に禁止命令の執行停止を申立てた。同裁判所は申立てを認容し、執行の停止を命ずる決定を出したが、これに対しコンセイユ・デタが、ショーの内容が人間の尊厳に反することなどを理由に原審の決定を取消したというものである。[12] 確立した行政判例によると、集会の禁止が許容されるのは集会の挙行によって警察では対処できない事態の発生が予想される場合に限られるが、コンセイユ・デタの決定はそれを逸脱し、事前規制の範囲を広く認めるものであり、批判を受けている。[13]

二　一九七二年七月一日の人種差別禁止法

（一）制定の経緯および背景

人種差別禁止の原則が第二次大戦直後のフランス憲法に宣明されたことは上述したが、この原則を具体化した包括的な人種差別禁止法（通称プレヴェン法[14]）が制定されるまでにおよそ四半世紀を要した。議会の諸会派が何度も人種差別禁止法案を提出したが、歴代の内閣がフランスでは人種差別が存在しないとして審議に反対してきたからである。こうした方針を転換し、法案の審議入りを了承したのがシャバン=デルマス内閣であり、一九七一年の人種差別撤廃条約の批准がきっかけとなっている。同条約の四条について、条約加入書の寄託の際にフランス政府は、「これらの条文（世界人権宣言、人種差別撤廃条約五条——引用者）で保障されている意見・表現の自由や平和的な集会・結社の自由と両立しない処罰規定を定める義務を締約国は免れるものと、フランスは解釈する」と宣言したが、法的効果の排除または変更を意味する「留保」でなく「解釈宣言」であるとされている。[15] つまり人種差別禁止法の制定は条約にうたわれた加盟国の義務の履行という目的を果たすものだったのである。

そして人種差別撤廃条約の批准およびそれに続く人種差別禁止法の制定の背景にあったのが、当時深刻化しつつあった移民（外国人労働者）に対する社会的差別の問題であった。[16] 例えば人種差別禁止法制定の立役者のひとり、テールヌワール下院議員は、「われわれはレイシズムがヒトラーの狂気の後に消滅したという幻想を持っていたが、この悪はかつてないほど根強いものがある」[17]として、新しい形態の人種差別を指摘している。そして「提案されている法律の改正によって人種差別の一切が消滅するというナイーブな考えは持っていない。真の反人種差別政策はまず教育および情報提供から行われる」[18]と発言しているが、審議に関わった多くの議員に共通する見方であったと思われる。

（二）特徴

人種差別禁止法によって新設された人種差別表現の処罰規定を人種差別撤廃条約四条(a)の規定と比べると、次のような特徴が見られる。

第一に、条約の求める「人種的優越または憎悪にもとづく思想のあらゆる流布」の処罰を定める規定がない。

第二に、人種的憎悪扇動罪では、人種差別および暴力行為の扇動だけでなく人種的憎悪の扇動が処罰の対象とされている。

第三に、条約にない人種的名誉毀損罪および同侮辱罪の規定を置いている。その前身が一九三九年四月二一日のマルシャンドー法であり、「出生により特定の人種または宗教に属する人の集団」に対し、「市民または住民の間の憎悪をあおる目的」で行われた公然たる名誉毀損および侮辱を処罰する内容であったが、このうち目的要件は立証が困難であるということで、人種差別禁止法では削除されている。

第四に、差別禁止事由として「人種」と「民族」のほかに「出生」、「国籍」および「宗教」が明記されている。「出生」は茫漠としているが、他の差別事由と関連づけて理解されている。また「国籍」は移民を念頭に置いている。一方、「宗教」を差別事由に含めたことについては、他の差別事由と異なり宗教は本人が選択するものであることを理由に異論を唱える向きもあるが、[19] フランス憲法自身が宗教による差別を禁じていることは前述した。

(三) 一七八九年人権宣言一一条との適合性

人種差別禁止法は上下両院ともに全会一致の賛成で制定されたため、大統領の審署前の憲法院審査には付されなかった。またこれまで合憲性優先問題(QPC)が憲法院に移送された例もない。ただし人種的憎悪扇動罪の規定については、破毀院が、憲法院への合憲性優先問題の移送を拒否した判決の中で、「表現の自由に対する侵害は、人種差別に対する闘いおよび公序の保護という立法府の追求する目的に必要であり、適合しており、かつ均衡がとれている」として、一七八九年人権宣言一一条との適合性を肯認している。[20] 人種的憎悪扇動罪の規定が表現の自由を定めた欧州人権条約一〇条に違反しないとする破毀院の判例[21]と軌を一にするものといえよう。

三 イスラム嫌悪表現をめぐる問題

ムスリムの間では、フランス共和国は、反ユダヤ的表現など他の人種差別表現と比べ、イスラム嫌悪表現の規制に総じて消極的であり、ダブル・スタンダードだという不満が根強く存在するが、エリック・ブライシュ(ミドルベリー大学教授)がそれに反論している。[22] ブライシュによると、一九七二年から二〇一二年までの四〇年間に下された人種的名誉毀損罪、同侮辱罪および同憎悪扇動罪に係る破毀院判決は一〇三件あり、このうち有罪判決が六〇件であるが、犯罪行為の対象の内訳を見ると、ムスリムまたはイスラム教が一六件(有罪判決は一〇件)、ユダヤ人またはイスラエルが三二件(有罪判決は二六件)、キリスト教徒またはカトリック教徒が二〇件(有罪判決は七件)、その他三五件(有罪判決は一七件）である。すなわちイスラム嫌悪表現の場合の有罪率は六三％であり、全体平均の五八％よりも高くなっている。また一〇年ごとの有罪率の推移であるが、全体平均が第二期（一九八三年～一九九二年）の七九％をピークに低下しているのに対し、イスラム嫌悪表現についてはどの時期もほぼ同じであるという。ブライシュはこうした事実から、破毀院はむしろイスラム嫌悪表現を規制する傾向にあるとの見方を示している。ただ、反ユダヤ的または反イスラエル的表現の有罪率が八一％と高いことも見落としてはならない。

ともあれ、ブライシュも指摘しているように、下級審判決のデータベースが十分整備されていないなど、現状ではフランスの司法的対応の全体像を詳らかにすることは難しい。ここでは預言者ムハンマドやイスラム教の教義を非難するいわゆる神冒瀆的表現と、ムスリムを攻撃対象とする人種差別表現とに分け、若干の事案を検討するにとどめる。

まず神冒瀆的表現であるが、国家がそれを禁ずることはライシテ（laïcité）の原則に反するため許されない(23)。たしかに一九五八年憲法一条一項は、「フランスは、すべての信条を尊重する」と定めている。だが、「非宗教的で多元的な社会であるフランスでは、すべての信条の尊重は、いかなる宗教であれそれを批判する自由や、宗教的崇拝の主体または客体を表象する自由と両立する」（後述の預言者ムハンマドの風刺画事件における一審判決(24)）。これに対し、フランス社会へのムスリム移民の平和的統合を図るため神冒瀆罪の導入が提案されているが(25)、少数意見にとどまる。

では信者は、信仰する宗教の教義やシンボルへの誹謗中傷によって宗教的感情を害されたとしても、裁判所による救済の対象とならないのであろうか。この問題は主に一九八〇年代から一九九〇年代にかけて、キリスト教徒の団体によって提起された。彼らが裁判所に求めたのが、不法行為に関する一般法である民法典一三八二条（現一二四〇条）にもとづく損害賠償、あるいは民事訴訟法典八〇九条にもとづく急速審理（référé）であり、訴えが認容されたケースがある[26]。しかし二〇〇〇年七月一二日の破毀院大法廷判決が、「一八八一年七月二九日の法律（出版自由法のこと――引用者）に定められ、抑止される表現の自由の濫用は、民法典一三八二条にもとづき賠償されることができない[27]」という基本原則を示したことで、状況が一変する。出版自由法の定める犯罪の被害者でない限り、民事上の損害賠償を受けられないことになったのである。そして同法が禁じているのは特定の宗教への帰属の有無を理由とする人または人の集団に対する名誉毀損、侮辱および憎悪扇動であるから、例えば「イスラム教はもっとも馬鹿げた宗教だ」（小説家のミシェル・ウエルベック）と発言しても違法ではない[28]。

一方、ムスリムとテロリストを同一視する表現が出版自由法違反であることは論を俟たないが、物議を醸したのが、二〇〇六年二月八日の『シャルリー・エブド』紙特別号に掲載されたムハンマドの風刺画三点である[29]。雑誌の発行責任者が人種的侮辱罪に問われたが、一、二審ともに無罪となっている。私訴原告人のムスリム団体が特に問題視したのが、アラビア文字で「アラーは偉大なり。ムハンマドは預言者なり」と書かれたターバンを巻いたあごひげ男の頭に導火線が仕掛けられているという風刺画――初出はデンマークの『ユランズ・ポステン』紙――であったが、一審と二審とで法的評価が分かれた。すなわち一審判決では、風刺画はムスリムとテロの信奉者とを同一視しているとしつつも、それが公表された背景――『ユランズ・ポステン』紙がムハンマドの風刺画を掲載し、世界各地でムスリムの暴動や抗議デモが続いていた――などに鑑みると、被告にムスリムの全体を直接侮辱する意図はなかったとした[30]。これに対し、二審のパリ控訴院は、ムスリム社会でなく（イスラムの名においてテロを行う）一部のムスリムを批判する特別号の全体的内容に照らすと、当該風刺画にはムスリムとテロリストを混同する危険性が認められないとしている。(31) そして信者を攻撃するのでなければ犯罪が成立しないという二審判決と同様の考えが他の判決にも見受けられる。例えばテレビ番組で、ユダヤ人に扮したデュードネが若者に「アメリカ・シオニスト枢軸同盟」に加わるように呼びかけ、また右手を挙げて、「イスラ・ハイル（Israheil）」と叫ぶなどしたとして人種的名誉毀損罪に問われた事件では、被告が「イスラ・ハイル」という言葉を発していないことに加え、当該人物が表象するのは暴力に訴えることを躊躇しないユダヤ教原理主義者でありユダヤ人ではないことを理由に、無罪判決が出ている。(32)

おわりに

グウェナエル・カルヴェス（セルジー・ポントワーズ大学教授）によると、人種差別表現の禁止によって守られるものは、「出生、人種または宗教の差別なく、すべての市民に対し法律の前の平等を保障」（一九五八年憲法一条一項）し、「自由、平等、友愛」を標語とする（同一条四項）共和国の土台をなす諸価値である。レイシズムの問題について国家の価値中立性を標榜することは許されない。公権力はこの問題に積極的にコミットすべきであり、その場合、社会の根本的価値を表象する刑罰法規が第一義的な役割を果たすという。(33) フランスでは人種差別表現の罪に係る有罪判決の数が年間数百件にのぼるとされており、(34) レイシズムと闘う姿勢を如実に示しているといえよう。

日本のヘイトスピーチ解消法は、その正式名称が示すように、「本邦外出身者に対する不当な差別的言動の解消に向けた取組の推進」を目的とし、国および地方公共団体の責務ならびにそれらの実施する基本的施策を定めている（四条〜七条）。「不当な差別的言動は許されない」（前文）としつつも、禁止規定や罰則規定を置かず、「国民は、本邦外出身者に対する不当な差別的言動の解消の必要性に対する理解を深めるとともに、本邦外出身者に対する不当な差別的言動のない社会の実現に寄与するよう努めなければならない」（三条）という努力義務にとどめたのは、日本国憲法における表現の自由の保障に配慮したためだとされる。[35] だが、ヘイトスピーチの禁止が表現の自由の保障と原理的に相容れないとする見解については、国会でも異論が出たところである。ある議員が、ヘイトスピーチを罰しているドイツやフランスが表現の自由を侵害する国だとは思わないと発言しているが、[36] 筆者も同じ意見である。前述のようにフランスでは、表現の自由の重要性を承認することと、人種差別表現の処罰とは憲法上、両立しうるものとされており、この点は日本国憲法においても同様に解すべきではなかろうか。国等が行う人権教育や啓発活動などの取り組みは刑罰法規と比べると実効性に欠けるきらいがある。ヘイトスピーチ被害の実態調査を継続的に実施するとともに、調査結果を踏まえつつ、ヘイトスピーチの処罰の必要性について検討していくべきであろう。

（1）ホロコースト否定表現の規制について拙稿「フランスにおける人種差別的表現の法規制（4・完）」愛媛法学会雑誌第四三巻第一・二合併号（二〇一六年）四五頁以下を参照。

（2）本稿は拙稿「フランスにおける人種差別的表現の法規制（1）、（2）」愛媛法学会雑誌第四〇巻第一・二合併号（二〇一四年）三九頁以下、同第四〇巻第三・四合併号（二〇一四年）五三頁以下と重複する部分がある。

（3）同性愛嫌悪表現の規制について拙稿「フランスにおける同性愛嫌悪表現の法規制について」日本法学第八二巻第三号（二〇一六年）七三頁以下を参照。

（4）Conseil constitutionnel n°2009-580 DC du 10 juin 2009, cons. 15.

（5）Bernard Beignier et al (dir.), *Traité de droit de la presse et des médias*, Litec, 2009, pp. 107 et s.

（6）Bertrand de Lamy, "La Constitution et la liberté de la presse", *Les nouveaux cahiers du Conseil constitutionnel*, n°36, 2012, p. 23.

（7）Michel Troper, “La loi Gayssot et la Constitution”, *Annales, Histoire, Sciences Sociales*, 1999, p. 1241.

（8）後述のように、出版自由法の処罰規定は加害者の刑事責任だけでなく、民事責任の根拠規定でもある。

（9）Cf. Emmanuel Decaux（dir.）, *Le droit face au racisme*, Pédone, 1999, p. 54.

（10）Conseil constitutionnel n°94-343/344 DC du 27 juillet 1994, cons. 2.

（11）Cf. Nathalie Droin, *Les limitations à la liberté d'expression dans la loi sur la presse du 29 juillet 1881*, L.G.D.J., 2010, p. 246.

（12）Conseil d'État, ordonnance, 9 janvier 2014, n°374508, *Actualité juridique du droit administratif*, 2014, pp. 87 et s.

（13）Bertrand Seiller, “La censure a toujours tort（Victor Hugo）”, *Actualité juridique du droit administratif*, 2014, p. 129.

（14）拙稿（注2）では当時の司法大臣の名であるPlevenを「プレヴァン」と表記していたが、『小学館ロベール仏和大辞典』（小学館、一九八八年）にしたがい、「プレヴェン」に改める。

（15）Charles Korman, “Le délit de diffusion d'idées racistes”, *La semaine juridique*, n°50, I, 3404.

（16）林瑞枝「フランスの反人種差別法」法律時報五一巻二号（一九七九年）九一頁以下参照。

（17）*Journal officiel de la République française*, 8 juin 1972, *Débats parlementaires*, Assemblée nationale, p. 2280.

（18）*Ibid.*, p. 2281.

（19）Anne-Marie Le Pourhiet, “La liberté et la démocratie menacées”, Danièlle Corrignan-Carsin（dir.）, *La liberté de critique*, Litec, 2007, p. 113.

（20）Cour de cassation, chambre criminelle, 16 avril 2013, n°13-90008; Cour de cassation, chambre criminelle, 30 mars 2016, n°15-84511.

(21) 例えば、Cour de cassation, chambre criminelle, 20 juin2006, n°05-86690 を参照。

(22) Erik Bleich, "Deux poids, deux mesures?", *Esprit*, octobre 2015, pp. 34 et s.

(23) アルザス・モーゼル地方の刑法典に死文化した神冒瀆罪の規定があったが、廃止されている。

(24) Tribunal de grande instance, Paris, 17e ch., 22 mars 2007, *JCP*, G, 2007, II, 10079.

(25) Cf. Jacques de Saint-Victor, "Du blasphème dans la République", *Le débat*, n°185, 2015 p. 19.

(26) 例えば、上半身裸の若い女性が十字架に磔にされている映画ポスターの公道での掲示を、急速審理判事が「（信条に対する）明らかに違法な侵害」であることを理由に禁じている（Tribunal de grande instance, Paris, 23 octobre 1984, cité par Droin *supra* note 11, pp. 439.）。

(27) Cour de cassation, Assemblée plénière, 12 juillet 2000, n°98-10160 et 98-11155.

(28) Tribunal de grande instance, Paris, 17e ch., 22 octobre 2002, *Légipresse*, 2003, n°198, p. 12.

(29) 第三書館編集部編『イスラム・ヘイトか、風刺か』（第三書館、二〇一五年）七頁、一八頁、一九頁参照。

(30) Tribunal de grande instance, *supra* note 24.

(31) Cour d'appel de Paris, 11e ch., 12 mars 2008, cité par Camille Viennot, "Les croyances, symboles et rites religieux en droit de la presse: réflexions autour de l'absence d'incrimination de blasphème en droit français", *Archives de politique criminelle*, n°36, 2014, pp. 76 et s.

(32) Cour de cassation, chambre criminelle, 3 avril 2007, n°05-85885.

(33) Gwénaële Calvès, *Envoyer les racistes en prison?*, L.G.D.J., 2015, p. 88.

(34) Commission nationale consultative des droits de l'homme, *La lutte contre le racisme, l'antisémitisme et la xénophobe*, La documentation française, 2017, p. 250.

(35) 例えば、魚住裕一郎ほか監修『ヘイトスピーチ解消法　成立の経緯と基本的な考え方』（第一法規株式会社、二〇一六年）一六〇頁（西田昌司参議院議員の発言）。

(36) 同右、一六二頁（小川敏夫参議院議員の発言）。

「保護されない言論」と内容規制
――アメリカにおける両者の関係に関する覚書――

菅谷麻衣
（慶應義塾大学・院）

一　「保護されない言論」と内容規制の「関係」

アメリカ合衆国憲法修正一条で保障される、言論の自由に係る法理には、「中心的な役割（a central rule）」を担ってきたとされる「二つの二分法（two distinctions）」が存在する。(1)

第一の二分法は、修正一条によって「保護される言論」と「保護されない言論」を区分する「二層理論」である。(2) この二層理論の起源は、いわゆる「喧嘩言葉」の合憲性が争われた一九四二年のChaplinsky v. New Hampshire 事件連邦最高裁判決に求められる。(3) 同判決の傍論において、「下品かつわいせつな言葉、冒瀆的言葉、名誉毀損的言葉、侮辱的又は喧嘩言葉」は「いかなる憲法問題も提起しない」と判示されたので、(4) ここで列挙された言論類型は予め修正一条の保護範囲の外に置かれる、という解釈が成立したのである。となると、なぜこれらの言論類型だけ、修正一条の保護に関して特別な取り扱いがされるのかが問題となる。この問題に対し、Chaplinsky 判決は明確な解答を示していないものの、一定の手掛かりを残している。それが同判決で列挙される言論類型の性質について論じる以下の判示部分である。

「それらはまさに発話されることによって、害を負わせ、又は、即座に治安紊乱を引き起こす傾向にある。そのような発話がアイディアの表明にとって本質的な部分を成さず、真理への接近という社会的価値をほとんど有しないがゆえに、そこから得られるいかなる便益も秩序や道徳に関する社会的利益より明らかに劣位にたつ、と頻繁に捉えられてきた。(5)」

当該判示部分からは、Chaplinsky 判決の言論類型に対する特別な取り扱いの理由として、少なくとも二つの論拠を看取することができると思う。一つが言論類型の侵害的・治安侵犯的性格であり、もう一つが言論類型の低価値性である。アメリカ連邦最高裁はこの二つの論拠のうち、いずれが決定的な論拠となるのか、あるいは、両者の連関はどのようなものなのか、に関する明確な説明を行っていない。しかし、アメリカの学説は、主として低価値性をその論拠と捉えてきたため、(6)「保護されない言論」は時に「低価値言論（low value speech）」とも呼ばれてきた。(7) ただし、両者を互換的に用いない論者もいる。後述三（一）で言及する、一九八五年の American Booksellers v. Hudnut 事件連邦控訴審判決の執筆者である、イースターブルック（Frank H. Easterbrook）判事は、「保護されない言論」と「保護の程度が低い言論」を合わせて「低価値言論」として扱う（以下、本稿で「低価値言論」という場合、イースターブルック判事の理解のものを指す）。

これに対し、第二の二分法は「内容規制」と「内容中立規制」を区分し、各々に異なる審査基準を適用させる「内容規制／内容中立規制二分論」である。(8) この二分論には「分け方、分ける理由、適用される違憲審査の基準などについては、種々の意見がある」[9]とされるが、ここでは、アメリカの標準的な教科書の執筆者である、チェメリンスキー（Erwin Chemerinsky）による二分論の解説をみたい。

内容規制と内容中立規制を二分する場合、「内容」「中立性」という二つの構成要素のうち、いずれにウェイトを置いて概念画定を行うのかということがまず問題となり得るが、チェメリンスキーは「中立性」を重視する。すなわち、内容規制を観点規制（「メッセージが含む特定のイデオロギーに基づく規制」）あるいは主題規制（「言論のトピックに基づく規制」）から成るものとし、他方、内容中立規制を「観点中立的（viewpoint neutral）」かつ「主題中立的（subject neutral）」な規制であるとする。[10]かかる概念画定は、わが国の通説となっている二分論とは、若干懸隔があるように思われるが、[11]結局のところ、その違いは内容規制と内容中立規制を分ける論拠に依るものだと思われる。つまり、チェメリンスキーは、何よりもまず、政府の不適切な動機による特定のメッセージの排除、ひいてはあるトピックに関する思想統制を防止する必要があると捉えているため、政府に高度の中立性を要求し、より直接的に中立性を害す危険性の高い内容規制の点から概念画定を行うのである。[12]したがって、各々に対応する審査基準もこのような視点から決定されており、内容規制に対しては「厳格審査（strict scrutiny）」、内容中立規制に対しては「中間審査（intermediate scrutiny）」が適用されることになる。[13]

こうした二分論に照らした場合、先に紹介した「保護されない言論」は果たしてどこに位置付けられることになるのだろうか。というのも、「保護されない言論」はまさに「内容」に基づいて定義されているため、[14]通常であれば、保護されないどころか、内容規制（主題規制）に対する厳格審査が適用されると思われるからである。しかしながら、チェメリンスキーは、「保護されない言論」は内容規制に対して厳格審査が適用されるという「通常のルール（the usual rule）」の「例外（an exception）」であるので、厳格審査は適用されない、と述べるだけで[15]、この問題に深く立ち入らず、――なぜ、当該言論だけがそのような「例外」となるのかをほとんど説明しないまま――あっさりと片づけてしまう。こうしたチェメリンスキーの解説によれば、内容規制と「保護されない言論」の間には、いわば原則と例外の関係が存在する。

二 「関係」の変化？――R.A.V. 判決の登場

しかし仮に、チェメリンスキーのいうように、内容規制と「保護されない言論」の間にある種の原則・例外関係が存在したとしても、一九九二年の R.A.V. v. City of St. Paul 事件連邦最高裁判決[16]によって、かかる関係に変化が生じている可能性がある。というのも、同判決の法廷意見を執筆したスカリア（Antonin Scalia）判事は、内容規制可能な類型である「保護されない言論」の類型に該当するとされたある言論群のうちその一部だけを規制するのは内容差別、しかも観点差別に当たるとして、問題となった言論規制条例に対して違憲判断を下したからだ[17]。一で紹介したように、「保護されない言論」が内容規制の「例外」であるならば、当該言論に対する観点差別も許容されそうなものであるが、スカリア判事は規制条例を違憲と判断した。もっとも、こうしたスカリア判事の修正一条理論は、従来の判例理解との断絶があると主張される。例えば、チェメリンスキーは、長い間、政府には「保護されない言論」の類型に該当する言論を規制する広範な裁量があると考えられてきたため、従来の見解では、「合理性の基準（the rational basis test）」を満たす限り、当該言論に対する規制は合憲であるとされてきたが、R.A.V. 判決によって、かかる規制に対しても「厳格審査」が要求されるようになった、と両者の懸隔を指摘している[18]。

では、こうしたスカリア判事による判例伝統の変更は、内容規制と「保護されない言論」の「関係」に対して一体何をもたらしたのだろうか。

第一に、両者の間にあるとされる、先述の原則と例外の関係が打ち破られた可能性がある。というのも、R.A.V. 判決の登場によって、「例外」であるはずの「保護されない言論」の類型に該当する言論の規制に対しても、厳格審査が要求されることになったからである。

第二に、両者は初めから原則と例外という関係になかった可能性がある。例えば、ファーバー(Daniel A. Farber) は「保護されない言論」の類型の多くは厳格審査をショートカットして適用した結果を示したものとして理解できるとの見解を示しており[19]、かかる見解からみれば、元々、「保護されない言論」は内容規制の「例外」ではないことになる。

第三に、「保護されない言論」の類型に該当する規制の中でも観点差別 (viewpoint discrimination) に当たる場合は例外的に保護されるだけで、「保護されない言論」と内容規制の間にあるとされる原則と例外の関係自体は維持されたままである可能性がある。

以上三つの可能性のうち、「保護されない言論」と内容規制の「関係」を素描するものとして、いずれが正しいのであろうか[20]。

三　R.A.V. 判決の前哨戦

二で、一九九二年のR.A.V. 判決のスカリア法廷意見によって、「保護されない言論」と内容規制の「関係」に変化が生じた可能性があることを示唆したが、実は、同法廷意見以前にも、両者の「関係」に言及していたとされる司法判断がある。それが、ポルノ規制条例の合憲性が争われた、一九八五年の

Hudnut事件連邦控訴審判決[21]である。というのも、言論の自由の領域において、アメリカで最も著名な学者の一人であるストーン（Geoffrey R. Stone）が、同判決を「観点差別と低価値言論の関係」に関する「二つの新しく重要な見解（two novel and critical observations）[22]」が示された判決である、と評しているからだ。このストーンによる評価が正しいとすれば、R.A.V. 判決が《新しい》見解を提示する以前に、既に「保護されない言論」と内容規制論の「関係」の変化の兆候をこの控訴裁判所判決が示していた可能性がある。そこで、同判決の論旨とストーンの所説を検討したい。

（一）Hudnut事件連邦控訴審判決

Hudnut事件は、インディアナポリス市で成立したポルノ規制条例の合憲性が争われたものである。[23]同市は「女性の従属」「苦痛、屈辱を楽しむ性的対象物として描写されている」等の文言を用いて、ポルノを定義することにより、当該表現を修正一四条で禁止された差別行為として析出すると同時に、修正一条の「保護されない言論」の類型に新しく追加しようと試みたのである。

しかしながら、控訴審判決を執筆したイースターブルック（Frank H. Easterbrook）判事は、こうした定義上の工夫を観点に基づくものだと考えた。

①「女性を『従属させる』言論や、また例えば、女性を苦痛、屈辱、強姦を楽しむものとして描写する言論、あるいは単に女性を『隷属、服従、陳列された姿勢』で描写する言論でさえも、その作品を全体として見た場合の文学的・政治的価値がいかに高くとも規制される。他方で、女性を平等の姿勢で描写する言論は、その性的内容がいかに写実的であっても〔本件条例によれば〕合法である。これは思想統制である。それは女性についての『公認された』観点（"approved" view）、女性

が性的状況下でどう反応するかについての『公認された』観点、両性が互いにどう関係を築くかについての『公認された』観点を確立するものである。[24]」（〔〕内筆者）

こうした判断がなされた以上、条例の違憲性はほぼ確定され、最早これ以上の検討は不要だとも思われる。ところが、判決論旨の最終局面において、イースターブルック判事は、ポルノが「わいせつ表現」によく似た「低価値言論」に該当するのか否かの検討を行う。そこでは、以下の説示がなされている。

②「いくつかの判例では、憲法起草者の関心の中心にあった政治及びその他の主題こういったものから遠く離れた言論は、特別な規制（special regulation）に服するかもしれないと判断されてきた。しかしながら、これらの先例は観点を選別した法令を是認したものではない。Pacifica事件連邦最高裁判決において、連邦通信委員会は特定の時間帯に下品な言葉の放送を慎むことを求めた。これに対し、連邦最高裁は次のように判断した。すなわち、共和党のスカトロ表現を禁止する規制も、民主党のスカトロ表現を禁止する規制も、あるいは、他のどのような観点に立つ規制も是認することはできない、と。[25]」（強調筆者）

②の強調箇所の冒頭では、憲法起草者の関心の中心にある主題と関係の薄い言論が「特別な規制」に服す可能性が指摘されており、そうした言論類型の先例として、一九七八年のFCC v. Pacifica Foundation事件連邦最高裁判決[26]、一九七六年のYoung v. American Mini Theatres事件連邦最高裁

判決[27]、そして一で紹介したChaplinsky判決が引用されている。この三つの判例は、各々「下品な言葉」、「成人向け映画」、「喧嘩言葉」が争われたものであるが、連邦最高裁は、前二者につき修正一条による「保護の程度が低い言論」であると判断したのに対し、最後の「喧嘩言葉」のみを「保護されない言論」であると判断した。もっとも、イースターブルック判事は、こうした相違を無視して、この三つを「低価値言論（low value speech）[28]」と位置付けた上で、かかる言論類型は「特別な規制」に服する可能性が高いと指摘する。

しかしながら結局、彼は本件のポルノは低価値言論に該当しないと判断した。[29]先に引用した②の強調箇所の後半部分では、低価値言論の先例も「観点を選別した法令を是認したものではない」と述べられているため、低価値言論に該当する言論群に対しても観点差別までは許容されないとも思われるが、[30]本件のポルノは修正一条によって保護される言論であると判断されたため、本件の事案処理においてこの問題は判断されなかった。

以上の論旨を経て、条例は観点差別であることを理由に違憲であると判断された。

（二）ストーンの所説

ストーンがHudnut事件連邦控訴審判決で「二つの新しく重要な見解」が示されている、という指摘を行ったのは、彼が執筆した同判決の評釈においてであった（正確に言うと、R.A.V.判決が出た後に、改めてかかる控訴裁判所判決を評釈したものである）。では、この二つの見解とは一体どのようなものなのだろうか。

第一の見解は、「低価値言論の類型は禁止されるアイディア（idea）や観点といった面から特に定義されたことはないし、またこれからも定義されるべきでない[31]」という見解である。要するに、「低価値言論」の類型の定義を画定する際には、その定義が観点差別に該当しないよう定義の画定を行わねばならない、ということだと思われる。

これに対し、第二の見解は、「低価値言論の類型に該当する言論に対しても観点差別は推定的に違憲である」という見解である。[32] 第一の見解が新たに低価値言論の類型を定義する際に問題になるのに対し、この第二の見解は旧来の低価値言論の中にサブ・カテゴリーを認める際に問題となる。伝統的な判例法理において、わいせつ表現に対する規制は許容されてきたが、ストーンによると、こうしたわいせつ表現のうちその特殊な一部だけを規制することはできない。つまり、彼が例示したところによれば、政府は全てのわいせつ表現を規制することはできるが、特定の性行為を肯定的に描写したわいせつ表現だけを規制することはできないのだ。こうした問題は、一九八五年の Hudnut 事件連邦控訴審判決の後の一九九二年の R.A.V. 判決でまさに表面化されることになるのだが、ストーンによれば、既に一九八五年の時点で、かかる問題に対する司法判断が下されていたことになる。実際、ストーンは「イースターブルック判事による Hudnut 事件連邦控訴審判決以前には、誰もこの〔第二の見解に関わる問題〕点を指摘した者はいなかったが、七年後の R.A.V. 判決において、それは中心的な役割を担うことになった。[33]」（〔〕内筆者）とまでいってのけている。

とはいえ、Hudnut 事件連邦控訴審判決でかかる二つの見解が示された、というストーンの読解が正しいものなのか否かは確認を要する事柄である。この二つの見解が示されたとされるのは、先に三（一）で引用した判示内容②である。[34] しかし既に触れたように、同判決において、ポルノは修正一条によって保護される言論であると判断されており、当該表現に対して観点差別が許容されないのは当然である。つまり、本件の事案自体の処理からは、低価値言論の類型に該当する言論群に対しても観点差別が禁止されるのか否かはわからないのだ。ゆえに、ストーンの述べるように、判示内容②を二つの見解の論拠とできるのか否かは解釈に依る。

この点、本稿では紙幅の都合上、判示内容②に引用されていた三つの判決（Pacifica判決＝Young判決＝Chaplinsky判決）を分析する余裕がなかったが、これらの判決に低価値言論と観点差別の《新しい》交錯を示す伏線が潜在している可能性がある。したがって、かかる三つの判決を検討し、Hudnut事件連邦控訴審裁判決でイースターブルック判事が何を言わんとしていたのかを明らかにしなければ、判示内容②に対するストーンの解釈が正しいのか否かは正確にはわからない。

果たしてストーンが示唆するように、三つの判決、Hudnut事件連邦控訴審判決、そしてR.A.V.判決のライン上に低価値言論と観点差別の交差をめぐる一つの思考があるのだろうか。もっとも、ロバーツコートは「保護されない言論」の類型は伝統によって画定されると解しており、当該言論類型の新設をむやみに認めない(35)。この意味において、現在の連邦最高裁はChaplinsky判決で示された法理の枠を遵守しており、たとえR.A.V.判決で「保護されない言論」と内容規制の「関係」に関して従来の判例法理と異なる方向性が示されていたとしても、その流れが既に遮断されている可能性もある。

四　今後の課題

本稿で分析することができなかった三つの判決を分析し、ストーンの学説を詳細に検討することで、かかる三つの判決、Hudnut事件連邦控訴審裁判決、そしてR.A.V.判決に通底する思考を発見したい(36)。さらに、こうした思考がR.A.V.判決以降の連邦最高裁でどのように扱われているのかを検証し、そこから、「保護されない言論」と内容規制の現在の「関係」について示唆を得たい。

〔附記〕

① 本稿は、二〇一六年八月二三日の夏季合宿研究会での報告に基づくが、その際の会員諸氏からの質疑を踏まえて修正を施している。この場を借りて、厚くお礼を申し上げる。

② 紙幅の都合上、注における参考文献の表示は最小限にとどめた。

③ 本研究は平成二八年度慶應義塾大学博士課程学生研究支援プログラムの助成を受けている。

（1）GEOFFREY R. STONE ET AL., CONSTITUTIONAL LAW 1037（7th ed. 2013）.

（2）*See* ERWIN CHEMERINSKY, CONSTITUTIONAL LAW 1304（4th ed. 2013）.

（3）315 U.S. 568.

（4）*Id.* at 572.

（5）*Id.*

（6）E.g., STONE ET AL., *supra* note 1, at 1134.　かかる学説の理解に対して、忘れられたChaplinsky判決の有害性のレガシーを探求するものとして、菅谷麻衣「修正一条の空隙――アメリカにおけるわいせつ表現の規制根拠」陶久利彦編著『性風俗と法秩序』（尚学社、二〇一七）一五八頁以下。

（7）E.g., Cass R. Sunstein, *Low Value Speech Revisited*, 83 Nw. U. L. REV. 555, 555（1989）.

（8）STONE ET AL., *supra* note 1, at 1038.

（9）芦部信喜『憲法学Ⅲ 人権各論（一）〔増補版〕』（有斐閣、二〇〇八）四〇二頁。

（10）ERWIN CHEMERINSKY, CONSTITUTIONAL LAW: PRINCIPLES AND POLICIES 978（5th ed. 2015）.

（11）芦部・前掲注（9）四〇三、四三一頁。なお、わが国における二分論の議論状況について詳しくは、横大道聡「表現の自由に対する『規制』方法」阪口正二郎ほか編『なぜ表現の自由か』（法律文化社、二〇一七）四九頁以下。

（12）CHEMERINSKY, *supra* note 10 at 977-78.

（13）*Id.* at 977.

(14) 当該規制が「主題規制」なのか「観点規制」なのか議論の余地があるが、チェメリンスキーは「主題（subject）」であるという（*id*. at 1037）。

(15) *Id*.

(16) 505 U.S. 377.

(17) See *id* at 391. かかるスカリア法廷意見を分析した近時の邦語文献として、駒村圭吾「Mode of Speech――R. A. V. v. City of St. Paul 事件判決におけるスカリア法廷意見の可能性」小谷順子ほか編著『現代アメリカの司法と憲法』（尚学社、二〇一三）二二頁以下、金原宏明「過小包摂な規制と厳格審査の基準の下での目的審査のあり方について――ＥＭＡ事件判決におけるスカリア裁判官法廷意見を素材として」関西大学法学論集六五巻三号（二〇一五）一九三～二〇三頁等。

(18) CHEMERINSKY, *supra* note 10, at 1037.

(19) DANIEL A. FARBER, THE FIRST AMENDMENT 179（4th ed. 2014）.

(20) なお、わが国における両者の「関係」を整理するものとして、志田陽子「表現内容に基づく規制――わいせつ表現・差別表現を中心に」阪口ほか編・前掲注（11）六四頁以下。

(21) 771 F.2d 323.

(22) Geoffrey R. Stone, Comments, *American Booksellers Association v Hudnut: The Government Must Leave to the People the Evaluation of Ideas*, 77 U. CHI. L. REV. 1219, 1232（2010）.

(23) 同事件をめぐっては、三つの司法判断が下されている（598 F. Supp. 1316（S.D. Ind. 1984）; 771 F. 2d 323（7th Cir. 1985）; 475 U.S. 1001（1986））。連邦最高裁は理由を付さずに控訴審判決を是認したので、実質的にはこの控訴審判決が最終的な司法判断である。なお、Hudnut 事件をめぐる司法判断に関しては、菅谷麻衣「言語と行為の臨界――米国におけるポルノグラフィー規制条例違憲論の帰趨」法学政治学論究一〇三号（二〇一四）六九頁以下。

(24) *Hudnut*, 771 F.2d at 328.

(25) *Id*. at 331.

(26) 438 U.S. 726.
(27) 427 U.S. 50.
(28) *Hudnut*, 771 F. 2d at 331.
(29) ポルノは人々の社会的関係（とりわけ男女関係）や社会全体に壮大な規模で影響を与えるものであることを理由にその低価値性が認められなかった（*id.*）。
(30) ストーンはまさにこの判示内容②から、低価値言論に対しても観点差別は禁じられる、という見解を看取した（詳しくは後述の（二））。
(31) Stone, *supra* note 22, at 1232.
(32) *Id.*
(33) *Id.*
(34) *Id.* at 1232 n.78, 79.
(35) ロバーツコートのカテゴリカルアプローチに関して詳しくは、大林啓吾「表現の自由――修正一条絶対主義？」大林啓吾・溜箭将之編『ロバーツコートの立憲主義』（成文堂、二〇一七）一九一頁以下。
(36) ストーンは、ストーン、イースターブルック判事、そしてスカリア判事がシカゴ・ロー・スクールの同僚として公式・非公式に観点差別に関する議論を交わしていたと回想しており、三者の間に共通の想念があることを示唆している（Stone, *supra* note 22, at 1234-35, 1237）。

同性婚をめぐる合衆国最高裁の「論理」的展開
――Lawrence, Windsor, Obergefell 判決――

上田宏和
（創価大学）

はじめに

アメリカにおいて婚姻とは、社会通念上、男女間の異性婚を意味すると認識されてきた。しかし、二〇一五年、Obergefell v. Hodges[1] において全ての州で同性婚を容認する判決が下された。アメリカ合衆国最高裁判所は、いかなる論理で同性婚を憲法上認めたのか。その手がかりとなるのが、Lawrence v. Texas[2]、United States v. Windsor[3]、*Obergefell* 判決の三つの判決である。いずれも法廷意見はケネディ裁判官執筆であるため、これらは同性愛に関する「ケネディ裁判官の三部作」[4] といわれる。しかし、各判決に通底する特徴が不明瞭な印象もある。本稿では各判決の「論理」を構造的に比較することで通底する特徴を浮揚させたい。

一　同性愛に関する判例の展開

Lawrence 判決は、ソドミー禁止法を違憲にしたと同時に、先例の Bowers v. Hardwick[5] を覆す判決

でもあった。ソドミー禁止法は合衆国憲法第一四修正のデュー・プロセス条項で各人に保障される人格的関係性（personal relationship）に関わる選択の自由を規制しているため違憲であり[6]、これを合憲とする *Bowers* 判決も変更された。*Lawrence* 判決によって同性婚が容認されたわけでないが、その追い風となったことは否定できない。事実、同判決後の二〇〇四年にマサチューセッツ州最高裁判所は同性婚禁止法を違憲としている。

しかし、アメリカには、婚姻を異性婚に限定する婚姻防衛法[7]（Defense of Marriage Act, DOMA）という連邦法があった。これはDOMAを変更しない限り、アメリカで同性婚は認められないことを意味していた。これを違憲としたのが *Windsor* 判決である。

Windsor 判決では、建国以来、州が婚姻に関する権限を有していたことに言及した上で、婚姻とは州でも干渉できない私的で合意に基づく人格的な絆（personal bond）に尊厳性と法的地位を付与するものと捉える。そして、DOMAは、同性婚を認める州の権限とこれを望むカップルの自由を制限する目的を有し、第二級の婚姻として同性婚を扱い、彼らに対する差別を生み出す効果があるとして、合衆国憲法第五修正のデュー・プロセス条項違反とした。

Windsor 判決によって同性婚は一定の憲法上の保護を獲得する。ただし、その範囲は同性婚を容認する州内に限定されており、同性婚を禁止している州では容認されるかが不明確であった。同性婚が全米で容認されたのが *Obergefell* 判決である。

Obergefell 判決では、これまでの婚姻に関する議論を検討し、婚姻が基本的権利として憲法上保護されうる四つの原則を導出した。すなわち、①婚姻の選択が個人の自律にかかわる、②二人の結合に婚姻という尊厳性を付与する、③婚姻の権利に基づく関係性が子どもと家族にとっての利益を保護する、④

婚姻が社会秩序の安定の要であることである。そして、これらの適用には同性カップルと異性カップルの違いはないとして、同性カップルにも婚姻の権利が付与される。さらに、婚姻に関する先例を参照し、同性婚禁止法は同性カップルにスティグマを課しており、平等保護の観点からも正当性は認められない。それゆえ、同性婚を禁止する州法は第一四修正のデュー・プロセス条項違反とされた。

以上、*Obergefell* 判決までの展開を概観した。三つの判決は、当該規制立法をデュー・プロセス条項を根拠に違憲とした共通性が指摘できうるが、これらに通底する特徴が不明確なように思える。確かに、アメリカの司法審査は、日本と同様に付随的違憲審査制である以上、当該事件の利益保護の是非に注力すればよいから、一連の判例の理論的統一性をそれほど意識されなかったのかもしれない。しかし、判例法主義の色彩が濃いアメリカは各判例の連続性を特徴としている。そこで、各判決の論理を比較することで、同性婚理論の統一的特徴の抽出を試みたい。

二　同性婚容認の萌芽――*Lawrence* 判決と *Windsor* 判決の比較

（一）人格的関係性の概念と婚姻

Lawrence 判決と *Windsor* 判決の共通点として、当該自由の利益を第一四修正のデュー・プロセス条項で保障される人格的関係性に関わる自由として扱ったことが指摘できる。人格的関係性とは、家庭内や私的生活内で自由人としての尊厳性を維持するために必要な他者との関係性であり、人格的な絆とも換言される。(8) *Lawrence* 判決では、性にかかわる他者との親密な行為はかかる関係性の一要素とされ、同性愛者でも認められると理解された。その背景には、先例の *Bowers* 判決に対する反省が考えられる。*Bowers* 判決ではソドミー行為の基本的権利性を争点としたがゆえに、ソドミー行為の歴史的正当性

と当時の州民の道徳感情を考慮してソドミー禁止法を合憲とした。[9] この点につき、*Lawrence* 判決は「*Bowers* 判決をある性行為をする権利の問題として捉えてしまうならば、先例によって保障される個人の人格の尊厳性が損なわれる[10]」と指摘した。確かに、同性愛の象徴ともいえる性行為に刑事罰を科すことは、実質的に同性愛者を犯罪者として扱うことを意味する。それゆえ、*Lawrence* 判決では、特定の性行為に関する基本的権利の問題ではなく、かかる行為をなす前提となる他者との人格的関係性の自由の問題として捉えたのだと思われる。

ただ、*Lawrence* 判決には、人格的関係性と同性愛行為や同性婚などの個別的内容との関連性が不明確だったことが指摘でききうる。しかし、この点につき、*Windsor* 判決によって人格的関係性の概念がより明確になったと評価する見解がある。アンソニー・オラーク（Anthony O'Rourke）によれば、*Windsor* 判決の婚姻の捉え方は、婚姻関係も人格的関係性に含まれることを明らかにしているのだという。[11] 彼の見解に依拠すれば、婚姻とは州でも干渉できない人格的関係性を前提とするものであり、婚姻に関する州の権限はその関係性を婚姻関係として承認し、保護することを意味する。

もっとも、婚姻の定義を州の独占的な権限であるならば、それは同性婚を禁止することも州の権限として許容されることを意味する。それゆえ、*Windsor* 判決は、人格的関係性の一要素として婚姻を捉えることで、ＤＯＭＡの合憲性判断の射程を同性婚容認の州内に限定し、その州内の同性カップルの自由と平等の問題としたのだと思われる。つまり、*Windsor* 判決の婚姻の捉え方には、同性婚を認める州の権限と州内の同性カップルの自由と平等を保護し、一方で同性婚を禁止する州の権限を保護する意図があったのではないか。このことは、判決の射程が合法化された婚姻に限定されていたことからも根拠づけられよう。

（二）公権力による制約の正当性の是非

第二の共通点は公権力による制約の正当性に注目したことである。従来、憲法に明示されていない自由を保護する際、主に実体的デュー・プロセスが適用されてきた。実体的デュー・プロセスとは、デュー・プロセス条項の「自由」の文言を根拠に、憲法に明示されていない自由を実体的な「基本的権利」として保護する理論である。その際、かかる自由が①アメリカの歴史と伝統、②秩序ある自由の観念と整合的であるのが求められた。つまり、実体的デュー・プロセスとは、特定の行為の自由を個別的な権利として命名して保護する、云わば「『自由の命名』ゲーム（"name that liberty" game）」[12]だったといえる。

学説では、*Lawrence* 判決を契機に、実体的デュー・プロセスが変化したといわれる[13]。その所以は、ソドミー禁止法の合憲性を判断するにあたり、自由の利益自体の基本的権利性の画定ではなく、これを制約する公権力の正当性に着目したことにある。とはいえ、*Lawrence* 判決では、基本的権利の承認要件を無視したわけではなく、かかる要件の観点からソドミー禁止法の合憲性が判断されていたようにみえる。同性愛行為がソドミー行為として処罰の対象となったのは一九七〇年代以降であるためソドミー禁止法の歴史的正当性はなく、また、同性愛に対して寛容になりつつある国内外の社会意識の変化と既に判例で同性愛者の自由と平等が容認されているため社会秩序とも適合しないと判断しているのである[14]。

他方、*Windsor* 判決でも、ＤＯＭＡが歴史的正当性や社会秩序との適合性を有するかの観点を見出すこともできうる。すなわち、建国以来、婚姻に関する権限を州に委ねられていることは、連邦法で婚姻を定義するＤＯＭＡの歴史的正当性を否定するものと理解できる[15]。また、判決時に一二州とコロンビア特別区で同性婚を容認されていたにもかかわらず[16]、ＤＯＭＡは、州による同性婚容認の流れを抑制する目的を有し、同性婚を第二級の婚姻として扱い、連邦下で同性カップルは既婚者としての種々の権利と法的地位が剝奪され、その差別の影響は彼らの子どもたちにまで波及する結果を生んでいる。[17] それゆえ、DOMAは、同性愛者差別を助長し、社会秩序とも適合的でないという結論になるのである。

このように Lawrence 判決で用いられたアプローチでもDOMAは違憲であるとの説明は成り立ちうる。もっとも、学説では、まず実体的デュー・プロセスを適用して連邦に婚姻の定義をする権限がないことを証明した上で、DOMAに平等保護原則を適用したと捉える見解がある。[18] この点については、婚姻の定義を州の権限として証明するか、連邦の権限ではないことを証明するかの視点の違いであると考える。そして、同性婚容認する州内で平等保護原則を適用したとする点も、結局のところDOMAは社会的秩序に適合しないとする帰結は一緒である。いずれにせよ、実体的デュー・プロセス、平等保護原則単独では、DOMAを違憲にできなかったということになろう。この意味で、*Windsor* 判決は、*Lawrence* 判決と同じ判断枠組みに位置づけられるように思われる。

三　同性婚の権利≠同性カップルの婚姻の権利―*Windsor* 判決と *Obergefell* 判決の比較

（一）州の権限と同性カップルの婚姻の権利

Windsor 判決の論理に基づくならば、同性婚問題とは各州が認める婚姻形態、婚姻制度自体の問題ということになろう。しかし、アメリカにおいて婚姻の権利は既に判例によって基本的権利として確立している。同性婚を禁止する州において同性カップルの婚姻の権利は認められないのか。この疑問への合衆国最高裁の応答が *Obergefell* 判決である。ただし、同判決において同性婚は、「同性婚の権利」ではなく、同性カップルの「婚姻の権利」として保護された。この理由として次の二つが指摘できよう。

第一に、アメリカでは婚姻を伝統的に異性婚と解していたので、同性婚の権利は基本的権利の要件の歴史的正当性に適合しなかったことである。それゆえ、*Obergefell* 判決では、婚姻が基本的権利たりうる四つの原則を明確にすると共に、如何なる婚姻形態も婚姻の権利として扱ってきたことに注目し、同性婚も婚姻の権利の一環として保護したのである。

第二に、同性婚容認で将来生じうる問題を回避するためである。婚姻の定義は州の権限との関係で *Windsor* 判決の論理に従えば、州が容認さえすれば、一夫多妻のような複数の人間関係であっても婚姻関係として成立しうる可能性が生じる[19]。そこで *Obergefell* 判決では、二人の結合をサポートすることを婚姻が基本的権利とされる原則の一つに付言することで、将来予想される重婚問題に対して予防線を張ったのだと考えられる。

(二) 同性婚に対する従来の憲法理論の限界

一方で、両判決の共通性として、当該規制立法の合憲性をデュー・プロセス条項と平等保護原則の双方の観点の検討が挙げられる。これには実体的デュー・プロセスもしくは平等保護原則単独では当該規制立法を違憲にできなかった事情があったからだと思われる。

そもそも、実体的デュー・プロセスは過去志向的に黙示の基本的権利を見出す特徴がある。アメリカの婚姻は伝統的に異性婚である以上、同性婚を規制する法律に実体的デュー・プロセスを適用しても合憲となりうる可能性は否定できない。仮に合憲となってしまえば、*Windsor* 判決では連邦下で同性カップルの婚姻の尊厳性が侵害され、*Obergefell* 判決でも同性カップルの婚姻の権利が侵害されたままとなってしまうおそれが生じる。

他方、平等保護原則ではどうか。*Windsor* 判決の場合、平等保護原則の観点からＤＯＭＡの目的と効果の検討を行ったが、結果としてＤＯＭＡを第五修正のデュー・プロセス条項違反としている。これは、婚姻の定義を州の権限と捉えたことが平等保護原則を適用できなかった理由だとして考えられうる。つまり、婚姻の平等性という観点からＤＯＭＡを平等保護違反にしまうと、同性婚を未だ禁止する州の権限が侵害される結果となる。それゆえ、*Windsor* 判決では「第五修正のデュー・プロセス条項で保障される自由には、法の下の平等を侵害すること禁止も含まれている」(20)と解し、ＤＯＭＡを第五修正違反としたのだと思われる。

Obergefell 判決の場合も、同性愛者に対するスティグマを理由に同性婚禁止法を平等保護条項違反とすることも可能だったはずである。しかし、既に *Windsor* 判決で婚姻の定義は州の立法裁量と明言されていたため、平等保護条項を根拠としても、同性婚を禁止する州の権限と抵触するおそれがある。それゆえ、婚姻の権利の問題として同性婚を扱い、第一四修正のデュー・プロセス条項を根拠としたのだと思われる。

このように、両判決が自由と平等の双方の観点から当該規制立法を検討した背景には、従来の憲法理論の限界が指摘できそうである。ただ、*Windsor* 判決のＤＯＭＡ違憲の意図が州の権限の尊重であったのに対して、*Obegefell* 判決が同性婚を婚姻の権利として保護した真意が釈然としない。そこで、自由と平等の双方の観点からソドミー禁止法を違憲とした *Lawrence* 判決の論理と比較することで、*Obergefell* 判決の意図を探ってみたい。

四　自由と平等の相乗効果—*Lawrence* 判決と *Obergefell* 判決の比較

（一）自由と平等の連関性

前述したように、*Laurence* 判決では、問題となった自由の基本的権利の画定を争点とせず、人格的関係性の選択の自由の問題として扱った。この点について、パメラ S. カーラン（Pamela S. Karlan）は、ソドミー禁止法の真の問題とは公的・私的な領域の双方で同性愛者を差別し、彼らの生き方は尊敬に値しないと示唆していることだという。(21) 確かに、*Laurence* 判決は、ソドミー禁止法は「同性愛者たちの存在や彼らの運命を制限する」(22) とあるように、当該利益を同性愛者の生き方に関わるものと捉えていた。

ただし、*Bowers* 判決のソドミー禁止法の射程が全ての者のソドミー行為であったのに対して *Laurence* 判決のそれは同性間のソドミー行為のみを禁止していた。この点で、*Laurence* 判決では同性愛者差別を理由にテキサス州のソドミー禁止法を平等保護条項違反にできたはずである。しかし、それでは性中立的なソドミー禁止法を合憲とした *Bowers* 判決は維持されることになる。このことは同性愛者が犯罪者のまま扱われることを意味しており、彼らへの差別の根本解決とならない。それゆえ、同性愛者の実質的平等を確保するためには先例である *Bowers* 判決を覆す必要があったのである。

Laurence 判決が、当該利益の基本的権利性を争点とせずに自由と平等の双方の観点から検討したのには、同性愛者の性行為の自由だけでなく彼らの社会的平等も考慮し、これにより「同性愛者」としての生き方、尊厳を保護しようとする意図が看取できうる。学説では、この *Laurence* 判決の論理をデュー・プロセスに関する「学説上の革新(23)」と評価している。

他方、*Obergefell* 判決でも、自由と平等を相乗的に取り扱っているが、同性婚を婚姻の権利の問題にひきつけて保護した。この理由について、次の二つの観点が指摘できる。

第一に人格的関係性と州の権限との関係である。*Windsor* 判決では、州によっても干渉されない人格的関係性が憲法上の概念として存在し、そうした関係性を婚姻関係として承認の可否を判断することが州の権限と捉えていた。この *Windsor* 判決に基づくならば、同性婚問題に対して、人格的関係性の選択の自由として一般化して保護した *Lawrence* 判決の論理を適用することは困難だったのである。

第二に「同性婚の権利」への限界である。実体的デュー・プロセスには民主的決定によって選出されていない裁判官による権利創造との批判が伴っている。もし同性婚を婚姻の権利とは別に「同性婚の権利」として保護しようと試みれば、そうした批判を受けることは免れないだろう。それゆえ、合衆国最高裁は同性婚を既に憲法上の権利として認められている「婚姻の権利」の中に同性婚を包含させることで州の決定よりも優先される基本的権利の問題として扱ったのである。

このように *Obergefell* 判決では、同性婚を婚姻の権利の問題として扱うことで、一方で *Windsor* 判決において提示された州の権限や実体的デュー・プロセス適用による裁判官の主観的権利創造との批判を回避し、他方で同性愛者の婚姻の自由だけでなく、同性カップルやその家族の実質的平等を保護し、*Lawrence* 判決でも保護された同性愛者である個人の尊厳性を保護したのであろう。

(二) 歴史と伝統の使い方

しかし、両判決は「歴史と伝統」の用い方が異なるように思える。*Lawrence* 判決では、ソドミー禁止法による規制が歴史的正当性を有するかに着目した。この場合の「歴史と伝統」の用い方は、当該規制立法の歴史的正当性がないことを立証することで、自由の利益の正当性を証明するものである。他方、*Obergefell* 判決では、婚姻の権利の歴史的正当性に着目して同性婚を保護した。この「歴史と伝統」の用い方は、従来のように当該利益自体の正当性を証明するものである。

何故、*Obergefell* 判決は婚姻の権利の歴史的正当性に着目して同性婚を保護したのか。仮に同性婚を憲法上保護しなければ、同性婚を認める州と認めない州が存在し、同性婚は第二級の婚姻として扱われ、同性カップルだけでなくその子どもや家族にまで差別が及ぶ虞があるからである。それゆえ、*Obergefell* 判決では、同性婚を容認するために婚姻の権利の「歴史と伝統」を未来志向的に用いることで、同性婚も婚姻の権利の一部として包括的に保護し、これによって同性愛者として生きる人々の尊厳性を保護しようとしたのではないか。この意味で、*Obergefell* 判決の「歴史と伝統」の用い方は、過去志向的な「デュー・プロセスの法理から歴史の鎖を断ち切った」[24]とみる *Lawrence* 判決のそれとも整合的だといえよう。

おわりに

三つの判決の理論的枠組みは、一見すると異なっているようにも見えるが、「自由」と「平等」を重畳的に取り扱うことで、個々の判決の利益を保護したという共通性を見出すことができる。さらに三つの判決には、そうした個別的内容を超えて、同性愛者である彼らの尊厳性を保護することが通底の特徴として見出させる。これは、合衆国最高裁がデュー・プロセス条項による「自由」の概念や平等保護条項による「平等」の概念の本質的な拠り所を「尊厳性（dignity）」の概念に求めようとする示唆なのだろうか。もっとも、*Obergefell* 判決で「法の下における平等の尊厳性（equality dignity）」[25]という表現で尊厳性について若干ふれているが、明確な定義づけをしていたわけではない。合衆国最高裁の考える尊厳性の保護とはどのようなことを意味するのか。この点は今後の課題としたい。

（1）135 S.Ct. 2584 (2015). *Obergefell* 判決の主要文献は、拙稿「*Obergefell* 判決における同性婚と婚姻の権利」創

価法学第四六巻一号（二〇一六年）一頁脚注一参照。

（2）539 U.S. 558（2003）. *Lawrence* 判決の主要文献は、拙稿「*Windsor* 判決からみる憲法理論の新展開」創価法学第四四巻三号（二〇一五年）三頁脚注六参照。

（3）133 S.Ct. 2675（2013）. *Windsor* 判決の主要文献は、拙稿・同一頁脚注一参照。

（4）Laurence H. Tribe, *Equal Dignity: Speaking Its Name*, 129 HARV. L. REV. F. 16, 22（2015）.

（5）478 U.S. 186（1986）.

（6）539 U.S. at 567.

（7）Defense of Marriage Act, Pub. L. No. 104-199, 110 Stat. 2419（1996）.

（8）539 U.S. at 567.

（9）478 U.S. at 190-94.

（10）539 U.S. at 567.

（11）Anthony O'Rourke, Windsor *beyond Marriage: Due process, Equality & Undocumented Immigration*, 55 WM & MARY L. REV. 2171, 2184（2013）.

（12）Laurence H. Tribe, *Lawrence v. Texas: The "Fundamental Right" That Dare Not Speak Its Name*, 117 HARV L. REV 1893, 1936（2004）.

（13）*See, e.g.*, *Id.* at 1899; Randy E. Barnett, *Justice Kennedy, s Libertarian Revolution*: Lawrence v. Texas, 2003 CATO SUP. CT. REV. 21, 35（2003）; Kenji Yoshino, *The New Equal Protection*, 124 HARV. L. REV. 747, 780（2011）; Daniel J. Crooks Ⅲ, *Toward Liberty: How the Marriage of Substantive Due Process and Equal Protection in Lawrence and Windsor Sets the Stage for the Inevitable Loving of Our Time*, 8 CHARLESTON L. REV. 223, 251（2014）.

（14）539 U.S. at 570-75.

（15）133 S.Ct. at 2690-91

（16）*Id.* at 2689.

（17）*Id.* at 2694.

（18）O'Rourke, *supra* note 11 at 2187-88.

（19）*See.*, Casey E. Faucon, *Polygamy After Windsor: What, s Religion Got to Do with It?*, 9 HARV. L. & POL'Y REV. 471（2015）.

（20）133 S.Ct. at 2695.

（21）Pamela S. Karlan, *Loving Lawrence*, 102 MICH. L. REV. 1447, 1453（2004）.

（22）539 U.S. at 525.

（23）Tribe, *supra* note 12 at 1934.

（24）Yoshino, *supra* note 13 at 780.

（25）135 S.Ct. 2608.

「患者の自己決定権」の憲法上の定位について
――韓国における患者の自己決定権に関する議論を参考に――

牧野力也
（筑波大学・院）

はじめに

本稿では、「患者の自己決定権」を憲法上の権利として位置づけることの意義を考察する。最初に、本稿での議論の前提として、いくつか留意しておきたい。

第一に、「患者」の自己決定権という限定の仕方である。通常、憲法学において「自己決定権」とは、「個人が一定の重要な私的事柄に関して、公権力から干渉されることなく自ら決定する権利」を意味する(1)。このような憲法上の「自己決定権」については、その権利性や規範内容をめぐってこれまで多くの論争が展開されてきた。それらの論争に対して「自己決定権」全般を論じ、応答できるほど筆者の学問的蓄積は多くない。しかし、「患者」という主体が関わる医療の領域で、具体的に現れる医療上の問題を素材として論ずるのであれば、「患者の自己決定権」という限られた範囲において、これを憲法上の権利として位置づけることの意義を主張することは可能であると考える(2)(3)。

第二に、本稿は、韓国における「尊厳死（延命治療の中断）」をめぐる議論を素材とする。韓国では、憲法は「尊厳と価値の実現及び保障の体系」と把握されており、憲法十条に規定された「人間の尊厳と価値、幸福追求」権を根拠とする「自己決定権」の規範内容について、判例、学説で豊富な議論が展開されている(4)。とりわけ、近年では「延命治療の中断」を一つのきっかけとして患者の自己決定権をめぐる議論が活発化しており、こうした議論の集大成として二〇一六年には「尊厳死法」が制定されることとなった。本稿では、「尊厳死」問題をめぐって韓国の判例や学説がどのように患者の自己決定権を位置付け、いかなる論理を展開しているのかを分析することで、「尊厳死」という共通の課題を通して、日本の憲法学における「患者の自己決定権」の位置付けに関する示唆を得たい。

以下では、まず日本の判例・学説の整理を通じて「患者の自己決定権」の位置付けを探り、課題について言及する(一)。そのうえで、韓国で患者の自己決定権がどのような位置づけを与えられ、いかなる権利解釈がなされているかを分析していく(二)。

一 権利としての「患者の自己決定権」

(一) 判例における「患者の自己決定権」

インフォームド・コンセントの法理が日本に紹介されて以来(唄孝一、一九六五年)、患者の意思の尊重という理念は、医師に対する「説明義務」の根拠として、医療の現場だけでなく、判例法の領域でも定着したといえる(5)。しかしながら、判例の蓄積によって「説明義務」の規範内容が明確化されつつあることとは対照的に、その前提となる「患者の自己決定権」ないし「患者の意思の尊重」という概念の法的位置付けについて、判例の態度は定まっていないように思われる。

下級審では、近時「患者の自己決定権」という概念を用いることがある。例えば、医師には患者に合併症の可能性を説明すべき義務があるが、あらゆる可能性を説明すべき義務まではないとした最近の事例では、「医療行為は、患者の自己決定権に基づき、原則として患者の同意の下に行われるべきものであり、それゆえ、医師は、…合併症等の治療に付随する危険性について説明すべき義務がある」と述べる。(6) このように、医師の説明義務を、「患者の自己決定権」を保障するための制度として理解する下級審判決は以前から存在しており、医療の場において「自己決定権」の概念が定着してきた」という評価は比較的早い時期からなされている。(7) もっとも、ここで用いられている「自己決定権」がいかなるものか、憲法上の自己決定権とどのような関係にあるかについては、判例上明らかになっているわけではない。別の事例で、(8)「そのような説明および意思確認を受けることに係る患者の地位ないし利益も、これを自己決定権と称するかは別として、患者の有する人格的利益の一内容として、法律上保護に値するというべきである」とされていることからも分かるように、「説明義務」の根拠に関しては、下級審全体が未だ手探りの状態にある。

最高裁は、「患者の自己決定権」という用語を用いることの多い下級審とは対照的に、「自己決定権」や「自己決定」といった用語の使用に抑制的である。ただ、乳がんの手術に際し、乳房の切除を実施するかどうかが「患者自身の生き方や人生の根幹に関係する生活の質にもかかわる」とした事例(9)のように、最高裁が、あたかも患者のライフスタイルに関する自己決定に配慮をしているかのように見える判例も散見される。このような判断の実質的内容に即して言うならば、最高裁が「患者の自己決定権の確立に大きな貢献をしている」(10) と評価することも可能であろう。しかしながら、大動脈弁置換術を受けた後に死亡した患者の家族による損害賠償請求事件(11)では、最高裁は、患者や家族に対して手術内容や危険性について説明する義務を「条理上」のものとしており、憲法上の「自己決定権」論から距離を取ろうとしているようにも思われる。

（二）憲法学上の「患者の自己決定権」

憲法学では、「自己決定権」の権利内容として「自己の生命・身体の処分にかかわる事柄」を挙げることが多い[12]。そして、「自己の生命・身体の処分」に関しては、通常、治療拒否（輸血拒否）・安楽死・自殺が議論の対象となってきた。しかし、これらの議論の多くは、憲法上の自己決定権論の延長線上においてなされてきた議論であって、筆者の知る限り医療上の患者の自己決定の特性に配慮をしたり、あるいは判例における「患者の自己決定権」との接続を意識したりする議論は多くない[13][14]。

一方、憲法と医事法という二つの視点から「患者の自己決定権」の法的位置付けを論ずる樋口範雄、高井裕之の両者は、「患者の自己決定権」を憲法上の権利として位置づけることに否定的である[15]。両者とも、日本の医療の現状が、いわば「柔らかなパターナリズム[16]」に基づく特性を持っていることに留意しつつ、診療契約上の医師患者関係に憲法上の権利概念を持ち込むことに懐疑的である。また、アメリカの判例理論を参照し、「患者の自己決定権」が当初コモンロー上の権利として定着してきたことを踏まえて、日本では「患者の自己決定権」を私法上の権利としてひとまず位置づけることを提案する。

（三）「死につながる自己決定」の問題

このように、判例と学説を概観することで見えてくるのは、未だ明確な法的位置づけを与えられることなく、あるいは権利概念としての成熟を待つところの「患者の自己決定権」の位相である。

判例において、「患者の自己決定権」が定位を獲得できていない理由はいくつか想定しうる。まず、そもそも自己決定権概念自体が不明確で、現在でも議論の途上にあるという点が挙げられる[17]。また、判例で用いられる「患者の自己決定権」は、医師の説明義務の範囲を明確にするために用いられてきた概念であって、必ずしも患者による医療行為決定過程への関与を保障するために現れてきたわけではないということも指摘できよう[18]。しかし、最も大きな理由は、医療における患者の自己決定が「死につながる自己決定」としてなされる場合に見出されるように思われる。例えば、治療中断に関する患者の権利を承認し、それを根拠に延命治療の中断を正当化するとしても、終末期医療の過程では患者の自己決定自体が成立しない場面が多く存在する。その時は「事前の意思」や「第三者の意思」を「延命治療中断時の本人の自己決定」として擬制することになるが、いずれにしても「自己決定」で正当化しにくい状況が生まれることになる[19]。

学説でも、患者の治療拒否権が「自己決定権」として承認されることになれば、それが「延命治療拒否権」に発展し、究極的には「自殺の権利」につながることへの懸念は広く共有されているといえる[20]。そして、通常、憲法学では「自殺の権利」は許容されえないものと解される[21]。生命に関わる自己決定権が「最も困難」な問題[22]とされる所以である。

しかし、筆者が「患者の自己決定権」の憲法上の定位を明確にしたいと考える理由もまたこの点にある。立法で「尊厳死」を許容することは、実質的に「死につながる自己決定」を承認することに他ならない。憲法解釈上困難とされてきた「死につながる自己決定」が、立法次第で許容されるということは、「これまでの学説の理論的努力をまったく考慮[23]しない結果といえる。「尊厳死」の法制化に先立ち、少なくとも日本の憲法解釈論上、いかなる論理で「患者の自己決定権」が「尊厳死」を正当化するのかを明らかにする必要があろう。こうした問いへの示唆を得るために、以下では、韓国で、延命治療の中断に関する「患者の自己決定権」が、いかなる論理の下で説明されているのかを分析していく。

二　韓国における延命治療中断に関する自己決定権

二〇〇九年、韓国の大法院（日本の最高裁判所に相当）と憲法裁判所は、ともに初めて延命治療中断に関する患者の自己決定権について、憲法上の根拠に言及する判決を行った。以下では、それぞれの判例における「延命治療中断に関する患者の自己決定権」の構造を概観する。

（一）大法院判決[24]における「延命治療中断に関する自己決定権」

本件は、持続的植物状態（persistent vegetative state）にあった患者の家族らが、患者の延命治療の中断を病院側に求めるも、病院側から拒否されたことで、司法を通じて延命治療の中断許可を求めようとした事件が発端である。上告を受けた大法院は、延命治療中断に関する具体的な要件を明示し、患者の推定的意思に基づいて延命治療の中断を認めた。その後患者から人工呼吸器が取り外され、患者は二百余日後に死去した。本件で大法院が展開した患者の自己決定権の論理は以下のようである。

①患者の自己決定権の位置付けと限界

大法院は、まず、診療契約における患者の同意を「憲法第十条で規定した個人の人格権と幸福追及権によって保護される自己決定権を保障するためのもの」と位置付け、患者による治療の中断決定についても「原則的に医療関係者はこれを受け入れて次善の診療方法を講じるべき」とした。一方で、治療の中断が患者の生命に関わる場合については、基本権である患者の生命権の重要性を挙げて、「患者の生命に直結する診療行為を中断するかどうかについては、きわめて制限的かつ慎重に判断しなければならない」と述べることで、患者の自己決定権には、患者の生命に関わるか否かという分水嶺が存在することを示唆した。

②「回復不可能な死の段階」における患者の自己決定権

他方、大法院は、本件で患者らが求める延命治療の中断については、通常の患者の自己決定権の論理とは異なる基準によって判断すべきとした。すなわち、「回復不可能な死の段階」で行われる延命治療行為を「治療の目的を喪失した身体侵襲行為」とみなし、これを患者に強要することは、かえって患者の人間としての尊厳と価値を侵害する行為であると解釈する。したがって、このような例外的な状況にあっては、「死を迎えようとする患者の意思決定を尊重し、患者の人間としての尊厳と価値および幸福追及権を保護することが社会常識に符合して憲法精神にも合致する」ことになる。大法院は、「回復不可能な死の段階」という例外的な状況では、患者による生命の短縮に関する自己決定権の行使が「自殺」を意味する生命権の放棄にはあたらず、むしろ、「人為的な身体侵襲行為から脱し、患者の生命を患者自身の自然な身体状態に任せようとすることであって、これを自殺と評価することはできない」と結論したのである。

（二）憲法裁判所決定(25)における「延命治療中断に関する自己決定権」

本件は、前述した（一）の事件の患者の家族らが、延命治療中断に関する立法の不存在が患者と家族の基本権を侵害していることを理由に、憲法裁判所に対して行った憲法訴願事件である。本件決定は、（一）の判決が出されて患者の人工呼吸器が外された後、患者の存命中に宣告された。憲法裁判所は、患者の基本権保護のために、必ずしも延命治療中断に関する立法が必要というわけではなく、また、国会に立法義務があるかどうかも明らかではないとして請求を却下した。本件で憲法裁判所は、「延命治療中断に関する患者の自己決定権」について大法院判決とは異なる論理を用いて説明している。

①患者の自己決定権と生命保護義務の衝突

延命治療に依存して生命を維持している患者であっても、法的地位において健康に生きている人間と何ら変わりはない。ゆえに憲法裁判所は、延命治療の中断が、「死の時期を繰り上げ、生命の短縮をもたらす」行為であるとみなした。「人間の生命権は最大限に尊重されるべき」ものであり、「国家には国民の生命を最大限に保護する義務」がある。たとえ生命権の主体であっても、自己の生命を任意に処分することまでは正当化されない。一方で、憲法裁判所は、「無意味な延命治療を中断して、自然な死を迎える利益」が、憲法十条に基づく自己運命決定権の一内容たる「延命治療中断に関する自己決定権」に包摂されるとした。「死期が迫った患者」の自己決定は、「人間としての尊厳と価値、幸福を追求する権利に合致した方法で保護すべき」ものであり、ここにおいて延命治療の中断、すなわち「生命の短縮に関する自己決定権」は、「国家による生命権保護義務」という憲法価値と衝突することになる。

②「回復不可能な死の段階」における患者の自己決定権

このような衝突を回避するために、憲法裁判所は、(一)の大法院判決を引用した。つまり、「死期が迫った患者」の規範的評価が大法院判決における「回復不可能な死の段階」であるとすると、そのような患者に対する「国家による生命権保護義務」は解除されることになる。ゆえに、延命治療の中断が患者の生命の短縮につながるとしても、国家はそれを自殺とは評価しない。むしろ人為的な身体侵襲行為から解放され、自己の生を自然な状態に任せるという意味で人間の尊厳と価値を尊重する行為と評価されることになる。結論としては、憲法裁判所も大法院と同じように、「回復不可能な死の段階」という例外的状況に限定して、患者の生命に関わる自己決定権の基本権性を承認したのである。

(三) 延命治療中断をめぐる患者の自己決定権

① 「延命治療中断に関する患者の自己決定権」の構造

韓国の大法院と憲法裁判所は、延命治療中断の要件に関して同じ結論に至ったが、その根拠となる「延命治療中断に関する患者の自己決定権」の構造については異なる論理を展開している。

大法院判決の論理構造は、「回復不可能な死の段階」を分水嶺として「患者の自己決定権」と「延命治療中断に関する患者の自己決定権」を区別するものである。患者に回復可能性がある限り、患者自身による生命終結の自己決定は生命権の放棄とみなされ、保護されない。しかしながら、「すべての人間は、死を迎える瞬間まで人間としての尊厳と価値を維持する権利を保証されるべきである」ことから、「回復不可能な死の段階」に至った後は、延命治療に関する患者のあらゆる選択が尊重される。すなわち、「延命治療中断は、人為的に生命延長措置によって生命を維持するより、自然に死を迎える方法で生命を守ろうとすることであるから、延命治療の中断は生命権の侵害や放棄ではない(26)」と評価されるのである。延命治療中断に関する患者の自己決定権は、「回復不可能な死の段階」を契機として、人間としての尊厳と価値に基づく自己決定権と、生命権という二つの基本権を根拠に導き出される権利と見ることができる(27)。

一方、憲法裁判所は、「生命と直結した治療行為」という点で患者の自己決定権と生命権を対峙させる。患者にとって「生命と直結した治療行為」を拒絶する選択肢は、国家による生命権保護義務と衝突するため制限される。この衝突を回避するために用いられる要件が「回復不可能な死の段階」であることを考えると、患者が「回復不可能な死の段階」である場合に限って国家の生命権保護義務は解除され、結果として患者の自己決定に基づいた延命治療の中断が許容されることになる。すなわち、憲法裁判所の論理によれば、延命治療中断に関する患者の自己決定権は、あくまで憲法上の自己決定権を根拠とす

る治療中断の権利と見ることができよう。(28)

②二つの判例における解釈上の患者の自己決定権の限界

大法院と憲法裁判所による患者の自己決定権の論理は、それぞれの権利の位置付けの違いから、患者の自己決定権の限界に関する異なる結論を導く。

大法院による患者の自己決定権の論理は、患者自身の生命権と接続することで、「延命治療中断に関する自己決定権」が「死の自己決定権」であることを否定する。「回復不可能な死の段階」において患者が延命治療を拒否したとしても、それは自然な死を迎えるまでの「生命」を守ろうとする選択と解釈される。ゆえに、ここから導かれる自己決定権行使の限界は、延命治療の中断までということになる。自殺の自由はもとより、積極的に生命を終結させる「積極的安楽死」や、苦痛を緩和させるために行う医療行為が副次的に患者の生命を短縮させる「間接的安楽死」は、大法院の論理からは肯定され得ない。

一方で、憲法裁判所の論理によれば、国家の生命保護義務により原則として否定される「生命の短縮をもたらす」医療行為は、「回復不可能な死の段階」という医学的基準によって例外的に許容される。すなわち、「回復不可能な死の段階」と判定されれば、いかなる患者の自己決定も尊重されうる。結果として、立法次第では、積極的安楽死であっても患者の自己決定権を根拠として実施することができるということになろう。

むすびにかえて

以上の分析から、本稿で比較の対象とした韓国では、「延命治療の中断」をめぐって患者の自己決定権が憲法上の権利として位置づけられていること、そして、患者が行使しうる自己決定の範囲についても、憲法解釈の帰結として論理的に明らかにされてきたことが分かった。もっとも、ここで用いられている論理や解釈が、「尊厳死」問題への日本の憲法学の応答として妥当するかどうかについてはさらなる検討が必要となろう。本稿では、以下のような指摘をすることで結びに代えたい。

医療行為の実施（もしくは中断）が患者の死につながる場合、そのような患者の決断を「患者の意思の尊重」ないし「自己決定権」という言葉で正当化することには慎重になるべきである。しかし、医療上の死の問題に関連して「患者の意思の尊重」ないし「自己決定権」の解釈をあいまいなままにしておくことは、「患者の生命の終結につながる自己決定」を際限なく許容してしまう可能性も秘めている。「患者の自己決定権」によって「いかなる自己決定」が尊重され、「いかなる医療行為」までを正当化しうるのかという問いへの応答から憲法学は避けて通ることはできない。その場合、判例理論の成熟に先んじて「患者の自己決定権」を憲法上の権利として位置づけ、演繹的に権利解釈論として展開していくことも考える必要があろう。

なお、韓国の大法院と憲法裁判所の議論は、「死の自己決定権」ないし「死ぬ権利」を直截に認めることなく、患者の自己決定権の保障を指向した点では共通する。しかし、権利の位置付けや構造から導かれる患者の自己決定権の範囲に所論のような差があるということからすると、「患者の自己決定権」を憲法上の権利として定位するという応答は、いかなる憲法価値と接続させるのかという新たな問いへとつながることも示唆している。

（1）樋口陽一ほか『注解法律学全集①憲法Ⅰ〔前文・第一条～第二十条〕』（青林書院、一九九四）、二九五頁。

（2）医療における患者の自己決定は、他者（医療者）による自身への行為を前提とした自己決定であり、従来の

「プライバシー権」や「自己決定権」の構造では把握しにくい。この点について中山道子「自己決定と死─自己決定と死？・」岩村正彦編『自己決定権と法』（岩波書店、一九九八）、一〇四頁以下。樋口範雄「患者の自己決定権」同、六三頁以下を参照。

（3）本稿とは限定の仕方が異なるが、臓器提供の「自己決定」として同様の問題意識を持つものとして、森本直子「脳死移植における臓器提供の「自己決定」」吉田仁美編『人権保障の現在』（ナカニシヤ出版、二〇一三）、三一頁以下。

（4）이부하「인간의 존엄에 관한 논의와 개별적 문제로의 적용」憲法学研究一五巻二号（二〇〇九）、三七一면이하.

（5）稲田龍樹「説明義務（一）」根本久編『医療過誤訴訟法』（青林書院、一九九一）、一八八頁。

（6）東京地裁平成二六年一二月一八日、交民四七巻六号一五四八頁。

（7）菅野耕毅「治療法の選択と患者の自己決定権」年報医事法学五号（一九九〇）、一五〇頁。

（8）水戸地裁平成二七年二月一九日判例集未搭載（平二四（ワ）八二号）。

（9）最小判平成一三年十一月二七日判時一七六九号五六頁。

（10）飯塚和之「患者の自己決定権と司法判断」湯沢雍彦・宇津木伸編『人の法と医の倫理』（信山社、二〇〇四）、二八九頁。

（11）最小判平成二十年四月二四日、判時二〇〇八号八六頁。

（12）例えば、佐藤幸治『現代国家と人権』（有斐閣、二〇〇八）、一〇一頁。

（13）例えば、竹中勲「人権としての「自己決定権」─生と死をめぐる憲法問題」ジュリスト八八四号（一九八七）、一八〇頁以下。内野正幸『人権の精神と差別・貧困』（明石書店、二〇一二）、一一〇頁。

（14）宗教上の信念に基づく患者の輸血拒否を「人格権の一内容」としたことで知られるエホバの証人輸血拒否事件最高裁判決に関しては、最高裁の判断を憲法理論との関連において解釈する見解も多く見られる。この点については矢島基美『現代人権論の起点』（有斐閣、二〇一五）、七四‐八九頁を参照。

（15）樋口範雄、前掲注（2）、六四頁。高井裕之「憲法と医事法との関係についての覚書」米沢広一ほか『現代立憲

主義と司法権』(青林書院、一九九八)、三〇一頁。

(16) インフォームド・コンセントの法理が克服しようとするのは、原則の明示的な押し付けをともなう「医療父権主義」であるが、日本では非明示的な押し付けをともなう「母性的な」、「よきパターナリズム」があるとされる。詳しくは清水正之「生命倫理の場としての日本―社会的合意と自己決定をめぐって」小原信、森下直貴編『日本社会と生命倫理』(以文社、一九九〇)、二四―二五頁。

(17) 淺野博宣「自己決定権と信仰による輸血拒否」憲法判例百選Ⅰ(二〇〇七)、五七頁。

(18) 樋口範雄、前掲注(2)、七八頁。樋口は、憲法学で自己情報コントロール権と自己決定権が区別されてきたことを例に挙げて、判例による「患者の自己決定権」の用い方を情報コントロール権的に把握する。

(19) 川崎協同病院事件控訴審判決(東京高裁平成一九年二月二八日、判タ一二三七号一五三頁)では、同様の指摘により終末期医療における「自己決定権」をフィクションと断じている。

(20) 例えば、佐藤幸治「憲法学において「自己決定権」をいうことの意味」法哲学年報一九八九号(一九九〇)、九九頁。また、竹中勲『憲法上の自己決定権』(成文堂、二〇一〇)、一四八頁以下。

(21) 自殺の自由として概念上位置づけることが可能だとしても、自殺の権利自体はパターナリスティックに制約されうる。例えば、阪本昌成「プライヴァシーと自己決定の自由」樋口陽一編『講座憲法学(第三巻)権利の保障』(日本評論社、一九九四)、二五〇頁。

(22) 前掲注(1)、二九七頁。

(23) 甲斐克則「日本における人工延命措置の差し控え・中止(尊厳死)」甲斐克則・谷田憲俊編『安楽死・尊厳死』(丸善出版、二〇一二)、一三五頁。同様の懸念を示すものとして、町野朔『生と死、そして法律学』(信山社、二〇一四)、二二七―二二九頁。

(24) 대법원、二〇〇九・五・二一、二〇〇九다一七四一七.

(25) 헌재、二〇〇九・一一・二六、二〇〇八헌마三八五.

(26) 엄주희「환자의 생명 종결 결정에 관한 헌법적 고찰—한국과 미국의 헌법 판례를 중심으로」헌법판례연구一四

巻（二〇一三）、九六면.
(27) 大法院と同様の見解を述べる立場として、さしあたり、김종세「생명권에 대한 자기결정권과 국가의 보호의무―회생불가능한 연명치료환자의 생명을 중심으로」法学研究三八巻（二〇一〇）、七－八면.
(28) 憲法裁判所と同様の見解を述べる立場として、さしあたり、金哲珠『憲法学原論』（박영사、二〇〇九）、四〇七－四〇八면.

生存権と責任
――生存権と勤労の義務の関係に関する予備的考察――

辻　健　太
（早稲田大学招聘研究員）

はじめに――生存権と勤労の義務

勤労の義務について、日本の憲法学の多数説は、勤労の能力ある者がその機会があるにも関わらず勤労しないときには、生存権の保障を求めることはできないという限りで法的意味を持つと解してきた(1)。しかし筆者には、この解釈は本格的な検討の結果得られた結論とはいいがたいように思われる。しばしば主張されるのは、財産権を保障する憲法二九条が私有財産制度も保障しており、憲法二二条が職業選択の自由を保障していることから、日本国憲法は資本主義経済体制を採用しており、資本主義の下では自助が原則であるから、勤労の義務は生存権に優先するということである。生活保護法四条一項の補足性の原則は、この解釈を確認したものだと言われる。しかしこうした見解は、次の理由から自明なものとは言いがたい。

第一に、資本主義と勤労の義務の間には距離がある。勤労の義務が社会主義政党の発案で憲法に書き込まれたにもかかわらず、資本主義を根拠にその法的意味の正当化が図られていることにも一端が表れているように、資本主義と勤労の義務の関連は必然ではない。

第二に、抽象的にであれ、憲法上の国民の義務に法的意味を認めることは、立憲主義とにわかには整合しない。仮に多数説の立場が生存権の抽象的権利説とのアナロジーで、勤労の義務を「抽象的義務」を定めた規定であると理解するものだとすれば、国民に勤労を義務付ける法律が存在しない場合、そのような立法不作為状態が実体的には憲法違反ということになり、補足性の原則を撤廃することが違憲の評価を受けることになる。言いかえれば、国民は法律を媒介にしつつも、究極的には憲法によって勤労する法的義務を負わされていることになる。しかし、国家権力を拘束する憲法に国民もまた拘束されるとすれば、その分だけ立憲主義を相対化することになる。(2)

第三に、生活保護法改正当時にその改正に携わった厚生官僚の見解は、現在の多数説と異なっているにもかかわらず、(3)多数説がその見解を退けることについてさしたる理由が示されているわけではない。改正当時、厚生省社会局保護課長として改正に尽力した小山進次郎によれば、怠業者や素行不良者には保護を行わないとしていた旧法二条や、有力な扶養義務者がいる者には窮迫した事情がない限り保護を行わないとしていた旧法三条を削除する改正をした趣旨は、「何等かの意味において社会的規準から背離している者を指導して自立できるようにさせることこそ社会事業の目的とし任務とするところであって、これを始めから制度の取扱対象の外に置くことは、無差別平等の原理からみても最も好ましくないところだからである」(4)。つまり、勤労を怠る者であっても保護の対象としたうえで自立への支援をすることが現行法の趣旨であった。

本稿は、かように幾重にも疑問が提起されるにもかかわらず、長らく多数説とされてきた生存権を勤労の義務に劣後させる解釈の妥当性を検証するための予備的作業として、運の平等主義と呼ばれる政治哲学の立場を基盤とする生存権論を批判的に検討し、その課題を明らかにすることを目的とする。

以下、一において、今日の生存権の基礎づけ論の最高到達点といえる自律基底的社会保障法論（以下、自律基底的理論）と、それに対する批判を紹介することで、勤労の義務に生存権制約としての意味を認めるかどうかをめぐって対立があることを示す。この対立は憲法典の背後にどのような政治哲学を措定するかにかかわる。二では、自律基底的理論に影響を与えている運の平等主義をめぐる議論状況を概観することで、生存権の基礎づけ論が直面する問題のありかに関して示唆を得ることにしたい。

一　自律基底的理論とその批判

生存権論において、憲法一三条が保障する個人の自律に生存権の基礎を求める見解が有力に主張されている(5)。その典型は菊池馨実の自律基底的理論である。自律基底的理論によれば、社会保障の目的は、国民の生活保障に止まるものではなく、「個人が人格的に自律した存在として主体的に自らの生き方を追求していくことを可能にするための条件整備」にある。この目的から、①個人基底性、②自律指向性、③生き方の選択の幅の平等（ないし実質的機会平等）という原理が、尊重されるべき規範的価値として導き出され、さらに下位原則として、個人基底性から「国家による個人への過度の干渉に対する警戒」と「個人単位での権利義務の把握」が、自律指向性から「参加原則」、「選択原則」、「情報アクセス原則」、「貢献原則」が、生き方の選択の幅の平等から「医療・福祉・介護サービスの充実」、「子どもへの実体的保障」、「精神的自律能力の不十分・欠如に対するサポート」、「失業者等の就労支援」が導き出される(6)。

自律基底的理論がこのような原理原則を掲げることには、それが前提とする人間像が関係している。ただし、自律基底的理論は、人格的自律説に依拠して、自律的個人像に生存権を基礎づけている。ただし、自律基底的理論がいう自律的個人は、共同体における個人間の関係性を前提とした存在であり、また一定の公共心を備え自己利益のみを追求する存在ではないともされる[7]。自律基底的理論は、社会保障のメタ理論的な基礎づけに、このように理解された自律的諸個人が契約を取り交わし、社会保障制度を設立するという社会契約論的説明を用いる。契約論的構成を採用することにより、自律基底的理論は、生存権の規範的基礎づけ論に構造を与え、論争すべき論点を浮かび上がらせることに成功した[8]。

しかし、自律基底的理論には批判がないわけではない。代表的な批判者である笹沼弘志は、かねてより宮沢俊義に始まる戦後立憲主義憲法学を批判してきた。それは、戦後立憲主義憲法学が、自己決定＝自己責任を内実とする「古い自立」イデオロギーに囚われているからである。古い自立イデオロギーは多数説の勤労の義務理解に現れているが、笹沼によれば、こうした見解は、自己決定＝自己責任論に内在している、保護を通じた恣意的支配＝服従の構造を等閑視しているものとして批判されるべきである[9]。こうした笹沼の批判は、自律的個人像を基底にして自律指向性原理から貢献原則を導き出す自律基底的理論にも向けられる[10]。

笹沼の批判に対して、自律基底的理論の側は、原則的立場を崩していない。菊池は、社会保障法関係において想定されるべき基礎的法主体である個人は、権利主体であると同時に積極的能動的な義務主体でもあることから、一方的に社会保障給付を受けるにとどまらず、自らも一定の「貢献」を積極的になすべきことを受給者に求める[11]。この「貢献」の典型例は社会保障の費用負担であるが、費用負担能力を欠く場合には、自立に向けた積極的取組みが求められる[12]。ゆえに菊池は、「『勤労の能力があり、その機会があるのに関わらず、勤労しようとしない者に対しては、生存権や労働権の保障が及ばないというかぎりで、勤労の義務に法的意味を認める』とする憲法学の有力説ないし多数説を支持する」ことになる[13]。

尾形健も同様に、生存権の文脈で想定される自律的・主体的個人は、「一定の社会的責務を担いうる主体としても観念しうる」とし、憲法学の多数説が補足性の原理を勤労の義務と関連付けて論じてきたことについて、「公的扶助システムの創設に際し就労要件等を課すことに合理性が認められるとすれば、…それは憲法構造ないしそれが想定する法主体の観念からも正当化しうるのではないか」と述べる。[14]

このように、自律基底的理論と笹沼の理論は、勤労の義務の捉え方をめぐって対立している。すなわち、義務、貢献、社会的責務といった観念を強調し、勤労の義務を果たそうとすることを生存権保障の要件と捉える自律基底的理論と、困窮に陥ったことをおそらく唯一の要件に生存権を保障しようとする笹沼という対立である。そして、この対立は、憲法の背後にどのような主体を想定するかに関係している。自律基底的理論は、生存権の基礎づけ論の文脈で想定される自律的個人像という法主体像から、自己決定の主体↓責任主体↓勤労の義務の法的規範性の肯定という論理をたどって、勤労の義務の法的基礎づけ論としても機能しているのである。

憲法の背後にどのような主体を想定するのかという問題は、さらにさかのぼると憲法の背後にどのような政治哲学を措定して憲法構造を理解するかという問題に関わる。そこで次節では、自律基底的理論に影響を与えていると考えられる、ドゥオーキンの選択による運と自然の運との区別を嚆矢とする運の平等主義の考え方を見ておきたい。[15]

二　運の平等主義とその批判

運の平等主義は、個人が責任を負うべき選択による運（option luck）と、個人が責任を負い得ない自然の運（brute luck）とが区別できることを前提に、自然の運が個人の社会的地位に影響を与えることを不当と考え、その影響を除去することを狙いとする平等主義の立場である。(16)日本の憲法学説では、運の平等主義をもっぱら厚生主義（welfarism）と結び付けて理解する見解もあるが、(17)本来、運の平等主義は、平等の指標を資源とみるか厚生とみるかという、いわゆる「何の平等か」という論点とは別の次元にある。運の平等主義は、平等の指標を何とみるのであれ、個人が負うべき責任の有無によって分配すべきかどうかが決まるとする理論である。(18)

運の平等主義の一応の魅力は人々の直観に訴求する力を持っているところにあろう。説明のために、生まれもった障碍により経済的に不遇な状態にある者を想像してみよう。この者は障碍をもって生まれたことを選択したわけではないにもかかわらず、障碍のない者との間で経済的格差が生じているとする。このような例を想像したとき、多くの人は、この障碍者は道徳的に恣意的な要因の被害者であり、この障碍者の経済状態は改善されるべきと考えるのではないだろうか。他方、一攫千金を夢見てリスキーなギャンブルに手を出した結果、莫大な借金を負った者については、その帰結は道徳的に恣意的ではなく、結果として生じた不遇な状態は、ギャンブラー自身が責任を負うべきだと考えるのではないだろうか。個人の選択の結果もたらされた不運は不正義ではなく、是正の必要はないのに対して、個人のコントロールを超えた、道徳的に恣意的な要因によってもたらされた不運は不正義であり、是正されるべきである。運の平等主義は、このような直観を反映しようとする分配的正義の理論である。

しかしながら、運の平等主義にはいくつかの批判も提起されてきた。ここでは大きく分けて二点紹介したい。

第一は、選択の運と自然の運を截然と分けることができるのかというものである。(19)「具体的個人は、つねに・すでに『環境』のなかに巻き込まれて『在る』」。そうした状況の中で、純粋に自己が責任を負うべき選択による運と、自己が責任を負わない自然の運とを画然と分かつことは容易ではない。かりに自己が責任を負わない偶然の環境にまったく規定されない、純粋に自己責任の下でなされる決定などが存在しないとすれば、自己決定の結果に責任を負う必要はないと考えることも不可能ではない。にもかかわらず、運の平等主義者の多くがそのように考えないのは、彼らが多かれ少なかれ自由意志の存在を前提にしているからだと考えられる。しかし自由意志の存在は哲学上の難問である。[20] ドゥオーキン自身は当然、選択による運と自然の運の間の線引きを可能だと考えているわけであるが、この線引きは、「一般人の倫理的経験に基づいてなされる」[21]。選択と自然の線引きという形而上学的難問は、市井の人々の倫理的経験を介して、実践的には、社会保障受給権を社会通念に依存させることになる。

批判の第二は、運の平等主義の実践的含意に関わる。この批判はさらに二つに細分できる。その一つは、運の平等主義が、個人の責任を問いえない不平等に対して何らかの給付を行う点に関連している。個人の責任を問い得ない不平等とは、典型的には才能に恵まれないことや先天的障碍をもっていることである。アンダーソンによれば、運の平等主義は、次のような手紙が政府から障碍者に送られても、それを批判する視点を持ち合わせていない。

障碍者のみなさまへ：嘆かわしいことに、みなさまの生まれつきの障碍で損なわれている能力、ないし現時点での障碍によって、みなさまの人生は普通の人の人生より価値の低いものとなっております。この不幸を埋め合わせるべく、われわれ健常者はみなさまに、少なくともみなさまのうち一人くらいは、自分の人生が他の人の人生と比べうるものだと思っていただけるような、価値のある生活を送っていただけるよう、特別に資源を提供します。[22]

給付を受ける側にとって、これほど自尊心を傷つける措置はないであろう。しかし、アンダーソンによれば、運の平等主義はこうした措置を、自然の不運の影響を除去するものとして正当化してしまう。また、自分の才能の欠如や障碍の存在を公的機関に訴えないと給付が受けられないとすると、給付の申請者は、自らの才能の欠如や障碍が給付に値することを、スティグマを背負うことを覚悟で訴えなければならない。その際、公的機関の担当者は、申請者の訴えが真に給付に値するかどうかを判断するために、申請者のプライベートな部分を調査することになろう。申請者は、受給に至るまでのそうした一連の手続の中で、自らの劣った部分を他者に暴露し、それがもたらす不遇な境遇が自己責任ではないことを証明しなければならない。給付と引き換えに自己の劣位を自他に意識させる制度の下では、給付の申請者が一人の人間として等しく尊重されているという感覚を保持することは難しく、自己尊重や平等な尊重といった価値は、容易に毀損される。

運の平等主義の実践的含意に対する批判の二つ目は、運の平等主義が個人に責任のある不平等は放置してしまう点にある。例えば、保険をかける機会があったにもかかわらず保険をかけず、不注意で重大な事故を起こし重体に陥ったドライバーは、自己責任として不遇な状況にあることが放置される。こうした事態は一般的に言って道徳的直観に反しようが、アンダーソンによれば、運の平等主義はこうした事態を不正であると評価することができない。なぜなら、このドライバーは無謀にも無保険で運転することを自ら選択したのであり、選択による運の結果は自ら責任を負うべきだというのが運の平等主義の基本テーゼだからである(23)。

こうした運の平等主義批判に対して、多くの運の平等主義者は、原理を多元化することによって応答している。つまり、運の平等主義を他の原理で補完することによって、批判を回避しようとしている。例えばセガルによれば、分配的正義は一つの考慮要素から構成されるわけではなく、責任（セガルの用語では「公正」）は複数ある考慮要素のうちの一つにすぎない。他の要素としては自己尊重やベーシックニーズの充足などがあり、時にこれらの要素は比較衡量される。(24) 言いかえれば、責任は常に他の要素に勝る切札ではない。セガルによれば、屈辱的な告白を強制したり、無謀なドライバーを放置したりする事態は、まさに原理間の衡量がなされるべき場合に該当し、不遇な事態に陥ったことが自己責任であろうと、自己尊重を傷つけないために公正とされる以上の給付をしたり、ベーシックニーズを満す給付をしなければならない。(25) バリーも同様に、平等主義の核となる原理は一つ以上あるとしたうえで、運の平等主義は平等なベーシックケイパビリティの保障とも結びつけることが可能であるとしている。(26)

むすびにかえて

こうした運の平等主義をめぐる議論動向は、運の平等主義を一つの基盤にしてきた生存権の基礎づけ論にどのような示唆を与えるだろうか。

一つ考えられるのは、生存権の基礎づけ論も、運の平等主義にならい、原理の多元化を志向することである。実のところ、自律基底的理論はそのような構想として理解することができる。というのも、菊池は、貢献原則の他に、国家による個人への過度な干渉に対する警戒を自律基底的理論の諸原則に挙げていたし、センのケイパビリティアプローチに着目して実質的な分配の重要性を説いてもいた。尾形も、センやヌスバウムのケイパビリティアプローチにも着目しつつ、福祉を自己尊重の観念の基礎として位置づけている。

ただし多元化を志向する場合にもいくつか問題がある。第一に、責任原理以外の原理それ自体の正当化と原理間の順序づけの問題である。先に紹介した運の平等主義批判が教えてくれているのは、責任原理と、自己尊重などの責任原理以外の原理とが、時に対立するということである。このような対立が生じたとき、運の平等主義の側は、自己尊重やベーシックニーズの充足という、責任原理以外の原理に訴えることで、責任を強調することにともなう難点が表立つのを避けている。同様の筋道を、自律基底的理論もたどることができる。しかし、自己尊重やベーシックニーズという原理は、どのように理論的に基礎づけられるのだろうか。それは既存の原理と整合的に基礎づけられるのだろうか。こういった点について、多元主義的な運の平等主義は十分答えられていないように見える。(27) かりに生存権の基礎づけ論において、自己尊重などの原理は、貢献原則とは別の理論的基礎から導き出されるとするならば、その理論的基礎は一体何だろうか。反対に、かりに自己尊重などの原理も、貢献原則と同じく人格的自律の観念から導き出されるならば、当の人格的自律の観念を基準にして、これらの原理間での優先順位を決することはできるだろうか。(28) いずれにせよ、生存権の基礎づけ論は、複数存在する原理原則のアドホックな衡量とならないよう、諸原理それ自体の理論的正当化に加えて、諸原理間の優先付けをも理論化する必要がある。

第二に、責任原理以外の原理が理論的に正当化されたとして、逆説的に生じる問題がある。それは、運の平等主義の必要性である。責任原理以外の原理をなんらかの理論的基礎に基づいて正当化することができ、その原理に生存権を基礎づけることでスティグマなどの運の平等主義の難点を回避することができた場合、生存権の基礎づけに関心を寄せる者にとって、それでもなお、運の平等主義にこだわる理由は残っているだろうか。というのも、運の平等主義の実践的含意に対して提起された問題は、いずれも希少な福祉資源ないし医療資源を誰に分配するかという、まぎれもない分配的正義の問題である。このような問題に対して、運の平等主義の側は、運の平等主義に訴えるのではなく、それ以外の原理に訴えて答えようとしている。そのことはつまり、運の平等主義は、それ単独では分配的正義の問題に十分な答えを示すことができないことを意味している。多元化を志向する場合、このような戦略に訴えなければならない運の平等主義を、生存権の基礎づけの文脈でなお援用する必要があるのか、改めて問題となろう。

※本稿は早稲田大学特定課題研究助成費（課題番号2016K-116）から助成を受けている。

（1）参照、宮沢俊義『憲法Ⅱ〔新版〕』（有斐閣、一九七四年）三三〇頁。
（2）長谷部恭男『憲法〔第六版〕』（新世社、二〇一四年）九七頁は、生活保護法四条一項などの規定について、「勤労の義務が憲法に定められているか否かとは関係がない」とする。
（3）参照、笹沼弘志『ホームレスと自立／排除』（大月書店、二〇〇八年）四五頁、山森亮「福祉国家における生存権と労働」同編『労働再審6　労働と生存権』（大月書店、二〇一二年）三七頁。
（4）参照、小山進次郎『生活保護法の解釈と運用〔改訂増補〕』（中央社会福祉協議会、一九七五年）一〇六頁。
（5）参照、佐藤幸治『現代国家と人権』（有斐閣、二〇〇八年）、竹中勲『憲法上の自己決定権』（成文堂、二〇一〇年）、尾形健『福祉国家と憲法構造』（有斐閣、二〇一一年）、菊池馨実『社会保障法制の将来構想』（有斐閣、二〇一〇年）。
（6）参照、菊池前掲書一五‐七頁、五九頁。
（7）参照、同六〇頁。

（8）本項の記述は、旧稿「個人から、再び国家へ——戦後日本憲法学における生存権論の批判的考察（二・完）」『早稲田政治公法研究』一〇四号二九頁（二〇一三年）を用いている。

（9）参照、笹沼（注3）四二‐九頁。

（10）参照、同五三‐六頁。菊池の各論的な政策提言が「主観的に批判しているはずの新古典派経済理論に依拠した『改革』提案と一致する」ことを指摘する倉田聡『社会保険の構造分析』（北海道大学出版会、二〇〇九年）六〇頁も参照。

（11）参照、菊池（注5）二〇頁。

（12）参照、同三三頁。

（13）同三二頁。

（14）尾形（注5）一二八‐九頁。

（15）菊池馨実『社会保障の法理念』（有斐閣、二〇〇〇年）一三八頁では、ドゥオーキンの正義論につき、社会保障法関係における基礎的法主体である個人が「単に受動的な受給者であることを超えて果たすべき役割を改めて明確化することにつながるとともに、社会保障の根本目的を自律した個人の主体的な生の追求による人格的利益の実現のための条件整備ととらえる筆者〔菊池〕の考え方とも大きく重なり合う」とする。また、尾形が社会保障関係において想定される法主体を一定の社会的責務を担いうる主体としていたのも、ドゥオーキンなどの分配的正義論から示唆を受けてのことだとされる（参照、尾形（注5）一二八‐三〇頁）。尾形は、ドゥオーキンの正義論につき、「具体的な社会保障制度のあり方を構想する際、その基本理念として有力な原理となりうる」とする（同八九頁）。

（16）*See*, Hirose, Iwao *Egalitarianism*, (Routledge, 2015) p. 45.

（17）参照、小泉良幸『個人として尊重』（勁草書房、二〇一六年）四一頁。

（18）資源の分配を支持する運の平等主義者としてドゥオーキンの他に、Rakowski, Eric, *Equal Justice*, (Oxford University Press, 1991) を挙げることができる。Van Parijs, Philippe, *Real Freedom for All*, (Oxford University Press, 1995) も、資源主義的な運の平等主義を一部取り入れている。厚生主義的な運の平等主義者としては

Arneson, Richard, "Equality and Equal Opportunity for Welfare," *Philosophical Studies* 56（1）: pp. 77–93（1989）を、資源と厚生の中間的指標（有利性）を用いる運の平等主義者として Cohen, Gerald, "Equality of What? on Welfare, Goods, and Capabilities," in Martha Nussbaum and Amartya Sen（eds.）*The Quality of Life*,（Oxford University Press, 1993）を挙げることができる。

（19）小泉（注17）八頁。

（20）例えば Scheffler, Samuel, "What is Egalitarianism?" *Philosophy and Public Affairs* 31（1）: pp. 17–21（2003）を参照。

（21）Dworkin, Ronald, *Sovereign Virtue*（Harvard University Press, 2000）pp. 289–90.

（22）Anderson, Elizabeth "What Is the Point of Equality?" *Ethics* 109（2）: p. 305（1999）.

（23）*See*, *ibid.*, pp. 295–6.

（24）*See*, Segall, Shlomi, *Health, Luck, and Justice*,（Princeton University Press, 2010）pp. 64–6.

（25）*See*, *ibid.*, p. 68, p. 188. セガルは、ウルフの議論を引きながら、無条件の失業給付がいかに怠惰な者を生む結果になろうとも、それは「恥辱的告白」を避けるための正当な給付であるとする。

（26）*See*, Barry, Nicholas, "Defending Luck Egalitarianism" *Journal of Applied Philosophy* 23, pp. 99–101（2006）.

（27）*See*, Hirose, *supra* note16, p. 60.

（28）例えば、ともに自己尊重の価値を強調しつつも、無条件給付に肯定的なセガルと、社会的責務を強調することで無条件給付を否定する尾形という具合に、自己尊重と責任の間の衡量の結果も論者によって一様ではない。

川内原発稼働差止訴訟について

工藤伸太郎
（弁護士）

川内原子力発電所の危険性及びこれを正当に評価せずに川内原発の稼働を容認した福岡高等裁判所宮崎支部決定（川内原発の稼働差止を求める仮処分申立を却下する決定に対する即時抗告を棄却する決定・平成二八年四月六日付）についてのご報告です。

一　基準地震動が過小であること

（一）基準地震動（原発の耐震設計をなす基準となる地震動）としては、震源を特定して策定する地震動と震源を特定せず策定する地震動があります。

震源を特定して策定する地震動とは、原発近くの具体的な断層において地震が発生したとした場合に、原発敷地においてどのような地震動が発生するかを想定して策定する地震動です。これには、応答スペクトルに基づく手法と断層モデルを用いた手法の二種類ありますが、実際には川内原発では応答スペクトルに基づく手法による地震動評価が断層モデルを用いた手法による地震動評価を包絡しているため、応答スペクトルに基づく手法による地震動評価が震源を特定して策定する地震動として採用されております。したがって、ここでは応答スペクトルに基づく手法による地震動評価についてのみ述べることとします。

震源を特定しないで策定する地震動とは、具体的な断層を想定せず、全国どこにでも起こり得る地震が原発近くで発生したとした場合に、原発敷地においてどのような地震動が発生するかを想定して策定する地震動です。

（二）応答スペクトルに基づく手法によって評価された地震動とは、まずは断層の長さ及び位置を調査し、これを前提に「松田式」（断層の長さから地震の規模（マグニチュード）の平均像を推定するもの）及び「耐専スペクトル」（地震の規模及び断層と原発敷地との距離から原発敷地での地震動の平均像を推定するもの）という、平均像による推定を重ねて原発敷地における地震動を評価するものです。そもそも、断層の位置、長さの調査の精度には限界があり、地震動評価にあたって前提とされている断層の長さは過小になっている可能性があります。また、九州電力の主張する断層の位置、長さを前提として松田式を用いてマグニチュードを推定してさらにこれを前提に耐専スペクトルを用いて原発敷地における地震動を推定する過程についても、過去においてこれらの式を超える事象が観測されている（これらの式が「平均像」である以上当然ですが）ことからすれば、このような手法により想定された地震動を超える地震動が川内原発を来襲する危険があるのは明らかです。

なお、耐専スペクトルについては、川内原発敷地においては耐専スペクトルが小さくなりやすい傾向がある旨福岡高裁宮崎支部決定は判示しておりますが、川内原発敷地において過去に観測された地震動のなかには耐専スペクトルの二倍程度となっているものもあります。さらに、福岡高裁宮崎支部決定は、

（松田式及び耐専スペクトルという二個の）経験式を重畳的に用いて評価しているが、各経験式が有する偶然的不確実性に伴うばらつきは、経験式を重畳する過程で相殺される部分も存すると考えられる旨判示しております。しかし、各経験式が有する偶然的不確実性に伴うばらつきが経験式を重畳する過程で相殺されるのかそれとも増幅されるのかなどといったことは、実際に地震が発生しなければ分からないことであり、福岡高裁宮崎支部決定のこのような判示は、基準地震動を正当化するための、根拠のない希望的観測といわざるを得ません。

つまるところ、福岡高裁宮崎支部決定は、応答スペクトルに基づく手法のこのような問題点を正当に評価しないまま、川内原発の稼働を安易に容認したものです。

（三）震源を特定せず策定する地震動とは、二〇〇四年の留萌支庁南部地震でのＫ‐ＮＥＴ港町観測点における観測記録をそのまま使用し、これをはぎとり解析（解放基盤面～基準地震動の検討にあたって基準となる部分～における地震動を推定すること）して得た地震動を用いて基準地震動を策定したものです。審査ガイドをもとにすると、Ｍｗ六・五までの地震は全国どこにでも起こり得るものであり全国共通に考慮すべきであるからこそ震源を特定せず策定する地震動が必要であるといえます。しかし、留萌支庁南部地震は、わずかＭｗ五・七の地震（Ｍｗ六・五の地震の約一／一六の規模です）であるにすぎません。さらに、Ｋ‐ＮＥＴ港町観測点における観測記録は、留萌支庁南部地震の最大地震動ですらありません。

このようにして想定された震源を特定せず策定する地震動は明らかに過小であり、今後、これを超える地震動が川内原発を来襲する危険があるのは明らかです。

この点、福岡高裁宮崎支部決定は、震源を特定せず策定する地震動は震源を特定して策定する地震動を補完するものとして位置づけられているとし、また、震源を特定せず策定する地震動についての新規制基準及び地震ガイドの規定内容は、震源を特定して策定する地震動の策定が適切に行われている限りにおいて、不合理なものということはできないとして、震源を特定せず策定する地震動の過小評価の点に正面から向き合うことなく、川内原発の稼働を容認しました。しかし、福岡高裁宮崎支部決定の判示は、つまるところ、震源を特定して策定する地震動さえ適切に策定していればよく（これが適切に策定されていないのは前述のとおりですが）、震源を特定せず策定する地震動は不要とみているとも読めてしまうものです。

（四）以上のとおり、川内原発の基準地震動は過小であり、これでは川内原発の耐震安全性が確保されているとは到底いえません。

二　火山の問題

（一）火山の問題については、福岡高裁宮崎支部決定は、立地評価に関する火山ガイドの定めは、地球物理学的及び地球化学的調査等によって検討対象火山の噴火の時期及び規模が相当前の時点で的確に予測できることを前提とするものである旨判示したうえで、現在の科学的技術的知見をもってしても、原子力発電所の運用期間中に検討対象火山が噴火する可能性やその時期及び規模を的確に予測することは困難であるといわざるを得ないから、立地評価に関する火山ガイドの定めは、少なくとも地球物理的及び地球化学的調査等によって検討対象火山の噴火の時期及び規模が相当前の時点で的確に予測できることを前提としている点において、その内容が不合理であるといわざるを得ないと判断しました。

（二）このように、福岡高裁宮崎支部決定は、火山ガイドの定めが不合理であると判断したものの、結論において川内原発の稼働を容認しました。そのロジックは以下のとおりです。

福岡高裁宮崎支部決定は、今日の我が国においては、極めて重大な自然災害の危険性については、その発生の可能性が相応の根拠をもって示されない限り、建物規制を始めとして安全性確保の上で考慮されていないのが実情であり、このことは、この種の危険性については無視し得るものとして容認するという社会通念の反映とみることができる旨述べたうえで、こともあろうに、発電用原子炉施設の安全性確保についてのみ別異に考える根拠はない、発電用原子炉施設の安全性が確保されないときにもたらされる災害がいかに重大かつ深刻なものであるとしても、そのことから直ちに発電用原子炉施設についてのみ極めて重大な自然災害の危険性についてまで安全性確保の上で考慮すべきであるという社会通念が確立しているとはいえない旨判示しました。そのうえで、川内原発の運用期間中に破局的噴火が発生する可能性が相応の根拠をもって示されているということはできないとして川内原発の稼働を容認する結論を導いているのです。

(三)　しかし、福岡高裁宮崎支部決定は、一般の建物に対して求められる安全性と原発に求められる安全性を同一視するのが社会通念であるとするものであり、このような判示こそが社会通念に反するといわざるを得ません。しかも、福岡高裁宮崎支部決定は、火山の噴火の時期及び規模の予測が困難であることを認定しておきながら、住民らが破局的噴火を予測していないとして原発の稼働を容認したものであり、いわば、福岡高裁宮崎支部決定は、現在の科学技術を前提とすれば立証が不可能であると高裁自らが認定したことを立証する責任を住民側に課したものといわざるを得ません。

三　避難計画問題

（一）福岡高裁宮崎支部決定は、発電用原子炉施設に起因する原子力災害の発生等に対する周辺住民の避難計画が全く存在しないか又は存在しないのと同視し得るにもかかわらずあえて当該発電用原子炉施設を運転等するような場合でない限り、当該避難計画が合理性ないし実効性を欠くものであるとしても、その一事をもって直ちに、当該発電用原子炉施設が安全性に欠けるところがあるとして、当該発電用原子炉施設を設置、運転等する原子力事業者による周辺住民等の人格権に対する違法な侵害行為のおそれがあるということはできないとしました。そのうえで、高裁は、川内原発の避難計画等について、段階的避難の実効性、自然災害を想定した避難経路の確保、避難行動要支援者（要援護者）についての避難態勢、避難手段、避難先の確保等、避難施設等調整システムの実効性、自家用車で避難できない住民等に係る輸送手段の確保、避難時における避難車両の燃料補給や避難者の車中における放射線被曝の危険等、避難先の変更等に係る情報伝達の実効性等の問題点を指摘することができるとしても、本件避難計画等の内容等からして川内原発に起因する原子力災害の発生等に対する周辺住民の避難計画が存在しないのと同視し得るということはできない旨判示し、川内原発の稼働を容認しました。

（二）このようにみると、福岡高裁宮崎支部決定は、川内原発の避難計画には種々問題があり、合理性も実効性も認められないことを事実上認めつつも、形ばかりの避難計画があることを理由に川内原発の稼働を容認したものです。

これは、原発に対する住民の安全をあまりに軽視した決定といわざるを得ません。

四　おわりに

これまで述べてきたように、川内原発の稼働差止を求める仮処分申立事件においては、福岡高裁宮崎支部決定は、到底納得しがたい理由を積み上げることによって、川内原発の稼働を容認したものです。

しかし、本案訴訟は現在鹿児島地方裁判所にて係属しており、本案訴訟においては、川内原発の危険性につき裁判所に十分にご理解いただき、川内原発の稼働差止が実現するよう、弁護団としては力を尽くしていきたいと考えております。

書評

杉山有沙『障害差別禁止の法理』（成文堂、二〇一六年）

植木　淳
（名城大学）

一　本書は、イギリスの障害差別禁止法（ＤＤＡ）に関する包括的な研究を通じて、日本国憲法十四条一項の下での障害差別禁止法理の可能性を検討するものである。

筆者は、従来の憲法学が「障害差別に対して十分に向き合って来なかった」として、ＤＤＡを参照することの意義を論じる（序章）。その上で、ＤＤＡは、「障害」を「インペアメント」と「社会から生じる障害」の両側面から捉える「インペアメント考慮型社会モデル」を採用していること（第一章・第二章）、ＤＤＡが「直接差別の禁止」に加えて「間接差別の禁止」ではなく「関連差別の禁止」を規定しているのは障害差別の個別性・文脈依存性に対応したものであること（第三章）、「合理的配慮義務」は社会構造の差別性に対応するものであって一般的な平等原則と連続的な関係にあること（第四章・第五章）、「合理的配慮義務」は社会モデルに基づくものであり公的支援制度とは性格が異なること（第六章）、障害者介護者に対する差別が禁止されていることはＤＤＡが「障害者に対する差別の禁止」ではなく「障害による差別の禁止」を要求するものであることの論理的帰結であること（第七章）、二〇一〇年の平等法制定によってＤＤＡは廃止されたものの、その基本的枠組は平等法に継承されていること

（第八章）、ＤＤＡにおいて、直接差別からの救済対象となるのは「インペアメント」と「社会から生じる障害」の両方であるのに対して、関連差別と合理的配慮の不履行からの救済対象となるのは「社会から生じる障害」であること（第九章）、などを明らかにする。

次いで、日本における障害差別禁止法制の現状を批判的に検討した上で（第十章）、日本国憲法十四条一項の下でも、直接差別に関しては「厳格な合理性の審査」がなされるべきであり、関連差別に関しては先行論点として問題となる区別が法的目的分類に関係するかどうかの審査を経た上で「厳格な合理性審査」がなされるべきであると論じる（第十一章）。

二　本書は、イギリスの障害差別禁止法制に関する初めての包括的研究書であって、憲法学だけではなく、「障害」と「法」に関連する法学領域全体に重要な貢献をするものである。そこでは、障害差別を社会モデルから把握した上で、障害差別禁止法理を、①直接差別の禁止、②間接差別の禁止（あるいは関連差別の禁止）、③合理的配慮義務、として定位してきた研究成果が発展的に継承されつつ、イギリスにおける数多くの判例法理の知見が積み上げられている。また、差別禁止と公的支援の関係や障害者介護者に対する差別禁止の問題などの見落とされがちな論点にまで目が行き届いていることも本書の完成度を高めるものとなっている。さらに、社会的包摂論を参照しながら、そこでの議論には「国家の恣意的な価値決定を含み、パターナリスティックな介入に対する懸念」があるとして慎重に距離を置いていること（一三八頁）、合理的配慮義務は「実質的平等」ではなく「形式的平等」から導かれるものであって、ポジティブ・アクションとは異なり集団単位での差別救済としてではなく個人的権利として正当化できるとしていること（二五四－二六一頁）、障害差別禁止法理は「主体的で対等な存在」である障害者像を提供することによって障害のある人を「自分自身からの排除」から救済する意義があると指摘していること（二七三―二七四頁）、などが重要であると思われる。

その一方で、イギリス法に準拠した本書の議論には以下のような疑問もある。

第一に、本書が紹介しているように障害の定義の場面でも社会モデルを参照すべきとする議論は日本でも散見される。しかし、障害差別を社会モデルによって理解した場合でも、差別禁止の対象たる「障害」とは「機能障害」（インペアメント）と定義される必要がある。なぜなら、障害差別を「障害のある人が社会的障壁によって社会生活上の不利益に直面させられている」という社会モデルの定式で捉えた場合に、そこでいう「障害のある人」を「機能障害（インペアメント）のある人」ではなく「社会生活上の不利益のある人」と定義すると上記定式は同語反復になるからである。この点、筆者は、上記問題を意識して「インペアメント考慮型」の障害概念を提唱しているが、その一方で「障害」を「インペアメント」と「社会から生じる障害」とに区別していることの適否が問題となる。筆者が「社会から生じる障害」と整理している障害者介護者や障害があると誤認された者に対する差別の問題は、「障害」の定義の問題ではなく、「障害差別」の射程の問題として整理すべきであろう。

第二に、「直接差別」と「関連差別」という整理の適否が問題となる。この点、アメリカの差別禁止法においては「差別的取扱」（＝直接差別）と「差別的効果」（＝間接差別）が禁止されているが、「差別的取扱」の場合でも例外的に正当化の余地は残されている。これに対して、イギリス法における「直接差別」は正当化の余地のない差別類型とされ、「関連差別」は正当化の余地のある差別類型とされているが、このような整理によれば、差別の類型化の後に正当化事由の存否の判断が行われるのではなく、差別の類型化の段階で先取り的に正当化事由の存否の判断が行われることとなる。筆者の提示する差別の類型化と審査基準の関係が明確でないように思われるのもこのような事情が要因になっているのかもしれない。例えば、筆者は、「法的目的分類に関係しない障害を理由とした」「直接差別」は「厳格な合理性の審査で対応すべき」（二五二頁）としているが、そこでいう「厳格な合理性の審査」がどのような審査なのか—正当化の余地のある審査なのか否か—は明らかではない。

三　最後に、本書の議論が、憲法十四条論全体に提起する問題について論じていきたい。

先述のように、筆者は、障害差別禁止法理を—特に合理的配慮義務を—「実質的平等」として正当化するのではなく「形式的平等」として正当化できると論じており、その背景には「合理的配慮義務の根拠を社会福祉制度の根拠概念でもある実質的平等ではなく、あくまで形式的平等の要請—憲法十四条一項—と強調すること」により「保護のイメージを払拭する」（二六三頁）という意図があるとされている。この点、評者は、障害差別禁止を「福祉」とは切り離された「平等」の法理として構想することには全面的に賛同するものであるが、その一方で、そもそもの前提として、従来の平等原則論における「形式的平等＝機会の平等」対「実質的平等＝結果の平等」という定式自体を疑ってみるという立場もありうるように思われる。少なくとも筆者の議論は、平等原則からは、社会的格差の是正のための再分配要求（従来の「実質的平等＝結果の平等」）とは異なる、さりとて、既存の社会制度を前提とした上での「別異取扱いの禁止」（従来の「形式的平等＝機会の平等」）だけではない、新しい規範内容が導かれることを明らかにするものであり、その意味で、本書の課題は広く憲法十四条論全体の再検討にまで通じているように思われるからである。

成原　慧『表現の自由とアーキテクチャ』（勁草書房、二〇一六年）

西　土　彰一郎
（成城大学）

一　「何らかの主体の行為を制約し、または可能にする物理的・技術的構造」（本書九三頁）と定義されているアーキテクチャに関する議論は、日本でも、憲法学・情報法学のみならず広く人文・社会科学の各分野に大きな影響を与えている。とりわけサイバースペースにおけるアーキテクチャに相当するコード（本書九三頁の定義を参照）によるインターネット規制は、情報化社会における自由の保障のあり方を考えるうえでも注目されている。しかしこの主題の分析は、憲法学で議論されてきた自由論を押さえたうえで、現代思想や社会学などの議論にも通暁していることを期するものであり、困難をきわめる仕事である。アーキテクチャによる表現規制の諸問題を主たる対象としつつ、「日本におけるアーキテクチャ論を批判的に問い直す試み」（本書五頁）でもある本書は、近年公刊された小倉一志『インターネット・「コード」・表現内容規制』（尚学社、二〇一七年）、松尾陽の一連の業績とともにこの難題に果敢に挑み、しかも高度に洗練された成果をあげている。

二　本書の構成は、法とアーキテクチャの関係を多角的に分析する第Ⅰ部（第一章、第二章）、アーキテクチャが表現の自由に突きつける新たな問題に即して表現の自由論の再構築を試みる第Ⅱ部（第三章、第四章）、そして米国のインターネット上の表現規制に関する判例を主題ごとに分析する第Ⅲ部（第五章〜終章）からなる。この構成はいかにも整然としている。以下、内容を紹介しておこう。

第Ⅰ部第一章において本書は、米国の憲法研究者レッシグの理論を取り上げている。よく知られているように、レッシグはその主著『コード』のなかでアーキテクチャおよびコードの概念を提起することにより、新たな規制手段を見据えた憲法理論の構築を試みた。本書はレッシグの議論を初期の論文にまで遡って丹念に検討している点に特長がある。本書によれば、レッシグは、アンガーやアッカーマンの見解と対峙するなかで文脈性と構成主義という可塑性の認識枠組みを得る。この認識枠組みを土台にしてレッシグは、第一に、原意主義を批判的に継承するとの問題意識の下、コンテクストの変化に対応した動態的な憲法解釈方法論を「翻訳」という概念により展開するとともに、「改変」という対概念により憲法政治をめぐる議論にも配慮する。第二に、以上の認識枠組みは、法のみならず、社会規範、市場、そしてアーキテクチャという各種の規制に着目することを促し、レッシグはこれらを学際的に検討して規制概念の再構成を図っていく。本書は、こうしたレッシグの認識枠組み、「翻訳」と「改変」という対概念による思考形式は、アーキテクチャによる表現規制という先端的な問題に、従来の表現の自由の法理の「翻訳」によって対処する可能性を与えると指摘する。そして、国境を超えて情報が流通するサイバースペースの性質上、グローバルな規模での憲法的価値の選択（「改変」）が期待されていることをもレッシグの議論は示唆しているという。第二章では、法とアーキテクチャをめぐるレッシグ以後の米国の議論が分析されている。筆者は、法とアーキテクチャの概念、両者の性質の違いを円熟した筆致で整えたあと、両者の関係を、①アーキテクチャを設計・管理する私人が法的規制の機能を代替する場面と②国家が自らアーキテクチャを用いて、またはアーキテクチャを設計・管理する私人を通じて個人の権利・自由を規制する場面（重層的な規制）とに分けて、アーキテクチャによる規制に対して権利・自由を保障するための枠組みを提示することを試みている。①については、競争法、共同規制、立法、憲法および国際法による統制が検討の俎上に載せられ、それぞれの意義と課題が指摘されている。「間接規制」、「媒介者規制」、「ゲートキーパー規制」という概念でも示される②については、国家による直接規制から個人の権利・自由の保障を図ってきた憲法上の法理を「翻訳」する可能性が述べられている。

第Ⅱ部第三章は、米国において表現の自由の保障根拠として挙げられてきた思想の自由市場、自己統治・民主主義、個人の自律・自己実現をめぐる議論をひたむきに考察し、こうした表現の自由の価値原理の観点から要請されるアーキテクチャの設計指針を導き出している。本書によれば、思想の自由市場における多様な実験の自由を尊重すること、民主主義の基盤となる言論のアーキテクチャの設計に国家が一定の範囲で関与すること、そしてアーキテクチャによる表現規制の透明性と異議申し立ての機会を確保することが求められるという。第四章は、マッカーシズム期における「私的な共同体のサンクションを促す規制」や「マスメディアの自己検閲を促す規制」といった間接的な抑制から表現の自由を保護する一連の法理を発展させていった米国最高裁の判例等を整理し、以上の間接的な制約とアーキテクチャによる「間接規制」の違いを析出した後、事前抑制の法理やパブリック・フォーラムの法理など従来の表現の自由の法理の「翻訳」を試みて、インターネット上のアーキテクチャの設計・管理者を通じた表現規制に対処する道筋を探究している。それは、第二章の②の検討を深めたものと位置付けられよう。

第Ⅲ部では主に米国の判例を素材にしてインターネット上の性表現規制（第五章）、著作権保護（第六章）、安全保障と表現の自由の緊張関係（第七章）、補章として「忘れられる権利」（第八章）という各論的テーマを扱った後、終章で総括的な吟味を行っている。

三　以上駆け足で本書の内容を概観したが、本書は冒頭でレッシグの思考過程を深く掘り下げたうえで、その後の叙述につなげているため、脚注を読めば分かるように膨大な文献を渉猟してアーキテクチャをめぐる諸問題を幅と厚みを加えて分析しているにもかかわらず、透徹した議論を展開することに成功している。

米国の憲法学における表現の自由の原理論、表現の自由の法理を、それらが主張されたコンテクスト、このコンテクストを支える法哲学等の議論を踏まえ多角的に検討した後に、インターネットという新しいコンテクストの中にある現代的問題に対峙すべく「翻訳」を行うという本書の思考形式は、いかにも精彩に富み、かつ緻密である。第Ⅲ部で示された精緻な米国の判例分析はそれを実証している。その成果は、インターネットをめぐり同様の問題を抱えている日本の学界・実務に対して（論点によっては日本法固有のコンテクストへと翻訳する必要があるかもしれないが）多くの教示を与えるものである。グローバルな立憲主義のため、「既存の主権国家における憲法上の価値原理と法理をグローバルなコンテクストへと翻訳する」（本書八九頁）点は指摘にとどまっており、筆者の「翻訳」をつぶさに見てみたかったとの思いにもかられるが、それは本書の枠を超える課題であろう。

本書の問題意識、認識枠組み、そして思考形式はすみきっている。テクストとしての本書が学界・実務の共有すべきコンテクストを強く規定することに疑いはない。

憲法理論研究会活動記録

（二〇一六年六月～二〇一七年五月）

一　研究活動

(1)　概観

二〇一六年六月からの年間テーマをあらたに「立憲主義の理念と展望」として研究活動を行った。このテーマは、集団的自衛権容認の閣議決定と安保法制をめぐる議論の中で、あらためて「立憲主義」が問われたことを意識して決定された。研究総会のみなら、各月例研究会においても、年間テーマを意識しつつ報告をお願いするとともに、従来の枠組みを引き継ぎ、原則として二名の報告者を立てた。

(2)　ミニ・シンポジウム「司法審査制と民主主義論の現在」（二〇一六年七月九日、関西大学千里山キャンパス）

【報告者】市川正人会員（立命館大学）「わが国における『司法審査と民主主義』論の経緯と展望」／金澤孝会員（早稲田大学）「『反多数決主義という難問』の存在意義に関する若干の考察」

(3)　夏季合宿研究会（二〇一六年八月二三日～二五日、宮崎市民プラザ、【幹事】成瀬トーマス誠会員（宮崎大学））

【報告者】工藤伸太郎氏（宮崎弁護士会・現地報告者）「川内原発稼働差止訴訟について」／菅谷麻衣会員（慶應義塾大学・院）「低価値言論と内容規制」／清水潤会員（崇城大学）「アメリカ史における『憲法上の権利』とコモン・ロー：一九世紀後期を中心に」／阿部純子会員（宮崎産業経営大学）「日本国憲法下の『拷問禁止』について—国際人権法の影響を考慮しながら—」／金原宏明会員（関西大学・院）「憲法上の『権利』と利益衡量の位置付けについて—ファロンの見解を中心に—」

(4)　月例会

二〇一六年

《六月例会》（六月一八日、成城大学）

【報告者】牧野力也会員（筑波大学・院）「『患者の自己決定権』の憲法上の定位について」／上田宏和会員（創価大学）「同性婚をめぐる合衆国最高裁判例の『論理』的展開——Lawrence, Windsor, Obergefell 判決」

《一〇月例会》（一〇月九日、慶應義塾大学三田キャンパス）

【報告者】光信一宏会員（愛媛大学）「フランスにおける人種差別表現規制について」

《一一月例会》（一一月一九日、日本大学法学部三崎町キャンパス）

【報告者】辻健太会員（早稲田大学）「生存権と責任―生存権と勤労の義務の関係に関する予備的考察―」／長利一会員（東邦大学）「緊急権と『外見的立憲主義』―明治憲法体制下の戒厳令を中心に（日独比較）―」

《一二月例会》「国際化の中の立憲主義」（一二月一七日、立正大学品川キャンパス）

【報告者】齊藤正彰会員（北海道大学）「国際化の中の立憲主義と憲法学のスタンス」／手塚崇聡会員（中京大学）「裁判所における条約の『参照』―『参照』の意義とその限界―」

二〇一七年

《三月例会》（三月一八日、法政大学市ヶ谷キャンパス）

【報告者】川鍋健会員（一橋大学・院）「平等の実現と裁判所の果たすべき役割―アッカマン及びバルキンの議論からの示唆として」／平松直登会員（明治大学・院）「憲法における『私人間効力』論の現状分析―イギリスにおける『水平的効力』の議論を素材として」

(5)　春季研究総会「緊急事態と憲法理論――憲法規範化と統制の観点から」（二〇一七年五月一四日、神戸学院大学　ポートアイランドキャンパス）【会場校幹事】上脇博之会員

【報告者】長谷部恭男会員（早稲田大学）「緊急事態序説――カール・シュミットを手掛かりとして」／木下智史会員（関西大学）「緊急事態に対する議会による統制―ブルース・アッカマンの Emergency Constitution 論再考―」／村田尚紀氏（ゲストスピーカー・関西大学）「フランスにおける緊急状態をめぐる憲法ヴォードヴィル」／高橋雅人会員（拓殖大学）「緊急事態に対する行政による統制―ドイツを素材に」

【司会】青井未帆会員（学習院大学）、武田芳樹会員（山梨学院大学）

(6)　憲法理論叢書二四号『対話的憲法理論の展開』が二〇一六年一〇月敬文堂より出版された。本号には、二〇一五年六月から二〇一六年五月までの研究報告と活動の記録などが収められている。

二　事務運営

(1)　概観

二〇一六年六月から一〇月までの事務運営は、二〇一四年一〇月に発足した運営委員会、長谷川憲運営委員長（工学院大学）及び大津浩事務局長（成城大

学）によって行われた。

二〇一六年五月に運営委員会選挙が行われた。一〇月に開催された運営委員会において、建石真公子会員（法政大学）が新運営委員長に選出され、同日の臨時事務総会において、植村勝慶会員（國學院大學）が新事務局長に選出された。二〇一六年一一月から二〇一七年五月までの事務運営は、この体制で行われた。

(2) 事務総会

a 臨時事務総会（二〇一六年一〇月九日、慶應義塾大学三田キャンパス）

運営委員会での審議に基づいて、①任期満了により長谷川憲会員（工学院大学）が運営委員長を退任し、運営委員の互選により建石真公子（法政大学）が次期運営委員長に選出されたこと。②退会申出者、③事務局員の交代（鎌塚有貴会員（明治大学・院）が退任し、二〇一六年一〇月より菅沼博子会員（一橋大学・院）が就任）、④憲法理論叢書編集委員の交代について（編集委員長が山元一会員（慶應義塾大学）から大藤紀子会員（獨協大学）へ、編集委員が、志田陽子会員（武蔵野美術大学）、小池洋平会員（早稲田大学・院）から大津浩会員（成城大学）、山本真敬会員（下関市立大学）へ交代）、⑤今後の研究会の予定について⑥憲法理論叢書第二四号の編集・刊行状況について報告された。さらに、①任期満了により大津浩会員（成城大学）が事務局長を退任したことに伴い、運営委員会により推薦された植村勝慶会員（國學院大學）が次期事務局長として選出され、②五名の入会が承認された。

b 通常事務総会（二〇一七年五月一四日、神戸学院大学ポートアイランドキャンパス）

一一名の入会が承認されるとともに、二〇一六年度決算及び二〇一七年度予算案が承認された。さらに、運営委員会での審議に基づいて、①今後の研究活動の予定について、②事務局員の交代について（馬場里美会員（立正大学）が退任し、二〇一七年五月より久保田祐介会員（専修大学）が就任）、③憲法理論叢書編集委員会からの報告、④三名の退会が報告された。

(3) 運営委員会

a 構成

現在の運営委員会は、二〇一六年一〇月に発足した以下の運営委員によって構成されている。

愛敬浩二（名古屋大学）、青井未帆（学習院大学）、新井誠（広島大学）、市川正人（立命館大学）、植村勝慶（國學院大學）、上村都（新潟大学）、江島晶子（明治大学）、大津浩（明治大学）、大河内美紀（名古屋大学）、小澤隆一（東京慈恵会医科大学）、木下智史（関西大学）、小山剛（慶應義塾大学）、齊藤正彰（北海道大学）、阪口正二郎（一橋大学）、宍戸常寿（東京大学）、志田陽子（武蔵野美術大学）、只野雅人（一橋大学）、建石真公子（法政大学）、西原博史（早稲田大学）、長谷川憲（工学院大学）、南野森（九州大学）、本秀紀（名古屋大学）、毛利透（京都大学）、糠塚康江（東北大学）、山元一（慶應義塾大学）。〔なお、任期は、二〇一八年一〇月まで。この運営委員会は、二〇一六年五月八日の選挙で選ばれた委員及び六月一八日の推薦運営委員候補者選考会議で選考された委員で構成されている。〕

b　二〇一六年度第二回運営委員会（二〇一六年一〇月九日、慶應義塾大学三田キャンパス）

①次期運営委員長の互選　建石真公子会員・運営委員が運営委員長として選出された。②植村勝慶会員・運営委員を事務局長候補として臨時総会に提案することが承認された。③今後の研究会の予定について一〇月例会、一一月例会及び一二月例会の予定内容について承認された。④憲法理論叢書の定価問題について　月例会の報告者が二名になったことで頁数が増え、二四号が三五〇頁以上になり、定価三五〇〇円とすることが提案され、承認された。なお、今年度については、余剰金などで会費の値上げをせずに対応可能であるが、今後の定価については、月例会の報告者数を減らすか、会費を値上げするかなどの検討の必要があることが報告された。

c　二〇一六年度第三回運営委員会（二〇一六年一二月一七日、立正大学品川キャンパス）

①今後の研究会の予定について　三月例会及び六月例会の予定内容について承認された。②二〇一七年五月の春季研究総会に関する件　神戸学院大学において、「緊急事態と憲法理論——憲法規範化と統制の観点から」をテーマとして開催することが承認され、報告者の選定について事務局に一任された。③二〇一七年七月のミニ・シンポジウムに関する件　司法制度改革と法科大学院創設後の一〇年で憲法訴訟は変わったかをテーマとすることが提案されたが、報告者の選択を含めて審議がなされ、事務局でさらに検討することとされた。④二〇一七年八月の夏合宿開催に関する件　開催幹事を岡田健一郎（高知大学）にお願いしており、詳細を今後事務局で調整することとした。⑤年

間テーマ（二〇一七年六月から二〇一八年五月）に関する件　包括性と時事性の観点から「立憲主義の理念と展望」をもう一年継続することが承認された。加えて、①三名の入会者の件、②一名の退会申出の件、③第1回運営委員会議事録一部訂正の件、④憲法理論叢書第二四号の刊行について、報告された。

d　二〇一七年度第一回運営委員会（二〇一七年五月一四日、神戸学院大学ポートアイランドキャンパス）

①今後の研究会の予定について　二〇一七年六月の月例研究会及び一〇月例会の内容について承認された。なお、一一月例会を開催しないこと、一二月例会について報告者一名とする方向性で当面の対応を考えたいとの提案がなされたが、諸々の議論の上で事務局に検討が委ねられた。②七月のミニ・シンポジウムについて「憲法訴訟の動向―実務と学問の対話―」をテーマとし、千葉勝美元最高裁判事の講演と千葉元判事と渡辺康行会員（一橋大学）と駒村圭吾会員（慶應義塾大学）との対談とすることにつき承認された。③八月の夏合宿開催に関する件　八月二二日～二四日に開催することとし、高知市内のホテルと折衝中であり、報告者案について、承認された。④会計（決算及び予算）について　二〇一六年度決算案及び二〇一七年度予算案について承認された。⑤研究総会へのマスコミ関係者の傍聴に関する件「傍聴取材」申込があり、概括的報道と報告者の承諾に留意すること、今後の取り扱いを検討する必要性が確認された。⑥八名の入会申込者ついて承認された。加えて、①二名の退会申出者について、②事務局員の交代について（馬場里美会員（立正大学）に代わって久保田祐介会員（専修大学））③憲法理論叢書第二五の編集状況について、④憲法理論叢書バックナンバーの販売について、報告がなされた。

(4)　憲法理論叢書編集委員会

憲法理論叢書二四号の編集は、山元一会員（編集委員長・慶應義塾大学）、志田陽子会員（武蔵野美術大学）、小池洋平会員（早稲田大学）、茂木洋平会員（横浜桐蔭大学）の四名によって行なわれた。その後、編集委員長が山元一会員（慶應義塾大学）から大藤紀子会員（獨協大学）へ、編集委員が、志田陽子会員（武蔵野美術大学）、小池洋平会員（早稲田大学）から大津浩会員（成城大学）、山本真敬会員（下関市立大学）に交代した（任期：二〇一六年一〇月～二〇一八年一〇月まで）。

現在、二五号の編集は、大藤紀子会員（編集委員長）、大津浩会員（明治大学）、山本真敬会員（下関市立

大学）、茂木洋平会員（横浜桐蔭大学）の四名によって行なわれている。

大藤編集委員長の下、二〇一七年二月一〇日に持ち回りで編集委員会が開催され、タイトル『展開する立憲主義（仮題）』、構成案、執筆要項及び締切が決定された。

(5) 執行部及び事務局の構成

二〇一七年五月現在の執行部は、建石真公子運営委員長と植村勝慶事務局長により構成され（任期二〇一八年一〇月まで）、事務局は、事務局長と久保田祐介事務局員（書記・広報担当／専修大学／任期二〇一九年五月まで）、水谷瑛嗣郎事務局員（会計・名簿担当／帝京大学／任期二〇一八年五月まで）、根田恵多事務局員（HP・庶務庶務／早稲田大学・院／任期二〇一八年五月まで）及び菅沼博子事務局員（通信・庶務担当／一橋大学・院／二〇一八年一〇月まで）からなる。

三　会員移動

(1) 新入会員

赤坂幸一（九州大学）、中鉉旿（立命館大学）、木下祐也（東京大学・院）、渡貫諒（国際基督教大学）、小西洋之（参議院議員）、望月穂貴（早稲田大学・院）、高橋和也（一橋大学・院）、佐藤奈桜（国際基督教大学・院）、嘉多山宗（一橋大学・院）、田中美里（一橋大学・院）、水島玲央（早稲田大学）、青野篤（大分大学）、松本奈津希（一橋大学・院）、山本和弘（早稲田大学・院）、奥村公輔（駒澤大学）、綾部六郎（名古屋短期大学）〔申し込み順〕。

(2) 退会者

花村秀樹（中央大学）、中井勝己（福島大学）、山本まゆこ（東北学院大学）、穐山守夫（明治大学）、右崎正博（獨協大学）。（所属はいずれも退職前のもの）〔申し出順〕

※長年にわたる学会へのご協力に心より感謝申し上げます。

〔氏名の後の所属は原則として当時のものを使用しています。助教又は助手などについては、実態が多様なため所属大学名のみを使用し、非常勤先の場合も大学名のみを記載しております。敬称略の点を含めて、どうかご了解ください。〕

憲法理論研究会規約

〔一九九二年七月二〇日決定
一九九二年八月二〇日施行
一九九七年五月一一日改正
二〇一〇年五月 九 日改正〕

（名称）
第一条　本会は、憲法理論研究会（Association for Studies of Constitutional Theory）と称する。
（目的）
第二条　本会は、次のことを目的とする。
一　日本国憲法の基本理念の擁護
二　総合的で科学的な憲法理論の創造
三　会員間の、世代を越えた自由で学問的な交流と協力の促進
（事業）
第三条　本会は、前条の目的を達成するため、次の事業を行う。
一　学術研究総会の開催
二　研究会の定期的開催
三　研究成果の公表
四　前条第一号及び第二号に掲げる目的を共有する内外の学術機関・団体との交流の促進
五　その他必要と認められる事業
（会員）
第四条　次に掲げる者は、会員二名の推薦に基づき、事務総会の承認により、本会の会員となることができる。
一　憲法を研究する者であって、本会の目的に賛同する者
二　本会の目的に賛同し、本会の事業に協力する者
（会費）
第五条　会員は、別に定めるところにより、会費を納入しなければならない。
（事務総会）
第六条　本会の運営に関する基本方針を決定する機関として、事務総会をおく。
二　事務総会は、原則として毎年一回、運営委員会委員長（以下「委員長」という。）が招集する。ただし、必要と認められる場合は、随時開催する。
（運営委員会）
第七条　本会に運営委員会をおく。
二　運営委員会は、事務総会の決定を受け、本会の運営に関する事項を審議する。
三　運営委員の定数及び選出方法は別に定める。

四　運営委員の任期は二年とし、再任を妨げない。
五　運営委員会に委員長をおく。委員長は、運営委員の互選による。
六　委員長は、運営委員会を招集し、その議長となる。
七　委員長は、本会を代表する。
（事務局）
第八条　本会の事務を処理するため、事務局をおく。
二　事務局は、事務局長及び事務局員をもって構成する。
三　事務局長は、運営委員会の推薦に基づき、事務総会で選出する。
四　事務局員は、会員のなかから、事務局長が委嘱する。委嘱に際しては、運営委員会の承認を必要とする。
（会計年度）
第九条　本会の会計年度は、毎年四月一日から翌年三月三一日までとする。
（会計監査）
第一〇条　本会の会計につき監査を行うため、会計監査をおく。
二　会計監査は、委員長の推薦に基づき、事務総会において選出する。
三　会計監査の任期は2年とし、再任を妨げない。
四　会計監査は、毎会計年度末に監査を行い、その結果を事務総会に報告するものとする。
（改正）
第一一条　本規約は、事務総会において、出席会員の過半数の賛成により改正することができる。
附　則
本規約は、一九九二年八月二〇日より施行する。
附　則
本規約は、一九九七年五月一一日より施行する。
附　則
本規約は、二〇一〇年五月九日より施行する。

Constitutional Theory Review

No.25 October 2017

New Phases of Constitutionalism

Contents

Association for Studies of Constitutional Theory

編集後記

現在、「憲法改正」をめぐってなされる議論は、憲法の内側から発せられるものとその外側に由来するものとが混在している。一方では、憲法の「正統性」の視点から、改正条項に基づく改正が主張される。他方で、北朝鮮のミサイル発射や、世界各地で繰り広げられるテロなど、われわれの社会生活に降りかかるリスクから、改正の必要を説く議論がある。ミサイル攻撃に耐えうる憲法、テロに負けない憲法の必要が叫ばれるのである。どちらの議論も、「時代に応じた憲法」として憲法の「適合化」を標榜していることに変わりはない。

しかし、「時代に応じた憲法」というものは、いかにして可能となるのだろうか。

憲法自身が備えもつ改正条項に基づいてなされる改正の議論は、本来、立憲主義が立憲的に展開することをもって成り立つはずである。他方、外部要因から憲法を超えてそれを改正しようというのは、それ自体は憲法の議論ではない以上、立憲主義的な観点から問われなくてはならない。議論は、このように立憲主義との関わりが、要となっている。

本号の表題を『展開する立憲主義』としたのは、現代社会の問題を吸収し、処理し、選択肢を発信する憲法のアクティヴィティを、立憲主義のダイナミズムから示したかったからである。このダイナミズムは、憲法の「限界」を理由にスクラップ&ビルドする視点からは導かれない。この憲法のアクティヴィティは、同一の法システムの連続的な動きにほかならないからである。立憲主義のダイナミズムは、この動きに根本から支えられている。またこれは、憲法以外の価値や要素に定位し、そこから憲法の「適合化」を目論むやり方とは明確に袂を分かつ。憲法に定位させるのが立憲主義だからである。つまり、そのようなやり方を制限する規範、それこそが憲法であり、そこに立憲主義の機能がある。ここから、憲法を活性化し、憲法に定位する、立憲主義のあり方が見えてくる。その現在進行形の展開こそ、憲法の「最適化」を可能するのではないか。

本号は、憲法理論研究会の二〇一六年六月から二〇一七年五月の研究成果を基にまとめられたものである。寄稿された先生方には心から感謝を申し上げたい。なお、編集に際しては、大津浩（明治大学）、茂木洋平（桐蔭横浜大学）、山本真敬（下関市立大学）各会員と、大藤（獨協大学）が作業を行った。また末筆ながら、出版事情が厳しい折に本叢書の意義を理解され、刊行を続けてくださる（株）敬文堂の竹内基雄社長に、記して感謝の意を申し上げたい。

（文責　大藤紀子）

展開する立憲主義〈憲法理論叢書25〉

2017年10月15日　初版発行　　定価は
カバーに表示してあります

編　著　憲 法 理 論 研 究 会
発行者　竹　内　基　雄
発行所　㈱　敬　文　堂
東京都新宿区早稲田鶴巻町538 平成ビル1F
電話（03）3203-6161㈹
FAX（03）3204-0161
振替 00130-0-23737
http://www.keibundo.com
印刷・製本／信毎書籍印刷株式会社
ISBN 978-4-7670-0222-4　C3332

憲法理論叢書①

議会制民主主義と政治改革

本体二七一八円

憲法理論叢書発刊にあたって吉田善明／「代表」の再発見？樋口陽一／議会制民主主義の憲法問題杉原泰雄／議員立法のあり方中村睦男／議会制民主主義論と「責任」の概念吉田栄司／「国民内閣制」の理念と運用高橋和之／「政治改革」と財界・労働組合・自民党塚本俊之／小選挙区制と憲法第九条大宮武郎／日本における政治倫理制度の現状と問題点清水英夫／「政治改革」と小選挙区制導入問題隅野隆徳／フランス第五共和制と政党永山茂樹／イギリスにおける選挙区制改革論議の歴史と現段階小松浩／アメリカ憲法における政党越路正巳／ドイツにおける政党への公的助成加藤一彦／選挙制度と代表制只野雅人／アメリカ合衆国の予算制度の特質とその変動佐藤信行／サッチャーリズムと地方制度改革妹尾克敏／ドイツ連邦議会防衛監察委員水島朝穂／ロシアの法文化と議会制民主主義竹森正孝／書評・岩間昭道／藤野美都子

憲法理論叢書②

人権理論の新展開

本体二七一八円

人権類型論の再検討のために北川善英／人権主体としての個人樋口陽一／権力と人権笹沼弘志／「外国人の参政権」再論浦部法穂／外国人の人権樋口和彦／女性と人権武田万里子／子どもの人権丹羽徹／最近のドイツの基本権論について栗城壽夫／イギリスにおける「市民的自由」の保障と「国会主権」倉持孝司／「アジア型」人権論の試み安田信之／中国型人権の深層構造針生誠吉／ユーゴスラヴィア憲法と人権工藤繁裕／人権の国際的保障をめぐる理論問題横田耕一／国際人権保障の観点からみた国際人権条約と憲法の関係江島晶子／EUの超国家的性質とフランスにおける欧州市民権の位置づけについて大藤紀子／人権は一つ？　それとも二つ？萩原重夫／書評・市川正人／浦田一郎／岡田信弘

憲法理論叢書③

人権保障と現代国家

本体三〇〇〇円

現代人権保障における国家の関与大須賀明／法人と「人権」芹沢斉／それでも基準は二重である！長谷部恭男／国の「基本権保護義務」小山剛／反啓蒙思想あるいはもう一つの啓蒙思想の憲法学に向けて阪本昌成／人権の基本原理としての「個人の尊厳」根森健／ドイツにおける胎児の生命権と妊娠中絶判決嶋崎健太郎／教育情報の開示とプライバシーの権利内藤光博／現代国家と自由右崎正博／表現の自由の守備範囲内野正幸／青少年保護（健全）育成条例における「有害図書類」規制と表現の自由清水睦／教育人権の権利性永井憲一／教育と宗教に対する国家の関与小泉洋一／大学審議会と大学の自治青木宏治／現代の平和と人権太田一男／沖縄における憲法訴訟金城睦／アメリカ支配下の自治権と人権保障井端正幸／那覇市米軍用地違憲訴訟と平和主義・地方自治永山茂樹／書評・長岡徹／久保健助／野中俊彦／畑尻剛

憲法理論叢書④

戦後政治の展開と憲法

本体二七一八円

議会制民主主義と政権交代吉田善明／議会と民意岩間昭道／議会制の原点と現点糠塚康江／「多数派」民主主義の再検討近藤敦／戦後における政党と憲法上脇博之／財政議会主義の五〇年小沢隆一／宗教法人法と課税問題笹川紀勝／地方分権と沖縄基地問題仲地博／戦後五〇年と地方自治緒方章宏／憲法改正手続と司法審査久保健助／アジア太平洋地域の人権憲章構想稲正樹／「人権」と「市民的自由」の間植村勝慶／ドイツにおける国家目的論の再考石村修／「法治国家」論から「立憲主義的民主主義」論へ山元一／書評・元山健／吉田栄司／小野善康／長谷川憲／福岡英明

憲法理論叢書⑤

憲法五〇年の人権と憲法裁判

本体二八〇〇円

わが国違憲審査の五〇年—総論的概観小林武／憲法裁判の五〇年植野妙実子／憲法裁判所案の系譜と問題点畑尻剛／憲法訴訟論の問題と課題戸松秀典／最高裁判決における憲法訴訟要件論の問題点渋谷秀樹／憲法訴訟論の展開と裁判実践諸根貞夫／外国人の参政権と国籍条項後藤光男／〈社会権〉の保障と個人の自律西原博史／教育裁判における教育人権論の展開成嶋隆／平等権論の問題点と課題安西文雄／アメリカ司法審査制の連邦的特質森山弘二／討議理論による人権の基礎づけについて渡辺康行／九〇年代のフランス憲法院今関源成／朝鮮開化期における人権思想の継受國分典子／書評・岡田俊幸／横坂健治／矢口俊昭

憲法理論叢書⑥

国際化のなかの分権と統合

本体二八〇〇円

地方自治の五〇年について思うこと杉原泰雄／統合と分権のなかの公共性鳥居喜代和／グローバリズム立憲主義下の地方自治権論の課題大津浩／地方分権推進委員会の勧告と市町村合併小林博志／統合の手段としての日本のODAと憲法の平和主義清水雅彦／リゾート法満一〇年藤原信／イギリスにおける「地方分権」松井幸夫／フランスにおける地方分権と住民投票福岡英明／ベルギーの連邦化武居一正／ヨーロッパ地方自治憲章の一〇年廣田全男／欧州統合とドイツ憲法岡田俊幸／欧州統合とフランス憲法学南野森／「ヨーロッパ人権基準」の確立における主権と人権建石真公子／阪神・淡路大震災と憲法論の課題浦部法穂／『こだわり』から『かかわり』へ孝忠延夫／ボランティアと日本国憲法近藤真／学問の自由・大学の自治の保障からみた大学教員の任期制根森健／書評・鴨野幸雄／緒方章宏／柳井健一

憲法理論叢書⑦

現代行財政と憲法

本体二八〇〇円

新ガイドラインと日本の軍事化**岡本篤尚**／行政機構の改革と憲法**宮井清暢**／市場、規制、憲法**中島徹**／ドイツ宰相の基本方針決定権限の由来**毛利透**／平和・福祉憲法と行財政**北野弘久**／フランスにおける国家による経済介入**多田一路**／ドイツにおける税務訴訟の現実と税務行政**三木義一**／社会保険制度の改革・再編と行財政**坂本重雄**／社会権の今日的課題**中村睦男**／財政構造改革と生存権**柳眞弘**／財政からみた社会保障**藤野美都子**／臓器移植における脳死の憲法問題**柏﨑敏義**／四日市反公害と私澤井余志郎／「盗聴立法」について**倉持孝司**／書評・**本秀紀**／**小林武**／**角替晃**

憲法理論叢書⑧

憲法基礎理論の再検討

本体二八〇〇円

近代個人主義と憲法学**中山道子**／憲法学と思想史の対話**愛敬浩二**／レッセ・フェール憲法学への新たな視座**飯田稔**／僕らの生き苦しさと人権論**石埼学**／アファーマティブ・アクションと正義**亀山守夫**／宗教に対する便宜供与**山崎英壽**／意見表明の自由の限界としての個人的名誉保護**上村都**／下級教育における個人情報保護**伊藤良弘**／放送の自由―その理念と制度**鈴木秀美**／アメリカにおける人種差別的ヘイトスピーチ**長峯信彦**／中国の「市民社会」研究について**古川純**／EU／ECの民主主義はどこまで可能か**鈴木眞澄**／ウェストミンスター・モデルの動揺**小松浩**／統治構造から見た日本国憲法史**横尾日出男**／憲法社会学的考察による沖縄県民投票の意義と問題点について**中富公一**／憲法運動の今日的課題**奥野恒久**／文化財保護法と松代大本営**大日方悦夫**／書評・**武藤健一**／**立山紘毅**

憲法理論叢書⑨

立憲主義とデモクラシー

本体二八〇〇円

国家・国民・憲法**栗城壽夫**／憲法規範の私人間適用と、私法規範の「憲法化」**樋口陽一**／イギリスの憲法改革**元山健**／人権保障における Bills of Rights の意義と役割**江島晶子**／現代フランスにおける憲法裁判と立憲政治**蛯原健介**／フランス革命期における「国民主権」原理と外国人参政権**菅原真**／優生政策と憲法学**村山史世**／日本国憲法の『原点』と『現点』**横田耕一**／平和主義をめぐる「改憲」と「護憲」の論理**澤野義一**／改憲と「改革」の底流と憲法学の課題**小沢隆一**／戦争非合法化論と日本国憲法**河上暁弘**／韓国の大統領制政府形態の進化と展望**鄭永和**／議院内閣制と大統領制**近藤敦**／日本の地方自治と「自治体憲法学」**大津浩**／韓国地方自治制の現況と課題**李憲煥**／朝鮮半島の統一の展望と課題**閔炳老**／書評・**池端忠司**／**小山剛**／**江藤英樹**

憲法理論叢書⑩

法の支配の現代的課題

本体二八〇〇円

現代イギリスにおける「法の支配」論植村勝慶／違憲審査制の活性化市川正人／変容する法の「支配」大藤紀子／ドイツにおける「憲法裁判権の限界」論岡田俊幸／アメリカにおける住民投票制の現況と民主主義論木下智史／アメリカ合衆国における妊娠中絶法理の現在小竹聡／学校図書館のパブリック・フォーラム性前田稔／最近のイタリア共和国憲法改正の動向高橋利安／国家・家族・セクシュアリティの間齊藤笑美子／法科大学院と憲法教育戸松秀典／法曹一元と非常勤裁判官制度石村修／教育基本法改正問題と《法の支配》成嶋隆／改憲への今日的潮流と「教育」像寺川史朗／政府の平和主義議論浦田一郎／日米地位協定の立憲的統制高作正博／書評・隅野隆徳／高見勝利／河上暁弘

憲法理論叢書⑪

憲法と自治

本体二八〇〇円

「憲法的自治」の今日的課題（覚え書き）小林武／コミュニティと「自治」糠塚康江／「地方自治の本旨」の再検討岡田信弘／不文憲法の基本的構造成澤孝人／「国民」概念の限界と「市民」概念の可能性佐藤潤一／刑部荘と「国民による憲法改正」の技術高見勝利／学問の自由と大学の自治の新たな課題中村睦男／憲法の教育自治に対する先行性坂田仰／「大学の自律」と「教授会の自治」松田浩／司法制度改革と弁護士自治今関源成／マスメディアの自主規制と透明な社会池端忠司／「表現の自由」とポルノグラフィー田代亜紀／地方自治の憲法的基礎杉原泰雄／国家と自治体仲地博／国家と地方間の紛争解決システム桑原勇進／日韓シンポジウム韓国側報告・要約金英千・玉武錫・崔承元・金南澈／有事関連三法の批判的検討山内敏弘／にもかかわらず護らなければならないこと馬奈木厳太郎／書評・愛敬浩二／本秀紀／平地秀哉／齊藤正彰

憲法理論叢書⑫

現代社会と自治

―憲法理論研究会四〇周年記念号―

本体二八〇〇円

メディアの規制と自律―「市民社会の自治」の可能性田島泰彦／報道の自由と「ジャーナリストの自治」内藤光博／私学助成と大学の自治石川多加子／地方分権論と自治体再編論の異同妹尾克敏／生活保護と「個人の尊重」押久保倫夫／憲法における制度と人権柏﨑敏義／愛媛玉くし料訴訟について草薙順一／受任者名簿とプライバシー奥島直道／日本国憲法の平和主義と財政の諸原則隈野隆徳／有事法制と無防備地域条例制定の意義澤野義一／「セキュリティ」と憲法学石川裕一郎／ギールケのアルトジウス研究…『共生と人民主権』から学ぶもの笹川紀勝／大臣の「責任」に関する覚え書き佐藤修一郎／憲理研四〇周年を迎えて吉田善明／憲理研四〇年に寄せて山内敏弘／研究会がなければ、研究できる?浦田一郎／ロースクール憲法の意義と可能性棟居快行／書評・斉藤小百合／佐藤潤一／佐々木弘通／上脇博之／憲法理論研究会四〇年小史

憲法理論叢書⑬

"危機の時代"と憲法

本体二八〇〇円

人類生存の憲法論覚え書**浦田賢治**／憲法にとって、何が「危機」なのか**水島朝穂**／松川事件**伊部正之**／危機の時代の「表現の自由」**大石泰彦**／アメリカにおける「アイデンティティの危機」？**志田陽子**／「国家による自由」の特質と問題点**榎透**／公安警察の暴走と脅かされる言論社会**内田雅敏**／ヒトゲノム・遺伝子解析研究の現場から**竹之下誠一**／「安全・安心」イデオロギーと統治の「危機」**清水雅彦**／司法の閉塞状況と裁判官制度改革**宮本康昭**／「マニフェスト選挙」論の背景と問題点**小松浩**／ヴァイマル憲法崩壊期の憲法救済的改憲論**植松健一**／今日の改憲問題の起源**金子勝**／今日における改憲論の諸相**結城洋一郎**／カナダにおける憲法改正とカナダ権利自由憲章三三条**佐藤信行**／書評・**市川正人**／**諸根貞夫**／**大藤紀子**

憲法理論叢書⑭

"改革の時代"と憲法

本体二八〇〇円

現代改憲論と憲法学**横田耕一**／グローバルな立憲主義のかたち**君島東彦**／憲法改正国民投票制をめぐる現況**井口秀作**／スイスにおける国民投票の現状と問題**奥田喜道**／なぜ政教分離なのか**長岡徹**／憲法裁判の『壁』を越えた亀川裁判**津留雅昭**／合祀はいやです**浦部頼子**／障害のある人の権利保障**植木淳**／「公私区分」再考**巻美矢紀**／政党政治の変容**上脇博之**／内閣法制局の憲法学は高度な政治学である**中村明**／プロフェッションの危機の時代と法律家**小沢隆一**／委任立法への事後的議会統制**田中祥貴**／財政の危機？**新村とわ**／書評・**西原博史**／**倉田玲**／**河上暁弘**／**江藤英樹**／**稲正樹**／**麻生多聞**

憲法理論叢書⑮

憲法の変動と改憲問題

本体二八〇〇円

日本国憲法六〇年と改憲論議の問題点**山内敏弘**／防衛省昇格問題と憲法九条**青井未帆**／ロシアの国民投票法**竹森正孝**／ポスト「冷戦」・EU統合時代におけるイタリア憲法体制の変容**高橋利安**／教育基本法の「改正」とその法的問題／**今野健一**／教育基本法改正問題への一視点**寺川史朗**／緊急事態と憲法**川岸令和**／ドイツの憲法変動**小山剛**／対テロ法制と不文憲法の「変動」**柳井健一**／障害者自立支援法と障害をもつ人の人権**武川眞固**／単独の個人以外の権利**高木康一**／ドイツにおける名誉保護をめぐる憲法論議と人格的尊厳**濵口晶子**／法の下の平等と格差社会**岡田順太**／信教の自由と選択的助成問題**福嶋敏明**／外国人の身柄収容とデュープロセス**大野友也**／えん罪の構図**水谷規男**／書評・**加藤一彦**／**佐藤修一郎**

憲法理論叢書⑯

憲法変動と改憲論の諸相

本体二八〇〇円

議員定数不均衡訴訟の過去と現在**野中俊彦**／ステイト・アクション法理の根底にあるもの**宮下紘**／多文化社会における「国籍」の憲法学的考察／**栗田佳泰**／J・ルーベンフェルドの憲法解釈方法論に関する覚書**佐々木くみ**／司法審査の可能性と現代行政国家**尾形健**／ドメスティック・バイオレンスをめぐる法政策**小島妙子**／アメリカにおける市民権法と表現的結社の自由との相克**金澤誠**／カナダにおける多文化主義**菊地洋**／フランスにおける国家の非宗教性原則の運用と共和主義**江原勝行**／現代フランスにおける「裁判権力」論と権力分立**阿部智洋**／第一回ミニ・シンポジウム　国家の基本権保護義務**小山剛**／「国家の基本権保護義務論」とは何か？**根森健**／日本国憲法における基本権保護義務論の可能性**玉蟲由樹**／「個人に優しい改憲論」と立憲主義**西原博史**／民主主義という観点からみた統治構造改革と憲法改正手続法**川﨑政司**／「立憲主義」論からみた現在の日本における憲法改正論議**山元一**／書評・**石川裕一郎**／**浦田一郎**／**木下智史**

憲法理論叢書⑰

憲法学の最先端

本体二八〇〇円

EU憲法論の困難・可能性・日本との関連**中村民雄**／「セックスワーク」・性的自己決定権・人格権**中里見博**／遺伝子プライバシー論――「遺伝情報」は例外か？　**山本龍彦**／基本権の間接的侵害理論の展開――**斎藤一久**／アメリカ合衆国における保護義務論とその含意**松村芳明**／裁判員裁判の合議体の公共的討議の場としての特質**柳瀬昇**／イギリス人権法における議会主権と憲法的対話**岩切大地**／合衆国の公教育における政府権限の限界**中川律**／フランスにおける病院の非宗教性**中島宏**／憲法の ratio **福島涼史**／いわゆる“Gewaltmonopol”について**岡田健一郎**／韓国併合――憲法と国際法の問題に即して**笹川紀勝**／書評・**麻生多聞**／**只野雅人**／**三宅裕一郎**

憲法理論叢書⑱

憲法学の未来

本体二八〇〇円

科学より哲学へ――憲法学の発展？**愛敬浩二**／〈自由の条件としての国家〉と現代憲法学**小貫幸浩**／憲法解釈における比較憲法の意義**新井誠**／信教の自由と政教分離原則の衝突？**神尾将紀**／公務員の内部告発と修正第一条**牧本公明**／アメリカ連邦最高裁における「政府言論の法理」についての覚書**横大道聡**／ドイツ憲法抗告と「憲法」の観念**鵜澤剛**／環境国家と環境憲法の理論**藤井康博**／インターネットにおける「有害」情報規制の現状**小倉一志**／第二院の憲法保障機能**木下和朗**／「最高裁・国籍法違憲判決を考える」・報告①**近藤博徳**／報告②**木村草太**／コメント**戸波江二**／志布志事件**野平康博**／憲法理論研究会小史**金子勝**／書評・**渡辺康行**／**青井未帆**／**斎藤一久**

憲法理論叢書⑲

政治変動と憲法理論

本体二八〇〇円

天変地異と憲法高見勝利／福島第一原発事故後の政治システムのあり方奥田喜道／民主党政権下における政治主導実現のための改革について曽我部真裕／「政治主導」と憲法――「国会中心」構想の可能性本秀紀／二院制研究の今日的課題岡田信弘／民営化における多元的行政の民主的正当化高橋雅人／市民立法の意義と課題大江洋／フランス憲法改正による議会手続の変容徳永貴志／刑事裁判への「国民参加」とは何か？今関源成／刑事裁判は変わったか？石塚伸一／「国民の司法参加」「裁判員制度」の教育をめぐる課題渡邊弘／刑事的正義と共和主義成澤孝人／司法という名の公共性の空間柳瀬昇／公務員の政治的自由と政治活動禁止規制の広汎性船尾徹／公務員の政治的自由――コメント石村修／憲法上の間接差別法理に関する予備的考察白水隆／イジメの憲法学中富公一／身近にある憲法問題山村晋／書評・毛利透／藤井樹也

憲法理論叢書⑳

危機的状況と憲法

本体三〇〇〇円

憲法学とリスク棟居快行／アメリカ憲法とリスク――テロのリスクとテロ対策のリスク大林啓吾／国家の環境リスク事前配慮と個人の権利――〈3・11〉後の原子力藤井康博／リスク社会と実定法としての憲法土方透／国家・賭け・個人蟻川恒正／貧困からの自由とは何か遠藤比呂通／「生存」権を超えて――二五条へのひとつの視座遠藤美奈／貧困からの自由と生存権――国際人権法の観点から申惠丰／ポジティヴ・アクションの合憲性辻村みよ子／「意味の秩序」と平等駒村圭吾／人権（論）の分岐点佐々木允臣／公教育の中立性と客観法的統制棟久敬／「靖国合祀取り消し訴訟」判決を問う菅原龍憲／合衆国判例における「動機審査」・覚書黒澤修一郎／比例原則における事実と価値淡路智典／日米における司法権発動の具体的要件の背景と枠組み成瀬トーマス誠／憲法解釈論としての四段階責任論と責任追及制論の提唱吉田栄司／中国の民事裁判における憲法の間接適用とその課題呉東鎬／スペインにおける憲法改正の実質的限界論野口健格／憲法の言語と社会の言語髙橋基樹／書評・浦田一郎／西原博史

憲法理論叢書㉑

変動する社会と憲法

本体二八〇〇円

ステイツ・オブ・デモクラシー――ポピュリズム・熟議民主主義・アーキテクチャ吉田徹／立法過程の法的統制――立法裁量・立法目的・立法事実木村草太／「政府の憲法解釈」の論理構造とその分析横大道聡／福祉・「平等」・憲法葛西まゆこ／大阪都構想と大阪維新上山信一／大阪都構想と地方政府の形態岡田順太／地方自治保障の憲法原理と大都市特別制度大津浩／象徴天皇制と憲法学横田耕一／原発と憲法草薙順一／日本とドイツにおける国籍概念の比較中村安菜／列挙されていない権利の保障は何を意味するのか中曽久雄／「人間の尊厳」対「人間の尊厳」押久保倫夫／多元化・重層化する表現規制とその規律――表現の自由・アーキテクチャ・パブリックフォーラム成原慧／受刑者の権利保障――国際人権の可能性河合正雄／イギリス障害者差別禁止法（DDA）における平等取扱原則の意味杉山有沙／EU食品安全分野の予防原則における健康権の保障土屋仁美／アメリカ連邦最高裁における「保護されない言論」の考え方城野一憲／書評・岡田健一郎／岩切大地

憲法理論叢書㉒

憲法と時代

本体二八〇〇円

ドイツ基本法とその周辺—公論による正当化三島憲一／人権理論における「科学的方法」と本質主義の縛り西原博史／Leben und leben lassen!——平和の「科学」、自由の「哲学」西村裕一／戦後憲政史における主権・代表制・選挙権論辻村みよ子／実名報道の自由／知る権利？榎澤幸広／個人の尊厳原理から見た実名犯罪報道、及び、その憲法学上の位置づけ井上知樹／実名犯罪報道と無罪推定の原則飯島滋明／「少国民」世代の憲法研究者の願い杉原泰雄／参議院改革から立法府改革へ大山礼子／現代フランスの刑事法改革にみる法と政治の相互作用石川裕一郎／政治的意思決定における女性参加をめぐる議論彼谷環／適用違憲と違憲審査基準内野正幸／憲法の正統性の時間論的分節化吉良貴之／現代社会と主権—政治体の結合から門輪祐介／企業の社会的責任と人権尊重芹沢斉／イタイイタイ病裁判・裁判後の住民の闘い青島明生／イギリスにおける在外選挙制度宮内紀子／書評・福嶋敏明／實原隆志

憲法理論叢書㉓

対話と憲法理論

本体二八〇〇円

大学自治・制度的保障論・客観的価値決定論小貫幸浩／フランスにおける大学の自治と「憲法ブロック」南野森／アメリカの大学自治と制度理論中林暁生／市民・公務員・教育公務員安原陽平／学問の自由と「中央集権」堀口悟郎／公共領域における「地位の平等」の象徴的宣言巻美矢紀／家族、出自、ジェンダー問題をめぐる領域での平等吉田仁美／今回の風営法改正問題、実際の動き、これからの方向性斉藤貴弘／NOON摘発の状況と弁護団の主張水谷恭史／ダンス営業規制をめぐる憲法論新井誠／復興事業としての用地取得と憲法菊池優太／フランスにおけるBaby Loup事件とライシテ原則適用拡大の試み中島宏／奴隷的拘束禁止の憲法上の意義小池洋平／多様性の価値とAffirmative Action茂木洋平／死刑・被害者・基本権千國亮介／マスメディアの情報操作の弊害藤井正希／書評・高橋雅人／尾形健

憲法理論叢書㉔

対話的憲法理論の展開

本体三五〇〇円

イギリス憲法における政治的立憲主義者の格闘成澤孝人／「立憲主義」の日独比較—憲政史の観点から赤坂幸一／アメリカにおける「立憲主義」の現在大河内美紀／世界のグローバル化と立憲主義の変容山元一／京都朝鮮第一初級学校威力業務妨害事件冨増四季／ドイツ憲法から考えるヘイトスピーチ規制毛利透／アメリカにおけるヘイト・スピーチ規制の歴史と現状奈須祐治／討議空間の均一化と「プレス」の「内部規律」水谷瑛嗣郎／「サイバーパトロール」の法的性質實原隆志／トランスナショナル憲法の構造西土彰一郎／法律制定後における立法者の憲法上の義務入井凡乃／フランス財政法制の転回と国家像岩垣真人／フランスにおける執行権の政治責任原理とその「刑事化」三上佳佑／イタリア共和国憲法における「地域国家」と連邦制芦田淳／ベルギーの第六次国家改革（二〇一二—一四）と連邦化のゆくえ武居一正／神奈川県臨時特例企業税条例事件について松本賢人／憲法二四条によるジェンダー差別是正の可能性川口かしみ／生殖補助医療における法の役割建石真公子／対テロ戦争における手続的デュー・プロセス保障今井健太郎／憲法構成権力の概念浦田賢治／憲法と教育法の研究五〇年永井憲一／書評・小沢隆一／吉田仁美

（＊価格は税別です）